KB120405

언론 글쓰기, 이렇게 한다

예비 언론인을 위한
기획기사 작성 방법

언론 글쓰기, 이렇게 한다

예비 언론인을 위한 기획기사 작성 방법

이건호 지음

한울
아카데미

• 이 도서의 국립중앙도서관 출판시도서목록(CIP)은 e-CIP 홈페이지(http://www.nl.go.kr/ecip)에서 이용하실 수 있습니다.(CIP제어번호: CIP2010001664)
• 이 책은 방일영문화재단의 지원을 받아 저술 · 출판되었습니다.

머리말

이 책은 언론사 입사를 준비하는 예비 언론인의 공부를 돕기 위해 쓴 것이다. 구체적으로는 2000년을 전후해 언론사 입사 시험에 본격적으로 도입된 기획기사 작성에 대한 이해를 높이는 것이 이 책의 목적이다.

기획기사는 정보의 흐름을 추적해 사회의 현상을 파악하며 문제의 실체에 접근해가는 보도 방식이다. 다양한 종류의 채널을 통해 소통되는 정보의 경향성을 파악하는 것을 출발점으로 하지만, 일반적으로 기성 매체에서 보도된 뉴스의 흐름을 추적하는 것이 보편적인 기법이다. 최근 들어 언론 현장에서 이 보도 방식이 더욱 주목받는 이유는 인터넷 등 커뮤니케이션 기술의 발달로 전통 매체인 신문, 방송, 잡지의 독점적 속보성에 대한 주목도가 떨어지면서, '빠른 보도' 이외에 다른 방법으로 기존 미디어의 특성을 강화할 필요가 대두했기 때문이다. 즉, 인터넷 매체에 비해 경쟁력이 떨어지는 속보성보다는 세밀한 묘사나 장기적 분석을 통한 심층 보도의 강점을 특화해 더 많은 독자나 시청자를 확보하면서, 급격히 변하는 환경에서 전통 매체의 활로를 찾기 위한 방법으로 기획기사가 더욱 각광을 받게 되었다는 뜻이다. 이런 배경에서 언론사는 단순히 새롭게 발생한 사실에 대한 정보만을 전달하기보다, 기자가 스스로 뉴스가 될 만한 요소를 발굴해 보도하길 바란다. 그래서 전통 매체들은 이런 능력을 갖춘 인재를 선발하기 원하며, 지원자들이 이와 같은 소질을 지녔는지 판단하기 위해 기획기사 작성 형식의 문제를 출제해 주어진 제시어나 상황에 맞는 뉴스를 작성하는 시험을 치르게 한다.

아쉽게도 한국 대학의 언론 관련 학과들은 이런 언론사의 채용 추세에 대비한 교과목을 교육 과정에 제대로 포함하지 못하고 있는 것으로 보인다. 2008년 세명대학교가 실무 교육을 강화하는 대학원 과정의 저널리즘 스쿨을 발족했지만, 대부분의 대학은 스트레이트 뉴스 등 일차적 또는 기초적인 기사 작성 방법만 강의하기에도 일손이 모자라는 것이 현실이다. 물론 기본적인 기사 작성법 교육이 중요하고, 또 한국 언론사의 입사 체계가 완벽하다고는 할 수 없다. 그렇다고 해서 기존 교육 방법에 안주하거나, 현행 입사 제도가 불완전하다고 비판만 하고 있는 것 또한 바람직하지는 않다. 특히 기획기사나 이와 유사한 종류의 보도물에 대한 중요성이 한국뿐 아니라 전 세계 언론계에서 높이 평가받는 현실에서, 이에 대한 교육은 한국 언론사의 입사 시험을 위해서뿐 아니라 미래의 보편적 언론인을 키우기 위해서 무척 중요한 요소로 여겨진다. 이 책은 이와 같은 취지에서 기획되었다.

이 책의 핵심 내용은 언론사 입사를 준비하는 예비 언론인들의 기사 내용에 대한 첨삭으로 이뤄졌다. 비록 대학의 정규 교육 과정에 포함되는 경우가 많지는 않지만, 2009년 현재 7기까지 이어진 한국언론재단(현 한국언론진흥재단)의 예비 언론인 교육 과정, 3년째 지속된 이화여자대학교의 프런티어 저널리즘 스쿨(Frontier Journalism School: FJS), 2008년 설립된 세명대학교의 저널리즘 대학원 등 대학 외부 또는 대학과 연계한 일부 프로그램에서 기획기사 강의가 주로 이루어져 왔다. 이 책에 포함된 첨삭 내용은 필자가 언론 현장을 떠난 2006년부터 2009년까지 4년 동안 한국언론재단 예비 언론인 교육 과정 4기에서 7기까지의 강의 현장에서 지도했던 내용 중 일부다. 한국언론재단의 예비 언론인 교육 과정은 일반적으로 언론사 입사 준비생들이 학습의 최종 마무리를 위해 활용하는 교육 단계로 알려져 왔다. 예비 언론인 과정의 학생들은 기수당 약 30명, 평균 약 10대 1의 경쟁률을 뚫고 들어오며, 그런 만큼 언론사 입사 준비를 갓 시작한 학생들에 비해 경쟁력이 높다는 평가를 받았다. 필자가 기획기사 등을 주제로 강의에 참여하기 시작한 4기(2006년) 교육생 중 약 90%가 ≪조선일보≫ 등 중앙 일간지는 물론이고 KBS와 같은 지상파 및 뉴스 전문 케이블 채널, 통신사, 지방 언론사, 각종 인터넷 매체 등에서 언론인으로 활동하고 있다. 그 이후의 교육생들도 꾸준히 현장 입사 소식을 전해오는 중이다. 이 책에 실린 첨삭 사례들은 지금 현장에서 뛰고 있는 이들 언론인 및 예비 언론인의 준비 단계 중 기획기사 작성 과정에서 나타난 실수와 그에 대한 필자의 제언을 포함한다. 필자는 이런 교육 과정이 예비 언론인들의 최종 입사 시험 결과에 긍정적으로 작용했으며 앞으로도 그러리라고 믿는다. 이제, 그 교육 과정에서 효과적이었던 방법을 공개함으로써 언론인이 되고자 하는 많은 지원자에게 더 넓은 도움의 길을 만들어보려 한다.

이와 같은 핵심 내용을 소개하기 위해, 이 책은 먼저 기획기사에 대한 정의를 내린다. 이후 저널리즘 일반에서 소개되는 뉴스의 성격, 취재와 보도의 의미를 짚어보면서 기획기사에서 특히 강조되는 부분들을 정리할 것이다. 이 과정을 통해 우선 일반론적 차원에서 무엇이 뉴스이고, 어떤 과정을 통해 정보가 모이며, 취합된 정보를 어떻게 정비해야 효과적으로 의미를 전달할 수 있는지에 대한 이해를 도우려 한다. 특히 이 책의 요체인 기획기사의 특성을 독자들이 더 자세하게 수용할 수 있으리라 기대한다. 그리고 이 책에서 소개하는 기획기사와 유사한 서구식 탐사보도(investigative reporting)의 의미를 확인하고, 이어 탐사보도에서 자주 사용되는 컴퓨터 활용 취재보도(Computer Assisted Reporting: CAR)를 연계해 기획기사에 대한 독자들의 이해를 높일 것이다. 또 한국에서 기획기사로 번역되는 영미권의 피처(feature)에 대한 내용도 둘러본다. 이상의 내용은 이 책의 핵심인 기획기사 첨삭 내용을 이해하기 위한, 즉 왜 그런 식으로 비판이 나오고 제언이 소개되는지를 납득하기 위한 배경 설명이 될 것이다. 이후 앞서 소개한 이 책의 핵심 내용, 즉 기획기사 실전 첨삭 내용이 전달될 것이다. 이 책에는 11개의 실전 사례를 실었다. 끝으로, 언론사 입사를 준비하는 지원자들의 글에서 나타나는 공통적인 실수를 종합해, 효과적인 기획기사 작성의 방향을 제시한다. 필자는 이와 같은 내용이 예비 언론인들의 입사 준비는 물론, 입사 후 현장에서의 기사 작성에도 도움이 될 것이라고 믿는다.

국내에서 거의 처음 발간되는 기획기사 작성법 저서라는 측면에서 여러 한계점이 나타날 수 있겠지만, 그중 이 책을 읽으면서 특별히 유의할 만한 사항을 밝히지 않을 수 없다. 필자는 비록 현재는 대학에서 언론학의 이론과 실기를 가르치고 있지만, 다양한 매체 중의 하나라고 할 수 있는 신문사의 기자 출신이다. 그 때문에 여기에 기술된 기획기사 작성 방법은 신문 기사 작성법을 기초로 하며, 따라서 점점 특화되고 전문화되는 방송이나 잡지, 인터넷 매체의 기사 작성법과는 구별되는 점이 있을 수 있다. 하지만 현대 언론의 근간이 신문에 있고 모든 취재와 보도의 기본이 신문에서 나왔다는 점을 생각한다면, 이 책의 내용을 꼭 신문 기사 작성법에만 국한할 필요는 없다. 다른 종류의 매체에 활용되는 기사 작성법에도 적용될 여지가 많다는 것이다. 매체 간 세밀한 차이가 있을 수 있다는 점을 유의하고 이 책의 정보를 활용한다면, 다양한 매체가 시도하는 일반적인 기획기사 작성에 도움이 될 것이라고 믿는다. 덧붙이자면, 언론의 기획기사 작성법은 정보를 의미 있게 전달하는 기법을 담고 있다. 언론사 기자를 꿈꾸지 않더라도 모인 정보를 다듬어 프로그램을 구성하는 방송사 PD 지망생에게도 도움이 될 것으로 생각한다. 또 각종 업계의 홍보 담당자가 언론의 취재 및 보도 성향을 이해하는 데에도 이 책의 내용은 유익할 것이다. 더불어 정해진 물리적 한계, 즉 시간 · 공간의 제약 안에서 자신의 생각을 정리하는 훈련을 하는 사람이라면 누구에게나 기획기사 작성 방법은 훌륭한 참고 자료가 될 수 있다. 신문 기사나 사설, 칼럼 속 핵심 내용을 확인하며 학습하는 신문활용교육(Newspaper In Education: NIE) 기법으로 논술시험을 준비하는 대입 수험생은, 다른 사람이 쓴 글을 분석하기만 하는 데서 나아가 글을 만드는 과정을 직접 이해하면 학습의 효율이 더욱 높아질 것이다.

머리말을 마무리하면서, 이 책이 나오기까지 지원을 아끼지 않은 방일영문화재단 관계자들과 도서출판 한울 김종수 사장님, 김경아 팀장님, 윤순현 과장님, 그리고 졸고를 끝까지 다듬어준 배은희 씨 등 모든 편집진에게 감사의 말씀을 드린다. 또 자신들의 기사 작성 연습 원고를 사용하도록 허락해준 한국언론재단 예비 언론인 과정 제자들에게 고마운 마음을 전한다.

2010년 5월

이건호

차례

한국형 기획기사에 대한 뚜렷하고 일관된 정의는 아직 없다. 언론 현장과 학계에서 기획 또는 기획기사라는 명칭을 사용하고는 있지만, 파편적인 또는 불완전한 개념이 막연하게 적용되고 있다는 판단이다. 필자는 취재 경험과 교육 과정을 통해 직접 파악한 내용을 중심으로 기획기사에 대한 개념 정의를 시도한다. 더불어 일반적인 뉴스의 취재 및 보도 측면을 연계하면서, 기사로서 기획의 역할을 공고히 하고자 했다.

제1부_ 기획기사 일반

I 기획기사의 정의

기획기사는 미국, 유럽 등 서구에서 사용되는 탐사보도(探査報道, investigative reporting)가 한국적으로 변형된 형태의 기사다. 서구적 전통에서 연구되고 발달한 저널리즘의 역사에서 '기획기사(企劃記事)'라는 용어를 찾아보기는 어렵다. 차후에 더 깊게 논의되겠지만, 한국의 기획기사는 취재기법 면에서는 서구의 탐사보도에 가깝다. 보도기법 면에서는 서사적 글쓰기(narrative storytelling)를 종종 사용한다. 국내의 일부 학자들은 저널리즘의 원류로 알려진 서구식 언론의 관점에서 한국식 기획기사를 정의 내리기 어렵다면서, 기획기사로 불리는 유형들이 사회 병리를 폭로하거나, 사회의 구조적 문제를 제기한다고 설명한다. 또 사회의 경향성을 분석하고, 논쟁이 되는 이슈를 소개하며, 국가 정책을 평가하는 보도 등이 기획기사에 포함될 수 있다고 정리하기도 한다. 이와 같은 기사는 대부분 미국식 탐사보도에서 나타나는 형태로, 실제로 한국의 많은 신문이 이와 같은 내용을 기획기사라는 문패 아래 독자들에게 전달한다.

한국의 기획기사를 위와 같은 형식으로 분류해보는 것도 큰 의미가 있다. 그러나 서구식 탐사보도와 비슷하기는 해도, 일정 정도 차별성을 갖는 한국의 기획기사를 더 이해하고, 기획기사의 발전을 추구하기 위해서는 조금 더 추가적인 분석과 정교한 정의가 필요하다. '기획기사는 기자의 머리에서 발생한 아이디어를 기본으로 취재가 이뤄지는 것'이라는 학자들의 포괄적 정의와 언론 현장에서 '기획'이라는 이름을 달고 소개되는 내용 등을 들여다보면 일반적인 경향성을 발견할 수 있다. 이 경향성을 토대로 기획기사는 조금 더 세밀한 정의를 얻을 수 있다. 언론 현장에서 기획기사 아이디어를 제시하고 직접 취재 · 보도에 참가한 경험, 그리고 학계에서 제기되는 일반론 등을 취합한 결과, 필자는 기획기사에 크게 네 가지 특성이 있는 것을 발견했다. 첫째는 기자가 직접 발굴한 내용을 기사화한다는 것이고, 둘째는 그 발굴의 근원이 정보의 흐름을 추적하는 데 있다는 점이다. 셋째는 취재와 보도가 철저한 계획하에 진행된다는 점, 그리고 마지막 넷째는 그 목적이 문제의 본질을 밝히고자 하는 것이라는 점이다. 심층적인 보도를 추구하는 데 필수적인 이 네 가지 요소는 서로 연결되어 있으면서도 차별성을 지닌다. 또 그 연결 고리의 개별 마디는 여타 취재 · 보도 방식과 공통분모를 가지면서도 한국형 기획기사의 특성을 보여주기도 한다.

1. 기자가 직접 발굴하는 기사 아이디어

먼저, 기사의 아이디어를 기자가 발굴했다는 것은, 보도 대상 정보가 누군가에 의해서 일방적으로 주어지는 방식으로 취재가 시작되지 않았다는 점을 의미한다. 기자가 스스로 노력해 발굴하지 않고 주어진 정보만을 기사화하는 것은 '일을 꾀하여 계획한다'라는 기획(企劃)의 사전적 의미에도 맞지 않는다. 누군가에 의해 제공된 정보에서 출발한 기사는 갑자기 발생한 사건이나 사고, 또는 정부나 단체가 발표한 정보를 기본으로 하는 경우가 많다. 결국 기자가 발굴하고 계획한 형태의 기사가 되지 못한다.

사건 · 사고 · 정책 보도의 형태는 단순 스트레이트 뉴스, 또는 이어지는 속보 등 브레이킹 뉴스(breaking news, 긴급뉴스)의 모습으로 정리된다. 이에 덧붙어 해설 기사가 나오기도 한다. 하지만 분석의 요소를 담고 있다고 하더라도 이런 해설 기사가 사건이나 사고 발생 당시 또는 정책 발표 당시에 즉각적으로 보도된다면, 이를 심층적인 사안의 배경을 소개하고 그에 대한 다채로운 해석을 전달하는 기획기사라고 보기 어렵다. 발생 또는 발표 순간, 시간과 공간의 마감에 쫓겨 급조된 정보는 앞에 제시한 '문제의 본질을 밝히고자 한다'는 기획기사의 다른 특징을 충족하기 어렵기 때문이다. 몇몇 전문가 등에 대한 취재로 이뤄진 얄팍한 정보만으로는 심층 보도를 추구하기 어렵다는 것이다. 그렇기 때문에 앞서 일부 학자들이 제기한, 정책 분석 및 평가에 대한 기사가 기획기사로 분류될 수 있다는 시각에도 부연이 필요하다. 정책에 대한 분석 또는 평가 기사도 충분한 시간을 갖고 다양한 의견을 종합하지 않는다면 기획기사의 틀에 넣기는 어렵다. 급조된 분석이나 평가는 스트레이트에 붙은 단순 해설 기사에 불과할 것이다. 결국 발생한 사건이나 이벤트에 대한 스트레이트 기사는 물론, 그에 대한 해설 기사라도 급조된 경우에는 기획기사에 포함되기 어렵다.

더불어 누군가의 제보에 의해 시작되는 취재도 한국적 의미의 기획기사로 보기 어렵다. 기자가 폭넓은 취재원을 확보하고, 그 취재원들이 흘린 정보(leaks)에 의해 취재가 이뤄진다는 점에서는, 제보를 기자가 발굴한 아이디어로 취급할 수도 있겠다. 기자가 그 정보를 전달한 취재원을 발굴했다고 볼 수 있기 때문이다. 하지만 이도 보도의 발단 정보가 누군가에 의해 일방적으로 전달되었다는 점에서 사건·사고 발생 또는 정책 발표 보도와 크게 다르지 않다. 그러므로 기자가 스스로 계획한다는 기획기사의 취지에 맞지 않는다. 조금 더 부연하자면, 제보에 의한 취재 및 보도는 현대적 의미의 미국형 탐사보도의 출발점과 유사하다는 점에서 한국식 기획기사의 형태로 정의하기에는 부담이 있다. 현재 유행하는 미국형 탐사보도는 20세기 중반 잭 앤더슨(Jack Anderson)이라는 저널리스트에 의해 부흥하기 시작한 것으로 회자된다. 앤더슨은 자신이 발굴한 취재원에게서 직접 제공받은 정보를 보도로 연결하거나, 취재원과의 대화에서 나온 얘기를 흘려듣지 않고 기사화해서, 보도 내용에 대한 사회적 공분(公憤)을 일으킨 사람으로 유명하다. 정부가 극비로 취급하는 내용까지 들춰내면서 정부 당국자들로부터 '미국에서 가장 위험한 사람'이라는 별칭까지 얻었다. 하지만 그의 취재 방법 중 취재원 제보로 촉발된 내용은 기자의 아이디어 발굴과는 거리가 있다. 결국 기자가 스스로 아이디어를 발굴한다는 것은, 기자가 펼쳐진 정보의 세계를 끊임없이 탐색하며 그중에서 특정 경향성을 얻어내는 뉴스 추적 과정과 연계된다.

2. 정보의 흐름 확인

발생한 사건이나 사고, 또는 발표된 정책을 급박하게 보도하거나 단순히 특정 취재원에 의한 제보에 기인해 보도하는 것을 지양하는 한국형 기획기사의 아이디어는 결국 정보의 흐름을 추적하는 데서 발굴된다. 이와 같은 정보는 인터넷 등 다양한 채널을 통해서도 확보될 수 있지만, 특히 공신력 있다고 믿어지는 매체의 뉴스에서 확인되는 경우가 일반적이다. 이러한 뉴스의 흐름 추적이란 기존에 보도된 기사들을 살펴보는 것에서 시작된다. 새로운 소식이라는 사전적 의미를 총체적으로 적용하다 보면 지인 등에게서 들은 진기하고 독특한 얘기도 뉴스의 범주에 포함할 수 있겠다. 하지만 대중매체의 뉴스는 공공의 정보로서 가치가 있는, 즉 많은 사람에게 의미 있는 정보를 뜻한다. 그런 정보는 역시 대중매체의 뉴스 보도를 통해 전달된다. 다시 말해 기획기사를 위한 '흐름 추적'의 대상이 되는 뉴스는 주로 대중매체에 보도된 새로운 소식을 뜻한다.

일반적으로 추적의 대상은 뉴스 보도를 자세히 들여다보면 떠오르는 경우가 많다. 가상으로 예를 들어보자. 한 기자가 2월쯤 6세 여자 어린이의 유괴 보도를 접했다. 그것이 실은 어린이가 길을 잃은 단순 실종인지, 또는 금전적 목적을 위한 범죄 행위인지는 사안이 발생한 시점에는 판단하기 어렵다. 그렇기 때문에 유괴 보도는 쉽게 이뤄지지 않는다. 특히 서울과 같은 대도시에서 발생하는 실종을 모두 '사건'으로 처리하기에는 무리가 따른다. 그래서 어린이의 실종이 범죄 행위와 연루되었을 가능성이 크다는 수사기관의 판단이 나온 이후에야 보도로 이어지는 것이 일반적이다. 하지만 이런 보도조차도 사람들의 눈길을 쉽게 끌지는 못한다. '마취의 역기능(narcotic dysfunction)' 등에 의해 더욱 자극적인 보도를 추구하게 되는 언론과 수용자의 욕구 때문이다. 특별한 사연을 담고 있지 않거나 그 수법이 기괴하지 않다면, 한 건의 유괴는 그저 여러 사건 중 하나로 취급되며, 단신으로 짧게 처리된다. 이런 실정에서, 같은 기자가 한 해 뒤 비슷한 시점에 또 다른 유괴 기사를 접했다고 가정해보자. 이때 "또 유괴가 발생했다"라며 별일 아니라고 넘겨버리면 거기서 기획의 실마리는 사라진다. 그러나 '작년에도 비슷한 시점에 유사한 사건이 있었다'는 것을 기억한다면, 얘기는 달라질 수 있다. '혹시 어떤 경향성이 있는 것이 아닌가'라는 의문을 품고 그 이전의 유괴 사건들을 추적해볼 수 있다. 그럴 경우, 적어도 수년간 비슷한 유형의 유괴가 비슷한 시점에 발생했고, 이 사실이 단신 형태로라도 보도되었다면 이를 추적해 그 경향성을 조사할 수 있는 동기가 유발된다. 기자는 곧 경찰청 등 유관기관에 그동안의 유괴 통계를 요청할 수 있고, 기사에서 발견된 경향성이 공공기관 등에 의해 확인된다면 이는 사회 현상을 진단하는 기획기사로 곧장 발전할 수 있다. 가상이지만 예를 든다면, "입학을 앞둔 미취학 아동의 2월 유괴 지난 10년간 급증", 또는 "2월 미취학 아동 유괴 주의보" 등의 기획기사가 나올 수 있는 것이다. 특별히 발생한 하나의 사건에만 집중한 것이 아니고, 당국이 발표한 정책도 아니며, 특정한 취재원이 제보한 정보 또한 아닌 사안이 뉴스의 흐름 추적을 통해 기획기사로 발현될 수 있는 사례다.

이처럼 특정 사안이 일반 독자들에게 공공의 정보로 전달될 기획보도의 가치가 있는가를 판단하기 위해서는 뉴스를 지속적으로 접하는 것이 중요하다. 해당 기자는 "또 하나의 유괴가 발생했을 뿐"이라며 이 사안을 대수롭지 않게 취급한 다른 기자들을 압도하는 특종을 만들어낼 수 있게 된다. 이런 특종은 의식 있는 기자가 아니면 만들어낼 수 없는, 그래서 기자가 알리지 않으면 묻혀버릴 수 있는 사회적 병리 현상 또는 경향성을 드러내는 진정한 의미의 특종이다. 이런 기획기사는 10년 또는 그 이상의 기간에 대한 탐구를 통한 장기적 조사는 물론이고 몇 달 또는 몇 주에 걸친 단기적 현상에 대한 진단도 가능하다. 특히 그것이 보도되는 뉴스의 흐름을 철저히 파악하고 진행한다면 훌륭한 기획기사가 탄생할 수 있다. 최근에는 인터넷의 발달로 많은 사람이 온라인상의 공공장소에서 논의하는 바를 추적할 계기가 마련되기도 했다. 이를 적극적으로 활용하는 것도 정보의 흐름을 추적하는 도구로 추가할 수 있을 것이다.

3. 철저한 계획하에 진행되는 취재와 보도

사안만 접했다고, 또 그 내용이 흥미롭고 의미 있을 수 있다는 가정만으로 기획기사가 완성되는 것은 아니다. 이에 대한 철저한 검증이 따라야 한다. 이를 위해서는 기본적으로 기사화될 가능성이 있는 아이디어가 과연 사실로 확인되는지를 따져봐야 한다. 사실로 드러났다면 그 경향성을 설명할 만한 취재원을 확보할 수 있는지, 사회 구조적 측면에서 설명할 수 있는지 등을 확인하는 방식으로 취재를 진행해야 한다. 또 취재를 통해 모은 정보를 효과적으로 전달할 보도 형식 등을 결정해야 한다. 이런 것이 기획기사의 계획이다. 즉, 기획기사가 되기 위해서는 철저한 사전 계획이 뒷받침되어야 한다.

앞에서 든 유괴 사례에서는 작년과 올해 발생한 사건의 유사성에서 아이디어는 나왔지만, 만약 공공기관 등 공신력 있는 단체나 전문가로부터 특정 경향성에 대한 사실 관계를 확인받지 못한다면 공중(公衆)에게 전달할 정보로서 기사화되기는 쉽지 않다. 그래서 일단 아이디어가 사실로 구체화할 수 있는지를 점검하는 것이 일차적 과제다. 만약 어떤 경향성이 드러난다면, 이제 그를 설명할 이유가 필요하다. 기사가 뉴스의 흐름을 추적해 단순히 현상만 보여주는 데 그친다면 기획기사로서 완결성을 갖추기 어렵다. 이를 위해 취재에 대한 계획이 필요하다. 왜 그런 현상이 나타나는지, 사회의 병리적 구조가 그 이유는 아닌지, 우리 사회는 무엇이 잘못되었고, 어떤 부분이 개선되어야 하는지 등의 문제를 취재해 전달해야 한다. 물론 이 과정에서 기자가 자신만의 경험에 천착하거나 또는 언론사의 정치적 · 경제적 이익에 부합해 특정 편견을 지향하는 이유만을 제공한다면 언론의 역할을 한다고 볼 수 없다. 이렇게 지엽적인 목적만을 가지고 기사를 쓴다면, 장기적인 안목에서 해당 언론에 대한 독자들의 신뢰도는 사라지기 십상이다. 결국 종합적인 내용을 취재해 보도해야 한다는 것이다. 이를 위해서는 어떤 취재원을 확보할 수 있는지, 어떤 자료를 얻을 수 있는지를 판단하고, 어떤 시점에 누구를 만나고 어느 기관을 찾아 자료를 얻을 수 있는지 등을 파악해야 한다. 이 과정에서 동시에 고려해야 할 점은 과연 이 정보들이 공공이 알아야 할 내용으로 가치가 있는지를 심각하게 숙고해야 한다는 것이다. 또 사안이 크다면 한 명의 기자가 모든 일을 처리하기 어렵다. 그렇기 때문에 팀을 구성해 어떤 기자가 어떤 정보를 담당할지 계획을 짜는 것도 중요하다. 이 과정에서 전체 조감도가 구성되고 기자들은 그에 따라 움직이게 된다.

보도의 단계에서는 모인 정보를 어떻게 배치할까를 고민하게 된다. 이도 무작정 전달하면 정보의 영향력이 떨어진다. 우선 한 차례만 보도할지, 아니면 여러 날에 걸쳐 시리즈로 보도할지를 결정해야 한다. 사안이 크지 않다고 판단한다면 하루 한 지면에 주(主) 기사와 보조 기사 2~3건으로 처리할 수 있다. 앞의 유괴 사례를 다시 든다면, 주 기사로 "2월 미취학 아동 유괴 주의보"를 처리하며 그 안에 기본적인 사실들을 설명할 수 있다. 지난 10년 동안 2월에만 미취학 아동의 유괴 건수가 다른 달에 비해 월등히 높다는 사실을 열거하고, 왜 그런 일들이 벌어지는지 등을 수사 전문가, 범죄심리학자, 아동심리 전문가 등의 의견을 들어 부연할 수 있다. 보조 기사로는 실종 및 유괴 아동의 부모 모임 등의 대표를 찾아 그들의 심정을 들어 싣는다면, 국민의 공분을 얻고 부모들의 안타까움을 공유할 수 있다. 여기에 이와 같은 일을 방지하기 위한 노력에 대한 호소도 들어갈 수 있다. 또 다른 보조 기사로는 외국의 유괴 사례 및 유형과 그들의 유괴 방지 노력도 소개할 수 있겠다. 이와 같은 내용을 기사로 정리해 하루에 처리할 수도 있지만, 이 내용을 1차로 한 시리즈 기획기사를 가정할 수도 있다. 그렇게 할 경우, 2차에는 전국적 유괴 건수와 사례, 3차에는 취학 전 아동들에 대한 유괴 방지 교육, 4차에는 전문가 좌담 등의 형태를 기획해 각 회의 주 기사로 보도하면서 관련 보조 기사들을 배치할 수 있을 것이다. 보도 단계에서는 취재 정보를 보완하기 위해 효과적인 인포그래픽(infographic, 사진, 도표, 그래픽 등 특정 정보를 강조하는 요소)을 어떻게 활용할지도 계획에 포함한다.

4. 문제의 본질 추적

기획기사의 존재 이유는 문제의 본질 또는 객관적 실체에 접근하려는 것이다. 그러나 완벽한 객관, 또는 완벽한 진실을 인간이 구현해 보여준다는 것은 불가능에 가깝다. '물(物) 자체'라는 의미의 객관성(客觀性, objectivity)은 철학적 사유에서만 존재할 뿐, 구체적 현실에서 손에 잡아 느끼기는 어렵다. 이 객관성에 근거한 사안의 본질이나 진실 또한 인간이 발현해내기는 어렵다. 객관성이나 진실이 드러나더라도 사람들이 그것을 진정한 객관성이나 진실로 받아들일 수 있는지도 의문이다. 많은 언론학자도 이와 같은 사안에 주목해서, 언론이 진실을 보도한다거나 객관적인 보도를 한다고 주장하는 것은 위선이라고 지적했다. 사안을 보도하는 기자도 인간이기 때문이다.

이에 반해, 비록 객관성을 유지하거나 진실 그 자체를 전달하기 어렵다고 하더라도 그렇게 하기 위해 다양한 모습을 취재해 보도하려고 최대한 노력하는 것이 언론의 몫이라는 주장도 있다. 이와 같은 주장은 객관을 추구한다는 것이 언론의 위선이라고 질타하는 일부 학자들에 대한 다른 학자들의 반론 또는 기자들을 위한 변론이라고 말할 수 있겠다. 기획기사는 언론이 객관성을 가장한다는 일부 학자들의 비판, 그리고 진정한 객관성을 얻기 어려운 현장의 한계를 극복하려는 취재 및 보도 현상 중 하나다. 뉴스의 흐름을 추적해 아이디어를 발굴하고, 발굴된 아이디어를 검증한 뒤 철저한 계획하에 그 내용을 종합적으로 취재하며, 취합한 정보를 효과적으로 배열해 일반 독자나 시청자들이 이해하기 쉽도록 전달하려는 노력은 바로 문제의 본질을 추적하기 위한 것이다.

여기에서 객관적 진실과 유사한 의미의 본질을 '확보'한다는 말을 쓰지 못하고 '추적'이라는 단어를 사용하는 것은, 어느 인간도 그를 확보하기 어렵다는 말에 필자도 동의하기 때문이다. 단지 주어진 여건과 환경 속에서 공중이 알 필요가 있는 정보를 최대한 전달하는 과정에서 '보편적'인 상황을 공유하고 그에 대한 실체를 확인하려는 노력으로서 기획기사의 가치는 인정받을 수 있다. 이 '문제의 본질 추적' 부분이 바로 기획기사의 궁극적 목적이며, 한국 언론이 보유한 기획기사의 존재 이유다.

이 존재 이유와 목적을 중심으로 기획기사의 정의를 종합하면 '정보의 흐름을 추적, 철저한 계획에 따라 사회의 현상을 취재해 보도하면서 문제의 실체에 접근해가는 기사'로 정리할 수 있겠다. 부연하자면 기획기사는 철저한 계획하에 사회 현상을 취재 · 보도한다는 점에서 서구식 탐사보도와 유사하지만, 정보의 흐름을 추적한다는 측면이 강조되면서 취재원의 단순 제보에 의해 출발하는 내용도 포함하는 탐사보도와 차별화된다. 또 철저한 계획이라는 점에서 일회성 스트레이트 또는 단순 해설 기사와도 구별된다. 기본적인 현상만 보여주는 단건 보도와 달리 문제의 본질에 접근해간다는 측면에서도 기획기사는 여타 기사와 차이점을 보여준다고 할 수 있겠다.

참고문헌

남재일 · 박재영. 2007. 『한국 기획기사와 미국 피처스토리 비교분석』. 한국언론재단.

이건호 · 정완규. 2009. 「취재 영역 및 보도 형태별 뉴스 심층성 연구: 한 · 미 신문 1면 기사에 나타난 투명 취재원, 복합 관점, 이해 당사자 비교를 중심으로」. ≪사회과학연구논총≫, 21호, 5~47쪽.

임석진. 1983. 『철학사전』. 서울: 이삭.

Ettema, J. S. and T. L. Glasser. 1998. *Custodians of Conscience Investigative Journalism and Public Virtue*. New York: Columbia University Press.

Lilja, N. 2004. "The Rise of Analysts as Sources in Innovation Journalism." *Innovation Journalism*, 2(2), pp. 2~8.

Tuchman, G. 1972. "Objectivity as a Strategic Ritual." *American Journal of Sociology*, 77, pp. 660~680.

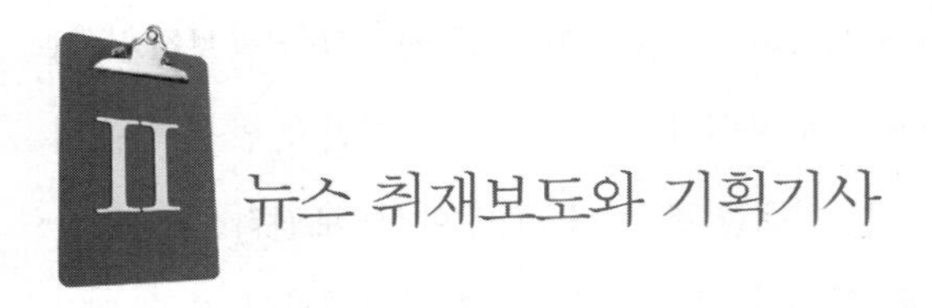

II 뉴스 취재보도와 기획기사

대중매체가 보도하는 뉴스는 일반적인 의사소통과는 내용에 차별성이 있다. 두드러진 특징 중 하나는 불특정 다수의 공중에게 다양한 메시지를 전달한다는 점이다. 사람들 사이의 개인적 대화, 조직 내부의 관계자들이나 조직들 사이의 커뮤니케이션이 당사자들만의 이슈에 집중하는 것과는 분명히 구분된다. 이때 어떤 정보가 일반 수용자에게 전달할 만한 것인가를 결정하는 것을 '뉴스 가치(value) 판단'이라고 하며, 이 가치는 대중매체의 뉴스 선택 기준으로 작용한다. 뉴스 가치는 언론학자들에 의해 다양한 성격으로 규정되어왔다. 언론은 이런 가치를 중심으로 정보를 모으고, 모은 정보를 정리해 수용자들에게 전달한다. 기획기사도 이러한 뉴스 가치를 중요하게 수용한다. 일반적인 뉴스 가치 판단의 기준, 즉 전달하고자 하는 사실이 일반 수용자에게 알려질 만한 내용인가를 결정하는 틀을 활용해 기존 정보의 흐름에 나타난 요소를 발굴한다. 이에 더해 심층 분석을 통해 사회 현상의 경향성을 드러내고, 문제의 실체에 접근해가는 방법으로 정보에 대한 가치를 배가하는 요소가 강한 것이 기획기사의 특징이라고 할 수 있다.

뉴스 가치는 언론인이 대중매체의 정보가 될 만한 내용을 모으고 이를 전달하는 과정에서 기준으로 작용하며, 그 의미가 재차 확인된다. 이러한 뉴스 생산의 과정은 '정보를 수집하는 취재'와 '정보를 전달하는 보도'로 구분된다. 이들은 뉴스 생산이라는 목적을 위해 상호보완적인 모습을 갖지만, 이 목적을 향하는 과정에서 나타나는 역할과 성격이 다르다는 점에서 상호

배타적이다. 이 차별적 성격을 구별하지 못하면, 올바른 뉴스 생산의 방법을 놓칠 수 있을뿐더러, 생산된 뉴스가 오류를 보였을 때 어디서 그 해법을 찾아야 하는지 모호해진다. 이 둘의 관계와 차이점을 확인하는 것은 올바른 취재 · 보도를 지향하는 데 필수적인 조건이다. 모든 기사 생산에 접목되는 이 구분은 기획기사에서도 예외가 아니다.

1. 뉴스 가치와 기획기사

일반적으로 대중매체의 뉴스 가치는 "왜 이 정보가 내일 아침 신문에, 아니면 오늘 저녁 텔레비전 뉴스에 나가야 하는가?"라는 질문에 대한 대답에서 정해진다. 현장 언론인들 사이에서 뉴스 가치는 독자나 시청자가 '이 기사를 읽거나 보고 5분 정도 서로 얘기를 나눌 수 있는 내용'으로 정리되기도 한다. 간단한 말 같지만, 주변을 둘러보면 공공의 관심사가 되어서 5분 이상 지인과 얘기를 나눌 만한 소재가 그렇게 쉽게 발견되지는 않는다. 하지만 바로 그런 공론의 정보로서 의미가 있는 것이 진정 가치 있는 뉴스가 된다는 것이다.

이 가치들은 중요성(importance), 연관성 또는 흥미(relevance or interest), 참신성(freshness) 등 크게 세 가지 요소에 의해 결정된다. 이 가치들의 지향점은 궁극적으로 수용자, 즉 독자나 시청자다. 다시 말해 '일반적인 독자들'이 특정 정보를 공통적으로 중요하게 여기는가, 해당 정보에 관심이 있는가, 또 그 정보를 새롭게 느낄 수 있는가 등의 문제가 기사, 즉 대중매체의 뉴스 가치를 판단하는 기준이 된다는 것이다. 뉴스 생산 과정에서 특정 정보가 이 세 가지 요소를 가지고 있는가에 대한 판단은 매체에 종사하는 언론인이 하지만, 뉴스 가치의 지향점은 수용자이기 때문에 언론인이 수용자의 보편적 성향을 제대로 알고 있어야 올바른 결정을 내릴 수 있다. 그렇기 때문에 이 성향을 파악하는 전문성이 언론인에게 필요한 자질이 된다.

구체적으로 중요성은 다시 영향력(impact)과 저명성(prominence) 등으로 구분될 수 있다. 영향력은 기사의 정보가 수용자 또는 사회에 미치는 파급 효과의 크기를 의미한다. 한국 현실에서 대통령을 포함한 행정부의 정책 결정이나 의회의 입법 결정, 사법부의 판단 등은 국민 전체의 생활에 영향을 미칠 수 있기 때문에 그 영향력이 대단히 큰 것으로 받아들여진다. 대기업의 채용 인원 결정이나 우수 대학의 입시 요강 등도 많은 국민에게 영향력을 행사하는 뉴스다. 또 오피니언 리더들의 의견에 영향을 미칠 수 있는 사안도 역시 뉴스 가치가 높은 것으로 판단된다. 그리고 입법 · 사법 · 행정부의 요인들을 포함해, 최근 공인으로 인정받고 있는 연예인이나 스포츠 스타 등에 연관된 사안은 이들이 일반 대중에게 미치는 영향력 때문에 중요한 문제로 취급받는다. 이런 점은 뉴스와 연관된 사안의 저명성에 관계된다.

연관성 또는 흥미의 문제는 근접성(proximity), 갈등(conflict), 신기함(bizarreness) 등으로 분류된다. 근접성은 수용자가 전달되는 정보를 가깝게 느끼는 정도를 말한다. 즉, 매체에 보도되는 내용이 그 정보를 접하는 수용자에게 얼마나 관련 있는가를 보여주는 척도다. 강릉에서 일어난 사건은 그 지역과 아무 연관이 없는 서울 시민보다는 강릉이 고향인 사람에게 심리적으로 더 가깝게 느껴질 것이고, 강릉에 수십 년 거주한 주민에게는 더욱 가깝게 여겨지는 정보가 될 것이다. 갈등이나 신기함의 요소는 흥미의 문제와 연결된다. 일반적으로 사람들은 평온하거나 평범한 사안보다 다툼이나 분쟁에 더 관심을 둔다. 갈등의 정도가 심할수록, 또 그 갈등이 많은 사람에게 영향을 미칠수록 뉴스의 가치는 높아진다. 신기함은 일반적이지 않은 특수한 상황을 뜻한다. 살인 사건이라도 그 방법이나 이유가 특이하거나 범인이 독특한 사람일 때, 사고도 일반적인 상황에서는 벌어질 수 없는 사안인데도 발생했을 때, 이는 신기함의 부류에 속한다.

참신성은 시의성(timeliness)으로 대표된다. 비록 보편적이거나 일반적이지 않은 사안이라도 그 발생 시기가 10년 전 또는 20년 전이라면 뉴스의 가치는 떨어진다. 바로 어제, 또는 몇 시간 전에 발생한 일이라야 사람들은 사안에 대해 심리적 근접성을 느끼고, 그에 대한 뉴스 정보로서의 가치를 인정하게 된다.

지금까지 소개한 뉴스로서의 가치는 기획기사를 통해 더 확연하게 발현된다. 일반 뉴스가 앞의 가치들을 일부만 포함하고 있어도 기사화된다면, 기획기사는 추가 요소를 발굴해 더 의미 있게 만드는 작업이다. 단지 정보의 조작이나 억지스러운 의미 부여를 통해 그 작업이 이뤄지는 것이 아니라, 타당하고 합리적이며 보편적인 검증 방법 등을 통해 정보가 뉴스로 거듭나게 된다는 뜻이다.

2005년 유럽 일대에서 발생했던 무함마드(또는 마호메트, 모하메드) 만평 사건은 이를 설명하는 좋은 사례다. 관련 내용이 국내 언론에 처음 알려지기 시작한 것은 ≪뉴욕 타임스(The New York Times)≫, CNN 등 외국 언론사의 인터넷 사이트나 AP(Associated Press), 로이터 등 국제 통신사의 현장 기사를 통해서다. 초기에 전달된 뉴스들은 프랑스의 한 언론이 이슬람교의 예언자인 무함마드에 대해 모욕적인 만평을 보도했고, 이에 대해 이슬람교도들이 반발하고 있다는 내용 정도였다. 비록 갈등의 요소가 있기는 했지만, 프랑스에서 발생한 일이라 한국 국민에게는 지리적으로 근접성 정도가 떨어졌다. 국내에 신도 수가 수백만을 헤아리는 불교나 기독교, 가톨릭에 비해 이슬람교의 신도는 10만 명 정도로 많지 않아 심리적 근접성도 미미했다. 신기함을 느끼기에 그 연관성이나 흥미의 정도도 크지 않았고, 한국에서 무함마드의 저명성은 다른 종교의 창시자에 비해 떨어졌다. 결국 발생한 지 얼마 되지 않았다는 시의성, 유럽의 한 지역에서 일어난 갈등 요소 등을 제외하고 다른 가치 기준에서 큰 점수를 얻지 못한다는 판단만 가능한 상황이었다. 대부분의 한국 언론은 당시 초기 보도에 큰 의미를 부여하지 않았고, 기사도 간단하게 처리되거나 무시되었다.

하지만 외신들의 뉴스가 속보로 이어지고 분쟁이 점점 확산하는 조짐을 보이면서, 사태를 바라보는 국내 언론들의 시각도 달라졌다. 뉴스의 흐름을 추적하던 국제부 기자들의 눈에 해당 사안은 중세 십자군 전쟁 이래 최대의 종교 분쟁으로 비쳤다. 유럽의 언론 보도에 격분한 이슬람교도의 수가 수십만으로 늘어났고, 소요 지역도 유럽의 다른 국가들과 중동 지역으로 확산했다. 갈등 구도의 등장인물 수와 분쟁 지역의 확대는 전 지구적인 이슈로 사안을 규정하고 있었다. 이 분쟁을 무시하거나 간단한 단신으로 처리했던 국내 언론도 해당 정보를 크게 보도하기 시작했다. 즉, 무시되었던 정보가 일반 기사로, 또 단신 기사가 기획기사의 형태로 발전한 것이다. 한국 신문들은 전반적인 사안을 주 기사로 소개하고, 갈등이 생긴 이유, 소요가 일어난 지역 등을 별도 보조 기사나 그래픽 등으로 처리하면서 시리즈를 이어갔다. 이 과정에서 사건의 진원지가 프랑스가 아닌 덴마크 최대 일간지 ≪윌란스포스텐(Jyllands-Posten)≫의 만평 섹션이었다는 점이 확인되었고, 국내 이슬람교도들도 격분하고 있다는 내용이 소개되었다. 초기에는 일어난 지 얼마 안 된 참신한 정보로서 시의성과 분쟁이 있다는 갈등 요소만 있었으나, 국내 이슬람교도들의 반응이 나오고 국내 신자가 많은 가톨릭 교황의 시국 발언 등이 이어지면서 심리적 근접성이 커졌다. 그리고 기사를 통해 세계적으로 이슬람교의 신도 수가 기독교 계통의 종교에 버금간다는 점이 재차 두드러지면서, 갈등은 제2의 종교전쟁으로 재규정되어 역사적으로도 보통의 기준을 넘어서는 '신기함'을 획득했다. 또 관련 종교의 수장으로 교황이 뉴스에 등장하고 유럽과 중동의 각국 행정 수반들이 우려를 표명하면서 기사에 나타나는 취재원의 저명성이 올라갔다. 결과적으로 그 영향력이 대단한 사건이라는 것이 한국 국민에게 전달된 것이다. 단순한 사건으로 처리될 뻔한 일이 기획의 힘을 빌려 뉴스로서의 가치를 강화하게 된 전형적 사례다.

2. 취재와 기획기사

1) 취재의 정의

취재는 뉴스 생산 과정에서 '정보를 모으는 행위(information gathering)'로 규정된다. 영어권에서는 이를 '리포팅(reporting)'이라고 표현한다. 어원인 리포트(report)는 조사로 모인 정보를 통해 상황을 설명하는 보고 또는 보고서라는 사전적 의미가 있다. 하지만 인쇄나 통신 등의 기술 발달과 더불어 언론의 뉴스 생산이 현대적 의미로 발전하면서, 사전적 의미의 '보고'는 퇴색하고 정보를 수집하는 행위로 리포팅의 성격이 정리되었다. 리포팅은 결국 인간의 오감을 통해 모인 내용을 기록하는 정보 수집, 또는 기자가 관찰 · 논리 · 검증의 과정을 거쳐 정보를 파헤쳐 가는 과정으로 정리된다. 구체적으로는 인터뷰나 정보의 배경 확인 등을 통해 전달되어야 할 뉴스의 골격을 세우는 행위가 취재의 핵심 내용으로 부각된 것이다. 결국 정보를 모으기 위한 조사 또는 탐사의 의미가 강하게 피력되었다는 뜻이다. 조사 및 탐사의 의미가 두드러질수록 뉴스의 가치를 강화해간다는 점에서 현대의 많은 취재 활동은 기획의 성격이 강해진다. 중요성, 연관성 또는 흥미, 참신성 등 뉴스의 가치를 확보하기 위한 취재는 결국 '기자가 가능한 모든 방법을 동원해 공중에게 알릴 만한 내용을 수집하고 확인하는 행위'로 정리된다.

즉, 뉴스가 될 가능성이 있는 요소를 모은 뒤 이 중 뉴스가 될 내용을 고르는 과정을 포함하는 것이 취재다.

2) 일반적 취재 방법

가장 효과적인 취재 방법은 일반적으로 뉴스의 길목을 지키는 것이다. 수용자가 공유할 만한 소식이 있는 곳을 찾아 그곳에서 발생하는 정보를 얻는다는 뜻이다. 이는 상당 기간의 저널리즘 역사를 통해 개발된 가장 수월한 방법이다. 서구, 특히 미국에서는 이 취재 영역을 '비트(beat)'라고 한다. 특정 분야와 관련된 부분을 한꺼번에 아우르는 취재 대상 전반을 가리키는 말로, 해당 뉴스를 전문화된 기자가 취재하는 체계다. 예를 들면, 환경 기자가 환경부처의 행정 정보만 다루는 것이 아니라, 건설이나 해양, 산업 등 환경과 관련될 수 있는 다른 정부 부처, 국회의 환경 담당 위원회, 사법부의 환경 관련 재판, 각종 환경 단체, 환경기술 업체, 오염을 유발할 수 있는 기업의 환경 관련 안전 사안 등 해당 분야를 전 방위로 담당하는 것이다.

아시아 지역, 특히 한국이나 일본은 이 비트 개념보다는 작은 '출입처' 개념을 도입하고 있다. 출입처는 기자의 담당 취재 부처를 가리키는 말로, 해당 취재 영역을 관할하는 공적 또는 사적 기관을 칭한다. 주로 기자들이 상주하는 곳으로 규정된다. 이 개념하에서 환경 기자는 정부 기관 중 환경부나 일부 유관 단체, 군 관련 기자는 국방부나 일부 유관 단체만을 집중적으로 담당한다. 상주한다는 의미가 크기에, 출입 기자들은 특정 장소에 머물며 관급(官給) 정보를 처리하는 것에 머문다는 부정적 해석도 있다. 하지만 최근에 이 개념이 확대되면서 일부 기자들은 출입처의 개인 부스(booth)를 벗어나 발로 뛰며 관련 뉴스 전반을 취재하기도 한다. 출입처가 기자들과 관료들만의 의사소통이 이뤄지는 폐쇄적 공간으로 부각되고, 고급 정보를 독점하는 기자들이 특권화된다는 등의 비판이 있었기 때문이다. 이렇게 출입처를 벗어나려는 노력이 나타나면서 국내의 출입처 개념은 관련 분야에 대한 광범위한 취재원 관리 및 다양한 주제나 소재 발굴로 확대되었고, 이 과정에서 비트 개념에 가깝게 변화하고 있다는 평가도 받는다. 하지만 아직 비트의 수준에까지는 다다르지 못했다는 지적과, 취재 관행상 아직도 출입처가 필요하다는 주장이 상충하는 것이 우리 취재 현실이다. 종합해서 말하면, 비록 범위에는 차이가 있더라도 서구의 비트나 한국의 출입처 개념은 모두 뉴스의 길목을 지키는 방법으로 귀결된다. 관련 영역 중에서 공공 정보로 취급할 만한 내용이 많이 나오는 곳을 파악하고, 그곳에서의 인맥을 관리하며 정보가 나오는 주요 출처를 확보하여 이를 지속・발전시킬 수 있기 때문이다.

한국 언론사의 출입처는 중앙 신문사 편집국이나 방송사 보도국의 취재 부서별로 구별된다. 언론사마다 미세한 차이는 있지만 현재 일반적으로 편집국이나 보도국은 정치부, 경제부 또는 경제・산업부, 사회부, 문화부, 체육부, 국제부 등으로 나뉜다. 정치부의 출입처는 청와대, 국회, 감사원, 국가정보원, 통일부 등 대통령이나 입법, 국가 안보 등과 관련한 곳이 중심이다. 경제부는 정부 및 유관 부처로 기획재정부(국세청, 관세청, 조달청, 통계청 등), 한국은행, 농수산식품부(농촌진흥청 등), 지식경제부(중소기업청, 특허청 등) 등을 출입하고, 산업과 관련해서는 삼성이나 현대 등 대기업이나 금융 관련 기업 등을 담당한다. 사회부는 교육과학기술부, 법무부, 국방부(병무청, 방위사업청 등), 행정안전부(경찰청, 소방방재청), 환경부(기상청), 노동부, 보건복지부(식품의약품안전청, 각급 병원) 등을 책임진다. 사회부는 또 검찰청과 일선 경찰서에 기자들을 상주시키고 있다. 문화부는 문화체육관광부(문화재청), 여성가족부 등을 출입하며, 신문사는 지상파 방송국을 출입하는 기자들을 별도로 둔다. 체육부는 문화부와 함께 문화체육관광부를 출입하며 스포츠와 관련된 정보를 취재한다. 이처럼 한 출입처에 다른 부서가 공동으로 출입하는 예도 적지 않다. 예를 들어 외교통상부는 정치부가 국제 정치 분야를, 경제부가 국제 통상 분야를 각각 나눠 취재하며, 국토해양부도 경제부가 건설 등의 분야를 책임지고 사회부는 교통 관련 분야를 맡는다. 교육과학기술부의 경우에는 교육 문제는 사회부, 과학 및 기술 분야는 경제부 등이 책임진다. 문화부가 담당하기도 하는 여성가족부는 사회부의 출입처인 때도 있다. 국제부는 주로 미국, 일본, 중국, 러시아 등 한국을 둘러싼 주요 4대국과 유럽 등에 상주하는 특파원을 관리하며, 한국 관련 소식과 현지의 주요 뉴스를 공급한다. 국내에서 근무하는 국제부 기자들은 파견국의 공공기관에 집중하는 특파원들의 취재 입장을 고려해 이들이 일일이 다루지 못하는 내용을 외신을 받아 처리하는 업무를 담당하거나 주한 외국 대사관 등을 취재하고 있다.

출입 기자들은 앞서 언급한 것처럼 공공의 뉴스로 가치가 있을 만한 관급 또는 출입처 정보를 우선으로 처리하면서, 자신의 영역과 관련된 분야로 시야를 넓혀가는 중이다. 즉, 출입처가 제공하는 보도자료를 정리해 주요 요소를 수용자에게 전달하기도 하지만, 이 과정에서 이들은 출입처별로 정보를 가진 취재원을 스스로 발굴하고 각종 문서나 자료 등을 추적해서 수용자가 알아야 할 정보나 출입처를 비판하는 내용 등을 중심으로 하는 기사를 생산해낸다.

3) 기획기사의 취재 방법

출입처에서 인맥을 개발해 정보를 얻거나 출입처가 제공한 보도자료의 내용을 검토하면서 추가 자료를 발굴해 기사를 생산하는 것은 일반 기사 취재에도 중요한 일이지만, 기획기사에도 그대로 적용될 수 있다. 뉴스의 흐름을 추적하는 기본 단계만 충실히 견지한다면, 흘러가는 정보들 속에서 어떤 취재원 인맥을 구성해야 하는지, 또 어떤 추가 자료를 요청하거나 수집할 수 있는지 등이 확연해질 수 있기 때문이다. 다시 말해, 일반 뉴스 취재 방법을 기초로 해서 기획기사 취재를 시작할 수 있다. 이와 더불어 기획기사에 적극적으로 쓸 수 있는 방법으로 다양한 매체의 활용을 들 수 있다. 자신이 속한 언론사의 뉴스만을 추적하는 것이 아니라, 다른 매체가 보도한 내용으로 기사를 개발할 수도 있다는 뜻이다. 다양한 시각을 가진 여러 언론이 특정 이슈를 어떻게 보도하고 있는지를 파악하고서, 그 전체적인 경향성을 확인하는 과정에서 훌륭한 기획기사를 만들 수 있다. 또 특정 매체의 특종은 여타 매체의 기획으로 연결될 수도 있다. 다른 회사가 특종을 했다고 해서 낙종의 자괴감에만 빠진다면 좋은 언론인이 되기 어렵다. 일단 낙종을 했더라도, 다른 기자의 특종 내용을 새로운 시각에서 개발할 수 있다면 자신만의 특종 기획기사를 만들어낼 수 있다. 다른 언론사가 어떤 내용을 작성했는지, 특정 사안에 대한 국내 언론의 전반적 시각이 무엇인지 등을 숙지하면, 전체를 조망하는 심층적 조감도를 제공할 수 있을 뿐 아니라, 또 다른 측면의 사실들을 제공하면서 문제의 실체에 더 가깝게 접근할 수 있다.

기존 중앙 언론사의 기사뿐 아니라 온라인 신문사의 기사도 마찬가지다. 인터넷에 회자하는 의견도 주의 깊게 관찰해야 한다. 각종 포털사이트의 토론방에서 집중적으로 거론되는 내용이라면, 공적인 정보로 취급받기에 충분할 만큼 가치가 높은 것일 수 있다. 이 부분에 대한 집중 취재는 좋은 기획기사로 이어질 수 있다. 인터넷을 활용하는 또 다른 방법은 자신의 취재 분야와 연관된 각종 전문 뉴스레터에 회원으로 가입하는 것이다. 공개적인 토론방이 아니라 회원제로 운영되는 뉴스레터(newsletter)나 리스트서브(listserv)형 이메일 공유 시스템은 전문적인 정보를 다룬다. 예를 들어 의학 담당 기자라면, 암 협회 등 의사들을 중심으로 하는 기관의 회원으로 가입하거나 특정 질병을 연구하는 전문가들의 리스트서브에 가입함으로써, 일반에 쉽게 공개되지 않지만 일반인이 알면 이득이 될 만한 내용을 확인해 보도할 수 있다. 특히 이런 사안이 일정 기간 뉴스의 흐름을 타고 정리될 만한 소재라면, 훌륭한 기획기사의 소재가 된다. 특정 분야의 전문가는 자신의 업무에 능통한 사람이지만, 이런 내용이 일반에 공개될 수 있는 것인지를 판단하는 전문가는 바로 언론인이다.

이 외에 다른 지역의 기사도 좋은 참고 자료다. 외국의 유수 언론학 교육기관에서는 기사의 지역화(localization)라는 주제로 외부의 뉴스가 자신이 있는 지역에서도 뉴스로 될 수 있는지를 확인하는 내용을 중심으로 수많은 강의가 이뤄지고 있다. 특히 10여 개의 전국지가 수도에 집중된 한국과는 달리 각 지역에 개별 신문이 활성화된 미국에서는, 다른 지역에서 발간되는 신문 기사 내용을 응용해 자기 지역의 뉴스를 개발한다. 예를 들어, 위급 상황 시 병원의 구급차 출동 시간에 따라 환자의 생명을 얼마나 더 많이 또는 적게 구할 수 있는지를 보도한 대도시권 신문 기사는 지역 병원의 구급 시스템을 점검하는 기획기사 아이디어로 활용할 수 있다.

이처럼 모든 정보의 흐름을 추적한다는 차원에서 보면, 일반 매체에 등장하는 광고들도 기획기사의 좋은 아이템이 될 수 있다. 쏟아지는 아파트 건설 광고를 보면서, 과연 이 아파트들이 공급되면 주택난이 해결될 수 있을 것인지, 과대 공급이 되는 것은 아닌지 등의 의구심을 가질 수 있다. 많은 사람이 관심을 둘 만한 내용에 대한 이 의구심은 곧 확인 과정으로 이어질 수 있고, 그 내용에 갈등 요소가 일정 정도 내포되어 있다면, 사람들에게 큰 영향력을 미칠 수 있는 기사가 생산될 여지는 충분하다. 이자 없는 대출이라는 광고가 홍수를 이룰 때, 한 언론사는 과연 그런 대출이 가능할는지 의혹을 품었다. 그 언론사는 확인 결과 그 광고가 소개하는 대출에도 이자가 있다는 내용을 보도함으로써 사회적인 반향을 일으켰으며, 이는 광고를 활용한 기획기사의 좋은 사례다.

4) 기획기사 취재 계획

이와 같은 내용을 취재하려면 철저하고 올바른 계획이 필요하다. 구체적으로, 먼저 기획의 의미를 점검해야 하고, 그 실행 가능성을 타진해야 한다. 또한 오류를 범하지 않으려면 간이 취재를 시도해야 한다. 간이 취재로 의미와 가능성이 최종 확인되었다면 본격적인 취재에 돌입하면 된다.

기획의 의미를 점검하기 위해서는 우선 무엇 때문에 이번 사안을 취재하는가에 대한 고민이 필요하다. 이를 위해서는 기사의 가치가 고려되어야 한다. 사회적으로 중요한 이슈인가, 대다수 수용자와 연관된 내용인가, 그들이 흥미를 느낄 수 있는가, 새로운 현상인가 등을 타진해봐야 한다. 앞서 설명한 중요성, 관심 또는 흥미, 참신성 등을 모두 확인해야 한다는 것이다. 이를 아우르는 것은 역시 취재하려는 사안이 사회적 의미가 있는가의 문제다. 이는 기자들이 시간과 노력을 투자할 만한 가치가 있는지를 선별하는 중요한 기준이 된다.

기획의 실행 가능성 타진은 구체적인 정보를 어떻게 확보하는가 하는 문제와 연결된다. 아무리 사회적으로 중요한 문제인 것처럼 여겨져도 이에 대한 실체가 없다면 공연한 공상에 불과하다. 책임 없는 소문만 유발하게 될지도 모른다. 이를 위해서는 심층적인 자료를 확보할 수 있는지부터 점검해야 한다. 먼저 사안과 관련된 학자, 시민단체, 정부 관계자 등 전문가들의 지원 여부를 타진해본다. 또 이들의 진술을 검증할 만한 구체적인 데이터가 있는지도 확인한다. 더불어 취재 중 나타날 수 있는 장애물이 있는지에 대한 점검도 필요하다. 특히 기획기사는 갈등 사안에 대한 취재가 빈번하기 때문에, 갈등의 핵심 요소가 되는 관계자가 증언을 거부하는 상황도 예상할 수 있다. 이런 취재원 확보의 어려움 외에도 원거리 출장에 따른 교통편, 취재비 등도 방해 요인이 될 수 있다. 장애물이 있다면 이를 극복할 방법이 무엇인지에 대한 고민도 필수다. 함께 고려해야 할 사항은 보도되는 시점에 과연 해당 사안이 뉴스가 될 수 있는가 하는 문제다. 기획취재는 대부분 단기간에 끝나지 않는다. 발생한 사안에 대해 급박하게 만들어진 기사는 스트레이트 뉴스나 그에 따른 얕은 해설 수준이지 심층적이고 고급스러운 기획기사로 보기 어렵다. 시간이 오래 걸리기 때문에 취재를 다 해놓고 기사가 보도되는 시점에 사람들의 관심사에서 너무 멀리 떨어져 있거나 하는 문제가 생기면 기획의 의미가 약해진다. 그렇다고 너무 짧은 시간에 마음에 드는 말만 골라 기사를 작성한다면 기사의 분석력이 떨어질 뿐 아니라, 조작이라는 지적에도 휘말릴 수 있다. 이런 점들을 고려하는 것이 바로 기획의 실행성 타진이다.

이상의 내용을 고려했다면, 그다음 단계인 간이 취재에 들어갈 수 있다. 먼저 얼마나 많은 취재 인력이 필요한지를 구상하고, 걸리는 시간, 예상 보도일 등을 정리한 간이 계획서를 만드는 것이 중요하다. 이 계획서가 완성되면, 일단 기자들을 투입해 계획에 따라 취재를 하면서 예상 밖의 장애물 등 돌발 상황은 없는지, 추가적인 정보가 입수되었는지 등을 확인해간다. 이 과정에서 간이 계획서를 수정하고, 동시에 주 기사나 보조 기사를 쓸 필자를 결정하며, 각 기사의 길이와 함께 사진이나 그래픽, 도표 등 인포그래픽의 배치도 확정한다. 그 뒤 취재된 내용을 종합해 본격적인 취재 단계로 들어가면 된다.

비록 이와 같이 기획취재 방법을 소개했지만, 국내 언론 현장에서 이 단계가 항상 확연하게 구분되어 진행된다고 말할 수 없다. 현장 기자들은 출입처 취재에 바빠서 특별히 기획취재팀에 편성되지 않는 한 이런 단계를 지켜가며 기획기사를 디자인하기 어렵기 때문이다. 그래서 이와 같은 단계들이 동시에 진행되는 경우가 많다. 하지만 심층적이고 구체적이며 고급스러운 분석 정보를 통해 뉴스의 가치를 높이기 위해서는 제시한 기획의 단계를 적용해보는 것이 바람직하다.

언론사 입사를 준비하는 예비 언론인은 아직 현장 경험을 하지 못했기 때문에 현업 언론인들의 감각을 따라가기가 쉽지는 않다. 언론사에 막 입사한 수습기자도 베테랑 선배 기자의 능력을 넘어서기 어렵다. 그러나 뉴스의 흐름을 끊임없이 따라가다 보면, 그러면서 앞서 말한 기획의 의미와 뉴스의 가치 등을 고려해보면, 기획기사의 틀을 확보해나가는 데 도움을 받을 수 있을 것이다. 현실적으로 기획기사 시험을 대비하는 예비 언론인의 처지에서는 앞에서 말한 기획단계를 시험 현장에 대입하기는 불가능하다. 특히 한정된 장소에서 반나절 정도의 시간을 주고 기획 형태의 스케치 기사를 쓰게 하거나, 제시어를 던져주고 5~6시간 만에 기획기사를 쓰게 하는 시험에서 소개한 기획 단계의 적용은 어불성설이다. 게다가 주 기사만 쓰게 하는 입사 전형에서 보조 기사를 추가하기는 더욱 어렵다. 하지만 이걸 불평만 하고 있을 수는 없다. 앞서 설명한 것처럼 언론사로서도 이런 방법을 통해 지원자들의 능력을 검증해보려고 하기 때문이다. 긴 과정이 필요한 과제를 짧은 시간 안에 완수해야 하는 딜레마를 극복하는 방법은 평소 많은 사안에 대한 관심을 키워나가는 것이다. 결국 입사를 준비하면서 신문과 방송 뉴스를 꾸준히 접하여 어느 제시어나 과제가 주어지더라도 그에 맞는 내용을 취재할 수 있는 능력을 최대화하는 것이 중요하다. 인간이 세상 모든 일을 완벽하게 알 수 없고, 또 어떤 문제가 제시될지 모르는 상황이지만 그 상황에 맞게 노력을 다하는 것이 최선의 방법이다. 장기적으로는 언론사도 이와 같은 시험의 한계를 인정하고, 더 현실적인 채용 전형을 마련하기를 기대한다.

5) 올바른 취재의 요건

기획기사 취재에 필요한 세부적인 요건을 더 살펴보자. 여기에 소개하는 요건들은 필자가 미국에서 언론학 학부 과정 학생들에게 기사 작성법을 가르칠 때 평가 요소로 활용한 내용이다. 직접 개발한 요소들은 아니지만 우수한 교육 기관에서 바람직한 기사에 포함되어야 할 척도로 사용한 것으로, 현장 취재에 필요한 가치를 담고 있다. 언론 현장에서 직접 기획기사를 작성하고 교육 현장에서 기사 작성법을 가르치면서 경험한 내용을 바탕으로, 한국의 기획기사에 요구되는 바들을 이 요건에 맞게 소개한다. 이 내용이 과연 제대로 적용되었는지는 이후 완성될 보도 결과물로 판정이 내려질 수 있지만, 취재 과정에서 항상 고민해야 할 요소들이다.

① 뉴스의 가치 Newsworthiness

기사 전체에 대한 판단이다. 독자나 시청자에게 느껴지는 중요성, 그들과의 연관성이나 그들이 느끼는 흥미, 그들에게 다가가는 참신성 등 앞서 거론한 뉴스와 독자와의 관계를 취재 내용이 포함하고 있는가의 문제다.

② 아이디어의 독창성 Idea Creativity

뉴스의 흐름을 추적한다는 것은 어쩌면 이미 나온 이야기를 단순히 종합하는 것으로 오해를 받을 수도 있다. 그러나 기획기사란 단순 종합의 의미를 넘어선다. 새로운 시각을 부여하기 때문이다. 그렇지 않다면 기획기사의 가치 중 참신성을 유지할 수 없다. 또 비록 이미 나온 구문(舊聞)이라 할지라도 많은 사람의 머릿속에서 잊혔을 법한 내용을 선별해 재구성하면서, 기사가 보도되는 시점의 현재적 의미를 부여하는 것도 독창적 아이디어의 한 요소다.

③ 인용의 질 Quote Quality

인용한 내용이 기사의 주제와 얼마나 연관이 있는가? 취재 과정에서 종종 기사의 주제와는 직접 연관이 없지만 흥미로운 내용을 접하게 되곤 한다. 초보자일수록 이런 내용을 버리지 못하고 기사에 우겨넣으려 하는 경향이 있다. 그러나 아무리 재미가 있어도 기사의 주제와 관련이 없다면 과감히 버려야 한다. 그런 내용은 다른 기획의 아이디어로 삼거나 보조 기사에 활용하면 된다. 입사 전형에서 주 기사만 쓰게 되는 예비 언론인이라면, 일단 기사 주제와 관련 없는 내용은 용감하게 버리는 것이 좋다. 관련 있는 정보만 활용하라는 뜻이다. 인용도 마찬가지다. 그래야 기사가 깔끔해진다.

④ 취재원의 질 Source Quality

해당 취재원이 기사에 얼마나 중요한 인물인가? 취재원이 해당 문제에 대해 발언할 공식적 · 사회적 · 문화적 권위를 가지고 있는가? 이들이 주제와 얼마나 밀접한 관계를 맺고 있는가? 아동 학대 문제를 다루는 데 피해 경험이 없으며 자녀나 조카도 없는 젊은 대학생을 취재원으로 썼다면, 과연 올바른 취재일까를 고민해봐야 한다. 이런 취재원을 피해자인 아동의 심리를 공부한 전문가나 가학적 태도를 보이는 범인을 추적한 범죄심리학자와 비교해보면 취재원의 질은 확연하게 구분할 수 있다. 또 피해 아동들의 부모 모임 관계자라면 훌륭한 취재원이 될 수 있다.

⑤ 취재원의 수 Source Quantity

국내 기획기사에서 주 기사의 길이는 일반적으로 200자 원고지 8매(1,600자) 정도다. 언론사, 특히 신문사의 입사 전형에 포함된 기획기사나 스케치 시험도 대부분 이 범위다. 이 경우 기사에 등장하는 인물 취재원은 최소 3명이 필요하다. 약 5명이면 적당하다. 하지만 기사에 이 정도 수의 사람을 등장시키려면 취재 과정에서 적어도 등장 취재원의 3배가량을 취재해야 하는 것이 일반적이다. 기사 주제에 맞는 인용을 얻기 위해서다. 많으면 많을수록 좋지만 주어진 마감 시간을 고려해야 한다. 해당 주제에 정통한 베테랑 기자가 아니라면 어느 취재원이 어떤 내용의 정보를 줄지 예측하기 어렵다. 초보자라면 더 많은 취재원을 접해야 할 수도 있다. 주어진 시간 안에 적절한 인용을 얻기 위해 어떤 기관이 어떤 정보들을 담당하고 있는지를 숙지해두는 것이 좋다. 추가로, 문건이나 웹사이트 등 '자료 취재원'의 정보로 인물 취재원을 대신하려 할 때가 있다. 그러나 자료 취재원의 정보가 인물 취재원의 생생한 인용을 대신할 만큼 상세하고 역동적인 것이 아니라면 삼가는 것이 낫다. 즉, 2명의 인물 취재원과 1개의 자료 정보를 최소한의 취재원 수로 생각할 수도 있으나, 그 자료 정보가 막연한 내용이라면 좋은 기사가 되기 어렵다. 결국 약 1,600자의 기사에서 인물 취재원의 수는 최소한 3명 이상으로 유지해야 한다.

⑥ 취재원의 다양성 Source Diversity

앞의 취재원 수와도 연관된다. 취재원 수가 많다고 해서 모두 양질의 기사가 되는 것은 아니다. 1,600자 기획기사에 취재원 3명이 등장했는데, 모두 유사한 한 가지 내용만 전달하고 있다면 기사의 질은 떨어진다. 더구나 기획기사는 대부분이 갈등 구도를 다룬다. 그런 경우, 3명이 등장해 한쪽의 의

견만 전달한다면 어떤 느낌이 들까? 종합하면, 다양한 의견이 출현해야 한다는 것이다. 취재원 숫자를 최소 3명으로 한정한 것은 갈등구조 속에서 해당 사안에 찬성하는 의견을 전달하는 이해 당사자 1명, 반대하는 쪽 이해 당사자 1명, 이를 종합하는 전문가 의견 1명을 기본 구도로 보기 때문이다. 첨예한 갈등 사안이 아니더라도, 기획기사로 작성될 정도의 소재라면 그에 대해 다양한 의견이 있기 마련이다. 문제의 실체에 접근해가기 위해서라도 여러 가지 의견을 가진 취재원의 등장은 필수다. 그만큼 다양한 취재원을 만나봐야 한다.

⑦ 인용 적시 Attribution Fitness

해당 인용 정보가 정확하게 취재원과 연결되어 있는가? 취재원의 등장 없이 정보만 있다면 독자는 그 정보가 얼마나 공신력 있는 정보인지 확인할 수 없다. 게다가 취재원이 기사에 명기되지 않는다면, 해당 정보는 사실 관계를 전달하는 것이 아니라 기자의 주장으로 둔갑한다. 사설화(社說化)의 오류가 발생하는 것이다. 이를 피하기 위해서는 취재 과정에서 반드시 정보의 원천지를 확인해야 한다. 그래야 보도할 때 "○○○은 '……'라며 '……'라고 말했다", 또는 "한강 수질 관련 정보를 매년 측정해 환경부에 보고하는 △△△ 기관에 따르면……" 등의 뉴스를 전달할 수 있다. 이런 인용 적시가 없으면, 결국 해당 정보에 대한 신뢰는 물론이고 기사 전체에 대한 신뢰도를 떨어뜨리게 된다.

⑧ 세부적 묘사 Detail

주제와 연관해 얼마나 자세한 정보를 전달하고 있는가? 독자의 이해를 돕기 위한 것으로 매우 중요한 요소다. 취재 시에 "어떻게 생각하느냐"라는 질문에 "좋게 생각한다"라는 답을 듣고 만족한다면 좋은 보도를 할 수 없다. 어떻게 좋게 생각하는지를 재차 물어 상세한 내용을 들어야 한다. 상황을 묘사할 때도 그냥 "예쁘다"라는 표현으로 그쳐서는 안 되기 때문에 자세히 들여다봐야 한다. 2009년 여름에 새로 문을 연 광화문 광장을 취재하면서 "멋있네" 하고 돌아선다면 기자로서의 자질을 의심해봐야 한다. "30cm 떨어진 거리에서 올려다본 높이 ㅇㅇm의 충무공 동상 전체(밑단 ㅇㅇm, 전신상 ㅇㅇm)는 검푸른 청동의 색채가 뚜렷했다. 오후 10시 동상의 광화문 쪽 발밑 ㅇㅇm^2 면적에 가지런히 펴진 ㅇㅇ개의 분수에서 물이 솟자, 동상 주변에 몰려 있던 시민 약 ㅇㅇ명의 입에서 탄성이 터졌다. 지름 ㅇㅇcm의 분수에서 높이 ㅇㅇm로 솟아오른 물은 때맞춰 비친 무지개색 조명을 반사하며 동상의 청동빛을 일곱 가지 색채로 변화시켰다"라는 식으로 자세하게 보여줘야 한다. 여기에 적은 글은 가상이지만, 이런 식으로 글을 전개해야 한다는 것이다. "말하지 말고 보여주라(Do not tell but show)"는 것은 저널리즘 보도의 원칙이다. 기자가 멋있다고 느꼈다고 그걸 '말하면', 모든 독자가 멋있다고 느끼기 어렵다. 그걸 '보여줘야' 그 느낌을 전달할 수 있다. 취재 시 이 부분을 명심해야 한다. 이차적으로는 주제와 관련된 부분만 보도에 묘사해야 한다. 물론 취재할 때는 오감을 열어 다양한 정보를 취하는 것이 좋다. 그러나 전달하려는 정보의 내용과 관계없는 내용에 지나치게 집착하다 보면 정작 중요한 요소는 놓치게 된다.

⑨ 기사의 효과 Impact

독자나 시청자의 인식과 행태에 어떤 변화를 줄 수 있는가? 우선 해당 주제가 그들에게 중요하고 연관되어 있으며 새로운 소식이어야 한다는 기본 가치가 중심이 되어야 한다. 그래야 사람들의 생활에 영향을 줄 수 있다. 하지만 특정 방향으로 일부러 몰아가는 작위적 영향력은 피해야 한다. 기사를 취재할 때 다양한 취재원을 확보해 그만큼의 의견과 정보를 전달해야 독자들은 사안에 대한 자신의 종합적 입장을 마련할 수 있다. 독자들의 생활에 도움이 되는 영향력을 고민해야 한다.

⑩ 명예훼손 Libel **및 공정성과 균형** Fairness and Balance

특히 갈등 구도와 관련된 기획기사일 때 주의해야 한다. 한쪽의 얘기만 듣고 보도하면 다른 편의 이해 당사자를 모함하는 결과를 낳는다. 명성이나 돈과 관련된 사안일수록 그 폐해는 더욱 심하다. 이를 피하기 위해서는 삼각 취재(triangulation)가 필요하다. 즉, A에게 얘기를 들었다면 또 다른 이해 당사자 B에게도 얘기를 들어 기본적인 갈등 사안의 사실 관계를 파악하는 것이 기본이다. 더 나아간다면, 이에 대해 중립적인 판단을 내릴 수 있는 C의 얘기까지 취재해야 한다. 또 갈등 구도의 기사가 아니라 미담과 관련된 내용이라도, 불완전한 정보나 작위성이 들어간 정보는 명예훼손으로 이어질 수 있다. 2003년 한국의 한 신문이 한국에서 위안부를 위해 활동하는 일본인 자원봉사자를 화려하게 포장했을 때, 일본인 당사자가 해당 신문을 언론중재위원회에 제소한 사례가 있다. 아무리 자신을 좋게 꾸며줬어도 기사 내용의 많은 부분이 추측과 불완전한 정보로 이뤄졌으며, 결국 이 기사를 본 지인들이 당사자를 왜곡된 시각으로 바라보게 되었다는 것이 이유였다. 기사가 정확한 사실 관계만으로 이뤄져야 한다는 것을 보여준 좋은 사례다.

3. 보도와 기획기사

1) 보도의 정의

언론의 '보도'는 사전적 의미 또는 어원에서 찾을 수 있는 '리포트'의 개념 중에서 '보고(報告)'의 성격이 각종 기술의 발달을 통해 특화된 것이다. 원초적인 리포트가 현대적 의미의 취재, 즉 재료를 모은다는 점에 집중되면서, 그 나머지 부분인 '정보 전달'이 보도라는 이름으로 정리되었다는 뜻이다. 영어권에서는 간단하게 '라이팅(writing)', 즉 글쓰기라는 표현으로 소개된다. 표현은 단순하지만 언론 보도가 정착한 역사는 나름대로 의미가 있다. 학자들에 따르면, 18~19세기 전신(電信)이 등장해 일반화하기 전까지의 뉴스는 대부분 조각난 정보들을 발생 순서에 따라 나열하는 연대기적 기법으로 전달되었다. 당시에는 기자들이 전체 내용 중 중요한 요소를 글의 앞쪽에 정리하는 '요약 리드' 등의 개념이 개발되지 않았다. 결국 특정 이슈에 집중하지 않은 채, 시간 순서에 따른 보고서 형태로 내용이 전달되면서, 당시의 보도는 원론적 의미의 리포트 또는 보고의 개념을 벗어나지 못했다. 하지만 사회적 · 문화적 · 기술적 환경 변화에 따라 역삼각형 글쓰기, 내러티브(narrative) 글쓰기 등 새로운 뉴스 전달 방법이 개발되었고, 결국 이는 현대적 의미의 취재와 구분되는 보도(writing)로 특화되었다. 최근에는 인터넷 미디어의 비선형(non-linear) 보도 기법도 새로운 형태로 논의되고 있다. 이러한 보도는 한국에서 일반적으로 기사 쓰기 또는 기사 작성이라고 소개된다. 이 개념은 대중매체가 전달하는 뉴스 글쓰기가 취재한 사실에 근거한다는 점을 명확히 하면서, 소설이나 수필 등 다른 장르의 글 작성법과 엄격하게 구분된다는 것을 뚜렷이 보여준다. 결론적으로 보도는 '조사나 탐사를 통해 사실(fact)을 모으는 취재를 기초로 특정 주제를 부각하는 언론의 글 작성법에 따라 정보를 전달하는 행위'로 요약할 수 있다.

2) 일반적 보도 방법

동서를 막론하고, 언론 보도 기법의 기본은 '역삼각형 글쓰기'다. '역피라미드'로도 표현되는 이 글쓰기 구도는 간단히 말해 두괄식 구조를 뜻한다. 역삼각형 또는 역피라미드라고 명명하는 이유는, 전체 글의 구조상 가장 중요한 주제(主題) 또는 의제(議題) 정보가 제일 위에서 전달되고, 그 중요도의 순서에 따라 차례로 정보가 배열되기 때문이다. 언론 글쓰기에서 가장 먼저 제시되는 첫 문장이나 첫 단락은 리드(lead, 글의 도입부)라고 표현한다. 역삼각형 구조는 이 리드에 가장 중요한 주제 정보를 담는 것이다. 그리고 그 뒤를 잇는 본문에서 리드에 소개된 중요한 정보를 설명해나가게 된다. 정리하자면 역삼각형 글쓰기는 중요한 내용을 담은 '리드'와 해당 정보를 설명하는 '본문'으로 구성된다. 결론부터 먼저 전하고, 따라오는 본문에서 왜 결론이 그렇게 났는지를 설명하거나 결론을 도와주는 정보를 전달한다는 뜻이다. 본문에 보완되는 설명도 리드에서 나타나는 부분을 설명하기에 중요한 순서로 배열된다.

역삼각형 글쓰기에서 리드는 결국 본문에서 설명할 상세 정보를 강하게 어필하게 된다. 이 글쓰기의 리드에 담기는 가장 중요한 주제 정보는 크게 두 가지로 집약된다. 하나는 전달하려는 정보의 전체 내용을 간추린 것(summary lead), 다른 하나는 취재된 정보 중 가장 중요한 사실에 집중한 것(importance based lead)이다. 리드에서 정보 전체를 정리한 종합적 리드를 쓰면 본문에서는 리드에 소개한 정보의 순서에 따라 그 내용을 보완 · 설명하는 구도로 글쓰기가 전개된다. 가장 중요한 정보만 소개하는 리드를 쓰면 본문에서는 해당 정보에 대해서만 설명을 하고, 추가적인 내용을 전달하고자 한다면 본문에서 '또', '한편' 등 정보 전환의 표현을 사용해 다른 정보를 넣는다.

예를 들면, 다음과 같은 문장이 대표적인 종합 리드다.

"교육인적자원부는 지난 정기국회에서 「학교보건법」이 개정됨에 따라, 신체검사의 건강 검사 개선, 학교환경위생정화구역 내 금지 시설 명칭 구체화, 새학교증후군의 주범인 휘발성 유기화합물 관리 항목 신설, 각 시·도 교육감 직속 학교보건위원회 설치 등을 골자로 하는 학교 보건 사업을 강화해나가기로 했다고 ○일 밝혔다."

본문에서는 리드에 소개한 순서에 따라 건강 검사 개선, 학교 주변 금지 시설 명칭 구체화, 휘발성 유기화합물 관리 항목 신설, 지역의 학교보건위원회 설치 등을 설명해나가면 된다.

앞의 종합 리드 문장 중 '휘발성 유기 화합물 관리 항목 신설'을 가장 중요한 사실로 잡고 이에 집중해 리드를 구성한다면 다음과 같이 적을 수 있다.

"교육인적자원부는 피부 및 호흡기 질환의 원인으로 지적된 페인트, 접착제 등의 학교 건물 사용 제한과 각종 세균에 대한 관리 기준 책정을 골자로 하는 「학교보건법」 개정안을 시행키로 했다고 ○일 밝혔다."

리드에서 휘발성 유기 화합물 관련 정책에 대한 구체적 정보를 적시하고, 본문에서는 그에 연관된 정보에 집중하게 된다. 만약 이렇게 시작된 기사에서 다른 내용을 추가하고 싶다면, 휘발성 유기 화합물 관련 정보에 대한 설명을 모두 마친 뒤, 줄을 바꿔 "한편 교육부는 학교 주변 시설 금지 목록 중

그동안 용어 문제로 논란이 되었던 '극장'을 '영화 상영관'으로 대체, 학교 환경 정화 시행에 구체성을 기하기로 했다"라는 문장을 넣고, 공간이 허락한다면 그에 대해 설명을 하면 된다. (참고로 2010년 현재 교육 관련 정부 부처의 명칭은 '교육과학기술부'이지만, 제시한 사례의 자료는 교육인적자원부 시절의 것이어서 과거 명칭을 그대로 사용했음을 밝혀둔다.)

이쯤에서 확인해둘 것이 하나 있다. 리드와 핵심 문장의 구분이다. 리드(lead)는 영어 표현 그대로 '이끄는' 문장이나 단락이다. 글의 가장 첫머리에 나오는 부분으로, '형식적' 요소다. 글의 내용이 무엇이건 간에 글의 도입부는 무조건 '리드'라고 부른다. 핵심 문장은 '내용적' 측면이다. 즉, 전체 정보의 핵심 내용을 담은 글로 영어로는 '넛 그래프(nut graph)'라고 하며, 한국의 언론 현장에서는 일본식 표현을 차용해 '야마'라는 말을 널리 쓴다. 이 핵심 문장은 글쓰기의 형태에 따라 글의 도입부인 리드에 나오기도 하고 나중에 등장하기도 한다. 즉, 리드가 항상 핵심 문장이 되는 것은 아니며, 핵심 문장이 반드시 리드의 자리에 나오지는 않는다. 다만, 언론 보도 기법상 역삼각형 글쓰기가 기본적인 방법이고 기본적인 만큼 자주 쓰기 때문에, 가장 중요한 핵심 정보가 리드에 등장하는 사례가 많을 뿐이다. 결론적으로 '형식적 차원의 리드'와 '내용적 차원의 핵심 문장'은 구별해야 하며, 리드의 위치에 핵심 문장이 많이 배치되기는 하지만, 항상 그렇지는 않다는 것이다.

핵심 문장이 기사의 첫 문장이나 첫 단락인 리드의 위치에 배치된다면 이는 전형적인 역삼각형 보도 형태임을 뜻하고, 만약 리드에 주제 문장을 이끌기 위한 배경 설명이 먼저 제시된 뒤 핵심 문장이 두세 번째 단락에 등장하면 이를 '변형된 역삼각형'이라고도 한다. 변형된 역삼각형에서는 배경 설명이 한두 단락 정도로 짧게 리드 부분에 먼저 제시되고 핵심 문장이 등장한 뒤, 이어지는 본문에서 핵심 문장에 대한 상세한 설명이 리드에서 제시된 배경 설명에 비해 길게 이어지는 구조가 된다. 이때 글에 배치된 정보를 중요도에 따라 도식화하면 다이아몬드형이 된다. 그러나 (도입부를 제외한) 윗부분에 여전히 가장 중요한 정보를 담아 두툼한 형태를 띠기 때문에 이 같은 글쓰기를 변형된 역삼각형이라고 부른다. 역삼각형 또는 변형된 역삼각형의 기사는 독자가 기사의 핵심 내용을 처음부터 쉽게 알 수 있고, 마감이 급박할 때 편집자가 기사의 뒷부분을 잘라내도 중요한 내용은 전달된다는 장점이 있다.

역삼각형 종류의 기사 이외의 보도 기법으로 서사적 글쓰기가 있다. 줄거리가 있는 이야기 구조에 집중하는 것으로, 소설적 형태의 작법으로도 소개된다. 전통적인 역삼각형에 비해 무정형에 가깝다. 국내 언론, 특히 신문에서도 2000년을 전후해 이런 형태의 글쓰기가 확연히 늘어나기는 했지만, 서구 신문과 비교하면 그 수가 많다고 보기는 어렵다. 이 작법은 글의 주제 정보가 반드시 기사의 앞부분에 등장할 필요가 없다. 전체적인 글의 흐름에서 따라 기자가 가장 효과적이라고 생각하는 부분에 핵심 문장을 두게 된다. 역삼각형과 상반된 차원에서 아예 가장 중요한 핵심 문장을 기사 말미에 두는 삼각형 또는 피라미드형 기사도 이와 같은 서사적 글쓰기에 포함된다. 심지어 뚜렷한 핵심 문장이 표면에 드러나지 않기도 한다. 하지만 전체 글에 전달하고자 하는 의미가 녹아 있어, 글을 읽고 나서 독자들이 스스로 알게끔 한다. 정보를 우선해서 정확하게 전달해야 한다는 저널리즘 글쓰기의 원칙에 어긋나는 것 같지만, 오묘한 인간관계를 한두 개의 핵심 문장으로 정리하기 어려운 경우가 있기 때문에, 이 글쓰기 기법은 많은 사람이 공통으로 인정할 만한 내용을 글의 흐름에 묻어두면서 수용자로부터 공감을 끌어내는 방법으로 인정받는다. 특히 이 같은 작법의 탄생은 독자들이 딱딱한 문장 구성 때문에 기사 읽기에 대한 흥미를 잃어간다는 지적에 따라 '읽히는 기사'를 생산해야 한다는 현장의 고민이 반영된 결과이기도 하다.

지금까지 일반적인 언론 글쓰기 방법으로 역삼각형 종류와 서사적 형태를 소개했지만, 국내의 보도 기법은 아직 역삼각형 종류가 주를 이룬다. 역삼각형 글쓰기는 의견이나 주장을 배제한 사실 위주로 정보를 전달하는 스트레이트 뉴스에 주로 활용된다. 스트레이트 뉴스와 연동하는 해설 기사도 역삼각형 구도를 따르는 경우가 많다. 즉, 스트레이트 뉴스에 소개된 내용을 부연하는 분석 기사를 별도로 작성하면서도 전반적인 의미를 우선 정리해 기사의 앞부분 리드에 소개하고, 본문에서 왜 그런 분석이 가능한지를 설명하는 구조를 갖는 경우가 많다. 대부분 사건이나 사고, 권력 기관의 정책 기사가 이와 같은 유형을 띤다. 주로 딱딱한 경성 뉴스(hard news)를 통해 이성적 · 논리적인 정보를 전달할 때 많이 사용된다. 이와 반대로 피라미드형 또는 서사적 글쓰기는 사람들의 훈훈한 사연을 전하는 미담 기사나 안타까운 현실을 전달하는 세상 이야기 등을 소개할 때, 독자의 감성을 자극하는 방법으로 사용되는 경우가 많다. 심지어는 딱딱한 경성 뉴스도 작법에 따라 서사적 기법으로 생산될 수도 있다. 서사적 보도 기법은 인물에 초점을 둔 프로필(profile)형 인터뷰 기사에도 등장한다.

정리하자면 언론 보도는 크게 전통적인 역삼각형 종류와 무정형의 서사적 기법, 두 가지로 나뉜다. 역삼각형은 스트레이트 뉴스나 경성 뉴스의 해설 기사에 주로 사용되고, 서사적 기법은 미담 기사 등 부드러운 연성 뉴스(soft news)에 많이 활용된다. 학자에 따라 비평, 칼럼 등을 포함한 내용까지 기사의 유형으로 분류해 소개하는 경우도 있지만, 주장보다는 사실에 근거한 정보 전달의 측면을 기사(記事, news story 또는 news article)의 기준으로 삼는다면, 역삼각형과 서사적 기법이 대표적 기사 유형이라고 할 수 있겠다. 소설적 형태를 가미한 서사적 기법마저도 '기사'로 분류할 수 있는 이유는 그 기법만 빌려 왔을 뿐, 기본적인 내용은 '사실'에 근거하고 있기 때문이다.

3) 기획기사의 보도 방법

기획기사의 보도 방법은 일반 기사의 보도 방법과 크게 다르지 않다. 역삼각형 또는 서사적 기법 중 어느 것을 활용하는지가 기사의 목적이나 소재에 따라 결정된다는 점에서도 일반 기사와 유사하다. 다만 정보의 흐름을 추적해 사회의 현상을 파악하고 문제의 실체에 접근해가는 것이 기획기사의 특징이기 때문에, 일반 기사에 비해 심층적인 보도가 더 많이 이뤄진다는 것을 차별성으로 들 수 있겠다.

한국 기획기사는, 첫째, 스트레이트 뉴스를 주 기사 또는 메인 기사로 하고 해설 또는 스케치 기사를 분리해 전달하는 방법, 둘째, 스트레이트 뉴스를 별도로 구분하지 않고 해설이나 스케치 기사에 녹여 메인 기사를 작성하는 방법 등으로 구분될 수 있다. 첫째 방법은 주로 개괄적인 전체 정보를 스트레이트 뉴스에 담아 1면에 소개하고, 그와 연관된 해설 기사를 신문 안쪽 간지(間紙)에 배치하는 형식을 취한다. 이 방법은 뉴스 흐름 추적에 기인한 기획기사 이외에 현재 진행 중인 급박한 사안에 대한 분석 정보 전달에도 자주 활용된다. 둘째 방법은 기획 지면을 아예 별도로 편성해 기자들이 발굴한 내용을 집중적으로 보도할 때 주로 사용된다. 신문사들은 이 방법을 쓸 때 200자 원고지 1~2매 정도의 분량을 별도로 할애해서 왜 이와 같은 기획을 하게 되었는지를 설명하곤 한다. 첫째나 둘째 방법 모두 메인 기사로만 처리되는 경우는 거의 없다. 즉, 메인 기사와 연동하는 보조 기사들이 등장하기 마련이다. 메인 기사만으로는 사회의 현상을 다양하게 조명하거나 문제의 실체에 접근해가는 기획기사의 취지를 완성하기 어렵기 때문이다. 이 과정에서 기획기사는 몇몇 주장에 의한 단정적 보도를 지양하고, 다양한 방법을 통해 검증하는 보도를 추구하게 된다. 이때 메인 기사나 보조 기사는 모두 기사의 소재나 목적에 따라 역삼각형 또는 서사적 구조의 기사 작성법을 활용한다.

기자를 꿈꾸는 예비 언론인이 입사 전형에서 작성하게 되는 기획기사는 대부분 200자 원고지 8매(1,600자)가량의 메인 기사다. 이 전형을 위해 필자가 예비 언론인들에게 추천하고 싶은 글쓰기 방법은 역삼각형이나 변형된 역삼각형 글쓰기다. 현실적인 이유 때문이다. 한국 언론사 입사 전형에서 기획기사 작성 등에 대한 평가는 현장 기자들이 담당한다. 평가를 맡은 기자들은 자신의 업무 시간을 쪼개 평가에 투입되는 경우가 많다. 또 쉴 새 없이 돌아가는 정보를 쫓기에도 인력이 넉넉하지 않기 때문에, 많은 사람이 평가에 투입될 수 없다. 그렇기 때문에 적은 인력이 많은 기획기사를 평가하게 된다. 해마다 경쟁률에 따라 차이는 있겠지만, 예를 들어 한 사람이 100개의 기획기사를, 그것도 충분한 훈련을 받을 기회가 없었던 예비 언론인들의 글을 평가한다고 가정해보라. 곧장 업무에 복귀해야 하는 현장 기자의 처지에서는 16만 자를 모두 읽을 시간이 없다. 그래서 일상적으로는 글의 앞부분에 전개된 내용을 보고 1차 판단을 내린다. 즉, 지원자가 무슨 내용을 전달하려고 하는지 초반에 정확한 그림이 머릿속에 들어오지 않으면, 나머지는 읽지 않고 버린다. 그렇게 추려진 글 중에서 글의 중 · 후반부를 읽고 작성된 기사의 수준을 평가한다. 만약 글의 초반부에 자신이 전달하려는 내용이 무엇인지를 명쾌하게 정리하지 못한다면, 아무리 글의 뒷부분을 잘 썼더라도 평가자의 1차 판단 단계에서 제외된다는 뜻이다. 이 단계를 통과하려면 역삼각형이나 변형된 역삼각형 글쓰기가 유리하다. 이때에도 역삼각형 글쓰기는 제시어와 연관된 부분을 명확하게 밝혀야 하고, 변형된 역삼각형의 형태를 사용하려면 핵심 문장 앞에 등장하는 스케치 정보가 제시어나 주제와 연동해 충분히 호기심을 끌 만큼 확실한 내용을 담고 있어야 한다.

역삼각형이나 변형된 역삼각형의 기사를 쓰기 위해 구체적으로는 취재를 마친 뒤 확실한 주제를 선정해야 한다. 그리고 이 주제를 지향하는 문장과 단락을 명쾌하게 정리한 다음, 핵심 문장을 첫머리부터 쓸 것인지 아니면 한두 단락 뒤에 활용할 것인지를 결정하는 것이 좋다. 만약 역삼각형 형태라면 핵심 문장을 첫 도입부에 사용하면 되고, 변형된 역삼각형 형태로 구성한다면 도입부에 주제를 선명하게 보여줄 수 있는 스케치나 배경 정보를 제시한 뒤 핵심 문장을 쓰면 된다. 이후는 역삼각형이나 변형된 역삼각형이 모두 동일하다. 즉, 핵심 문장의 내용을 상세하게 부연하면 되는 것이다. 이때 취재한 정보 중 사례, 스케치, 인터뷰 내용 등을 논리에 맞게 배치하는 것이 중요하다. 이 정보들 또한 다양한 측면을 보여주면서, 핵심을 정확하게 지향하는 형태로 배열되어야 한다. 마지막으로 마무리 부분에 "……해야 할 것이다" 등의 표현을 인용 없이 사용해 기사를 사설화(社說化)하는 오류를 범하지 않는 것도 명심해야 한다.

글쓰기에 정말 자신이 있다면 서사적 글쓰기를 시도해볼 수도 있다. 하지만 자제하라고 당부하고 싶다. 필자가 지도해본, 그래서 현장에서 지금 언론인으로 활동하는 제자 중에도 글쓰기에 자신이 있다고 자부했던 사람이 많다. 하지만 그들이 연습 과정에서 제출한 글은 기사로서의 성격을 갖추고 있지 못한 것이 대부분이었다. 화려한 수식어가 등장했고, 얼핏 독자의 감정을 자극하는 단어들을 사용하는 듯 보였지만 구체적인 사실 관계와 유기적으로 연동하지 못하면서 오히려 정보의 가치를 떨어뜨리기 일쑤였다. 앞에 설명한 것처럼 아무리 소설적 형태를 빌려 왔다고 하더라도 기사가 사실을 떠나서는 그 가치를 인정받을 수 없다. 또 서사적 글쓰기는 글의 핵심 내용이 뒤에 나오거나 전체 문장 속에 녹아 있기 때문에, 개별 단어나 문장들

사이에 팽팽한 긴장감을 유지하지 않으면 글을 끝까지 읽게 하지 못해 독자가 해당 핵심 주제를 발견하기 어렵다. 필자의 교육 경험상 글솜씨가 있다고 자부하던 제자들은 기획기사를 작성해보고 대부분 자신의 자부심을 심각하게 재고하게 되었다. 여러 전형 과정이 있지만 기획기사 작성 과정에서 낭패를 보지 않으려면 되도록 역삼각형이나 변형된 역삼각형 글쓰기를 시도해볼 것을 권한다.

입사하더라도 당분간은 기본적인 기사 쓰기를 훈련하게 될 것이다. 자신의 글솜씨를 뽐낼 기회는 당장 찾아오지 않을뿐더러 현장에서 더욱더 자신의 글쓰기 수준을 고민하게 될 것이다. 유려한 명문으로 독자의 심금을 울리면서 정확한 정보를 전달하기 위해서는 기초적인 사실 관계 취재와 이를 연결하는 기본 보도 기법을 먼저 익혀야 한다. 피카소도 저명한 추상화가가 되기 전, 기본적인 정물화 등에 정통했다는 사실을 기억해야 할 것이다.

4) 올바른 보도의 요건

지금까지 소개한 보도의 방법을 전제로 바람직한 보도에 필요한 요소들을 구체적으로 정리해보겠다. 앞서 나온 올바른 취재의 요건과 마찬가지로 필자가 미국에서 언론학 학부 과정 학생들의 기사 작성법을 가르칠 때 평가의 요소로 활용한 내용으로 구성했다. 한국의 기획기사에 요구되는 바를 이 요건에 맞게 소개한다.

① 리드와 핵심 문장 Lead and Nut Graph

기사가 무엇에 관한 것인지를 한 문장이나 단락으로 명쾌하게 표현해야 한다. 역삼각형 형태로 리드에 핵심 문장을 배치할 것인지, 아니면 변형된 역삼각형 구조를 위해 리드에 스케치 또는 배경 정보를 넣을지를 결정하는 것이 중요하다. 어정쩡하게 글을 전개해서는 안 된다. 리드에 스케치나 배경 정보를 사용할 때도 반드시 기사의 주제와 관련된 내용이어야 한다.

② 초점과 구성 Focus and Organization

리드와 핵심 문장은 물론 이 외의 정보도 정확하게 자신이 전달하고자 하는 것으로 구성되어 있는지에 대한 것이다. 취재한 내용 중 자신이 선정한 주제를 지향하는 정보만 간결하게 들어가 있는지, 아니면 쓸데없는 군더더기가 포함되었는지에 따라 기사의 수준이 결정된다. 아무리 개인적으로 흥미로운 정보라고 생각되더라도, 지향하는 주제와 관계가 없다면 기사에서 과감하게 빼야 한다. 또 더 중요한 정보가 앞쪽에 배치되도록 하는 노력은 기사 전체의 구성과도 연결된다.

③ 인용의 위치 Quote Placement

올바른 인용이 올바른 장소에 들어갔는지를 판단하는 요소다. '초점과 구성'에 연동한 평가 내용이다. 주제와 상관없는 인용이 들어가거나 그만한 인용을 할 사람이 아닌 취재원의 정보를 사용한 경우, 또 직책을 보면 전문가가 틀림없는데 전문가적 발언이 아닌 평범한 사람이 한 말 정도를 인용으로 사용한 경우 등은 인용의 수준은 물론 인용의 위치 면에서 부적절한 것으로 평가받게 된다. 또 정황 설명이 이뤄진 뒤 관계자의 증언 등이 필요한데도 그만한 인용구가 없다면, 즉 필요한 곳에 인용이 사용되지 않으면 기사의 수준은 떨어진다.

④ 흐름과 전환 Flow and Transition

기사의 흐름은 적절한 정보가 적절한 위치에 있는가 하는 문제에 연결된다. 역삼각형이나 변형된 역삼각형 기사 형태의 경우, 중요한 정보가 먼저 전달되는 것이 순서다. 하지만 이때에도 그다음에 연결되는 정보가 앞선 정보와 무관하다면 글을 읽는 독자는 흐름을 놓치게 된다. 서사적 글쓰기가 가미될 경우, 글은 잔잔한 시내처럼 흐르다가도 격랑처럼 터져 나올 때가 있다. 하지만 이도 전달되는 정보가 모두 사실로 이뤄져 주제문을 지향하면서, 전체적인 핵심을 고양하는 구도 내에서 활용해야 한다. 전환은 이런 잔잔함과 격랑을 이어주는 도구로 사용되며, 종종 '한편' 등의 단어나 '상반된 주장은' 등의 구, 아니면 '벽에 붙은 표어는 의사(義士)의 결연함을 보여주는 또 다른 증거다' 등의 문장으로 새로운 국면을 보여주게 된다.

⑤ 문법과 부호 Grammar and Punctuation

일반적으로 한국 사람들은 스스로 문법을 잘 알고 있다고 착각한다. 대화를 통해 의사소통을 하는 데는 무리가 없을 수 있지만, 글을 통해 생각을 전달할 때 맞춤법은 물론 문법적 요소를 틀릴 경우가 많다. 구어체와 문어체는 다르고, 게다가 신문에서 사용되는 문어체는 그 특성이 있다. 주어와 술어를 맞추지 못하는 경우도 많다. 예를 들어 기사 형태의 글에서 ㉠"경찰에 따르면 이씨는 지난 4일 오전 4시쯤 사망했다"라는 표현을 ㉡"경찰에 따르면 이씨는 지난 4일 오전 4시쯤 사망했다고 말했다"라고 쓰는 경우가 발견된다. 문장 ㉠에서, '경찰에 따르면'은 부사구다. 그래서 '사망했다'라는 술어의 주어가 '이씨'가 되면서, 사망의 주체는 '이씨'라는 사실이 확연해진다. 하지만 ㉡은 틀린 문장이다. '말했다'라는 술어의 주어가 '이씨'가 된다. 하지만 누가 사망했는지 목적어가 없다. 결국 불완전한 문장으로, 정확한 문법을 구사했다고 볼 수 없다. 또한 쉼표나 마침표를 불필요하거나 사용할 수 없는 곳에 사용해 글의 흐름을 막는 경우도 눈에 많이 띈다. 이렇게 하면 글을 읽는 흐름을 방해하게 된다. 또 필요한 곳에 부호가 없으면 아예 정보를 오독하게 만들기도 한다.

⑥ 오탈자 Spelling

오탈자는 기사를 쓴 기자뿐 아니라 기사를 점검한 편집자, 나아가서는 해당 언론사 전체에 대한 신뢰도를 떨어뜨린다. 숫자에 '0'이 하나 더 붙는다거나 계산을 잘못한 경우도 이에 포함된다. 사람 이름을 잘못 쓰는 것은 치명적이다. 기사 전체에 실명이나 익명이 거론된 사람은 '박○○씨' 한 명만 등장하는데, 나중에 '김씨가 그 주인공'이라며, 아무 설명도 없이 새로운 사람이 나오는 것도 오탈자다.

⑦ 보도 스타일 Style

각 언론사의 보도에 활용되는 단어나 구문에 대한 설명이다. 미국의 경우, 세계적인 통신사인 AP에서 발간한 언론 용어 사전 『AP 스타일북(AP Stylebook)』이 기본적인 보도에 사용되는 단어들을 설명해준다. 여기에는 도로의 이름을 쓸 때 어떤 것은 축약어를 쓰고 어떤 것은 전체 이름을 다 쓴다든지, 수치를 적을 때 문장 처음과 중간에 사용하는 요령이 다르다든지 하는 등의 내용이 일일이 설명되어 있다. 물론 모든 언론이 이 방법을 따르지는 않으며 자신만의 보도 방법을 가지고 있다. 하지만 『AP 스타일북』은 언론 보도에 특정 규칙이 있다는 사실을 보여주는 대표적 예다.

한국도 언론사마다 보도 방식에 약간씩의 차이가 있다. 그러나 한국에는 대표적인 언론 보도 사용 규칙 용어 사전이 없고, 일부 언론사가 자신들만의 규정집을 발간해 내부용으로 활용한다. 언론사별 표현의 차이를 예로 보면, ≪조선일보≫에는 '1시쯤'이라고 쓰고, ≪동아일보≫는 '1시경', 연합뉴스는 '1시께' 등이다. 또 과거에 ≪한국일보≫가 여타 신문이 사용하는 '오전 · 오후' 대신 '상오 · 하오'라는 단어를 활용했던 사례도 매체마다 차별적인 스타일을 가지고 있다는 것을 보여주는 사례다. 현장에 들어가면 언론사에 따라 고유한 방법을 익히게 된다. 예비 언론인들은 지원하는 언론사가 사용하는 단어들을 시험장에서 활용하는 것이 좋다. 하지만 더욱 중요한 것은 한 기사 안에서 모든 표현을 통일하는 것이 바람직하다는 점이다.

⑧ 명확성 Clarity

설명하고자 하는 것이 무엇인지 정확하게 하지 않으면 기사의 질은 저하된다. 이 부분은 취재 요건 중 세부적 묘사와도 연결된다. 즉, '크다'라고 기사에 적고 그게 얼마나 큰지 보여주지 않으면 정확하지 않은 정보다. '그는 뚱뚱했다'라고 쓰고 말면 명확성이 떨어진다. '키가 ○○cm에 몸무게 ○○kg'이라는 정보를 전달하는 것이 옳다.

또 자신만 아는 용어나 청소년들만이 사용할 만한 속어를 사용하고 넘어가면 정확한 정보가 아니다. 예를 들어 '착한 가격'이라는 표현은 기사에서 지양해야 할 단어의 조합이다. 글의 다른 정보와 연동해 다양한 뜻으로 해석될 수 있기 때문이다. 만약 싼 가격이라는 뜻으로 사용하려면 '저렴한'이라는 표현을 직접적으로 사용하는 것이 좋다.

즉, 중의(重義)적 표현의 사용은 피하고, 여러 가지로 해석될 가능성이 있는 용어라면 반드시 그에 대한 설명을 붙여야 한다는 것이다. 그렇지 않은 표현은 궁금증만 유발하고 정확한 설명이 없는 경우에 해당한다. 하지만 어느 정도까지 설명해야 명확한가에 대한 상세한 기준은 없다. 있다면 '중학교 1학년 또는 초등학교 6학년 정도 수준의 독자들이 설명 없이 이해할 수 있을 만한 글쓰기' 정도가 현장에서 회자되는 기준이다.

⑨ 주제에 대한 보조 설명 Support and Backup

초점과 구성, 인용의 위치, 명확성 등이 모두 종합된 결과를 평가하는 내용이다. 사용된 정보가 정확한 사례와 인용, 설명 등으로 구성되어 제 위치에서 주제문을 지향하고 있는지를 총괄적으로 판단하게 한다. 특히 적절한 사례와 정보가 부족하거나 과다하지 않게, 평범한 독자가 이해할 수 있는 선에서 사용되었는지에 주목한다.

참고문헌

김성태 · 이건호 · 심영섭. 2006.『다매체시대 신문 산업 활로에 관한 해외 사례 및 발전 방안 연구』. 서울: 신문발전위원회.

오택섭 · 강현두 · 최정호. 2005.『미디어와 정보사회』. 서울: 나남출판.

이건호. 2008.「한 · 미 신문 기사의 심층성과 신뢰도 및 독창성 분석: 6개 한국 신문과 2개 미국 신문 1면 기사를 중심으로」. ≪한국언론학보≫, 52(5), 107~129쪽.

이재경. 2005.『기사작성의 기초』. 서울: 나무와 숲

임영호. 2005.『신문원론』. 서울: 한나래

한국언론재단. 2007.『한 · 미 신문의 기사 형식과 내용』. 서울: 한국언론재단.

Altschul, H. 1984. *Agents of Power: The Role of Mass Media in Human Affairs*. New York: Longman.

Brooks, B., G. Kennedy, D. Moen and D. Ranly. 2002. *News Reporting and Writing*, 7th ed. New York: Bedford/St.Martin's Press.

Fredin, E. S. 1997. "Rethinking the news story for the internet: Hyperstory prototypes and a model of the user." *Journalism & Mass Communication Monographs*, 63, pp. 1~17.

Massey, B. L. 2004. "Examination of 38 web newspapers shows nonlinear storytelling rare." *Newspaper Research Journal*, 25, pp. 96~102

Mencher, M. 1991. *News Reporting and Writing*, 5th ed. Dubuque, IA.: Wm. C. Brown Publishers.

Rich, C. 2003. *Writing and Reporting News: A Coaching Method*, 4th ed. Australia: Thomson Wadsworth.

Schudson, M. 1995. *The Power of News*. Cambridge: Harvard University Press.

한국형 기획기사는 갑작스레 도출된 형태의 뉴스 전달 방식이 아니다. 저널리즘이 발달한 서구의 취재 및 보도 방식이 한국의 상황에 맞게 적용된 것이라 볼 수 있다. 제2부에서는 탐사보도, 컴퓨터 활용 취재보도(Computer Assisted Reporting), 피처(Feature) 등 외국의 뉴스 생산 기법들을 소개하면서, 한국형 기획기사의 정체성과 발전 방향을 모색해본다.

제2부_
탐사보도, 컴퓨터 활용 취재보도, 그리고 피처

I 탐사보도와 기획기사

전통적 의미의 저널리즘이 발달한 미국이나 유럽 등 서구에는 '기획기사'라는 한국어를 그대로 번역할 용어가 마땅히 없다. 서구에서는 '탐사보도(investigative reporting)'라는 말이 일반화되어 있다. 탐사보도는 간단히 말해 심층적인 조사를 통해 정보를 모은 뒤 이를 보도하는 것을 뜻한다. 이 과정에서 뉴스의 흐름을 추적해 사회의 현상을 보여주고 문제의 실체에 접근해 간다는, 앞서 설명한 기획기사의 모습을 담게 된다. 탐사보도는 철저한 계획하에 이뤄진다는 점에서, 또 기자가 직접 기삿거리를 발굴한 내용을 중심으로 보도한다는 측면에서 기획기사와 같은 접근 방법을 취한다. 하지만 반드시 정보의 흐름을 추적하는 것에만 의존하지 않고, 일단의 제보 등에서도 출발할 수 있다는 점에서 기획기사를 포괄하는 기사 취재 및 작성 방법으로 볼 수 있겠다.

부연하자면 굳이 서구식 탐사보도를 한국형 기획기사와 분리하는 것 자체가 무리일 수 있다. 이 책에서 소개한 기획기사의 정의도 어찌 보면 수십 년 또는 수백 년 된 서구식 탐사보도의 한 형태에 불과할 수 있기 때문이다. 다만, 앞서 기획기사의 정의를 별도로 내린 것은 국내에서 그동안 뚜렷한 개념 설명 없이 이름만 전해진 해당 기사 작성법을 어느 정도 정리할 필요가 있었기 때문이다. 또한 이와 같은 정의가 있다면, 가해자와 피해자, 공분(公憤), 정책 변화를 추구하는 탐사보도의 경향성과 대비하면서, 기획기사를 한국형 탐사보도의 형태로 발전시킬 수 있는 하나의 계기가 될 수도 있으리라는 판단도 했다. 하지만 아직 기획기사를 탐사보도와 정확히 구분해 어느 선까지는 기획기사이고, 그 밖은 탐사보도의 틀에서 해석되어야 한다는 당위론은 없다. 앞으로도 그와 같은 구분법이 발생할 수 있을는지는 확실하지 않다. 그러나 일차적으로 한국형 기획기사를 앞서 내린 정의에 따라 이해하고, 여기서 소개될 탐사보도를 인식하면서 기획기사의 발전을 도모할 수 있을 것이다. 기본적으로 이해해야 하는 사항은 탐사보도의 취재 및 보도 기법들이 기획기사에 충분히 활용될 수 있다는 점이다.

1. 탐사보도의 배경과 역할

현대의 탐사보도는 지난 2005년 12월 사망한 미국 저널리스트 잭 앤더슨이 개척한 것으로 알려져 있다. 남의 뒤를 캐서 알리는 추문 폭로(muckraking)의 형태를 취한다고 해서, 기사의 대상이 되는 사람들은 이런 방식의 보도가 올바른 저널리즘이 아니라며 비판했다. 하지만 기사를 통해 정보를 얻은 일반 독자들은 숨겨진 내용을 확인하면서 통쾌해하거나, 사회가 돌아가는 방식을 학습하게 되었다.

앤더슨의 탐사보도는 말 그대로 '현대식'이다. 그 이전부터 언론에는 다른 사람들의 정보를 파고들어 공중에게 알리는 식의 보도 형태가 있었다는 뜻이다. 검열에 대한 도전으로 알려진 「아레오파지티카(Areopagitica)」의 저자 존 밀턴, 확실한 것은 아무것도 없다고 외친 데이비드 흄 등 영국식 자유주의자의 사상, 절대적 언론 자유를 주창한 프랑수아 마리 볼테르, '일반 의지'를 강조한 장 자크 루소 등이 선도한 계몽주의 사상 등은 탐사보도의 축을 이뤘다. 중세 탐사보도의 대상이 된 사람들은 당시 지도계층이었다. 특히 프랑스 혁명 전후의 탐사보도는 주로 작가들에 의해 이뤄졌다. 이들은 ≪리벨르(Libelles)≫ 등의 지하신문들을 통해 국왕과 대신들의 사생활을 폭로해 체제의 붕괴를 이끌어냈다. 보도 내용의 사실을 확인할 길은 없었지만, 이들 지하신문에 실린 내용은 일반인의 '느낌'에 지대한 영향을 미치면서 혁명의 도화선이 되었던 것으로 기록되고 있다.

이와 같은 전통은 유럽인들이 이주한 미국에서도 이어졌다. 특히 초기 공화정 정착 당시에 각 정당의 기관지 기능을 한 신문들은 상대편 당의 지도자들을 공격하는 기사를 지면에 실었다. 이런 식의 보도는 주요 정치인이 새로운 국가의 지도자가 될 만한 인물인가를 검증한다는 명분이 있었지만, 결과적으로 확인되지 않은 사실이 난무하면서 추문 폭로만이 팽배했다는 지적도 나왔다. 이에 대한 반성이 도출되면서, 미국의 저널리즘은 '사실(fact) 중심 보도'라는 언론 윤리의 틀을 마련하게 되고, 이를 중심으로 바람직한 언론에 대한 고민을 이어왔다.

이와 같은 과정에서 등장한 것이 앤더슨의 현대식 탐사보도다. 현대 탐사보도의 아버지로 불리는 앤더슨은 미국 연방수사국(FBI)의 국장인 존 에드거 후버가 마피아와 연관되었을 가능성, 존 F. 케네디의 암살 관련 정보, 미국 중앙정보국(CIA)의 쿠바 지도자 피델 카스트로 암살 작전 계획, 이란-콘트라 스캔들 등을 보도했다. 밥 우드워드와 칼 번스타인 등 ≪워싱턴 포스트≫ 기자들의 작품으로 알려진 워터게이트 사건 보도도 앤더슨의 취재 대상이었다. 그는 당시 워터게이트 재판의 배심원 대화 내용을 보도해, 리처드 닉슨 대통령 사임에 결정적 근거를 제시했다는 평가도 받았다. 1972년 방글라데시 독립 전쟁에서 미국이 파키스탄을 지원한다는 보도로 퓰리처상을 타기도 했던 앤더슨은 집중적인 폭로 보도 때문에 미국 정부와 마피아로부터 동시에 제거 대상이 되기도 했다. 닉슨 대통령 시절 국무장관이자 노벨 평화상 수상자인 헨리 키신저는 그를 "미국에서 가장 위험한 인물"이라고 평하기도 했다.

앤더슨이 탐사보도의 선구자로 추앙받으면서 동시에 역겨운 추문 폭로가로 격하되기도 하는 이유는 곤경에 처한 보도 대상들이 그를 공격하는 발언을 쏟아놓았기 때문이라는 설도 있지만, 수단과 방법을 가리지 않는 그의 취재 기법에도 기인한다. 그는 정보를 얻기 위해 다른 사람의 대화를 엿듣고, 심지어 자료를 훔치기도 했다. 화장실 쓰레기통을 뒤져서까지 정보를 모았다. 기자를 묘사한 영화에서 한 번쯤 보았음 직한, 화장실 휴지통을 통째로 책상 위에 쏟아 펼쳐놓고 찢어진 문서를 맞춰보는 장면은 앤더슨의 취재 기법을 반영한 사례다. 아직도 언론 현장에서 정당 대표위원들의 비밀회의를 엿듣기 위해 옆방에서 벽에 귀를 대고 있는 기자들의 모습은 수십 년 전 앤더슨의 모습을 그대로 빼닮았다. 영화 속 기자가 자료를 훔치는 장면에서는 '그렇게까지 해야 하나'라는 비판도 이어지지만, 권력층이 감추고 싶어 하는 내용을 확인해 대중에게 공개하는 모습에서 관객들은 희열을 느끼기도 한다. 이렇듯 탐사보도 결과의 순기능과 그 방법의 난잡함 등 복합적인 이유로 앤더슨식 탐사보도는 칭찬과 비난을 동시에 받고 있다.

중세이든 현대이든 이와 같은 서구식 탐사보도를 연결하는 일관된 요소가 있다. 언론학자 프로테스(David L. Protess)와 동료들은 이를 악역(villains), 피해자(victims), 국민의 공분(public outrage), 정책 변화(policy change) 등 네 가지로 꼽았다. 악역은 보도의 목표로, 뭔가 잘못을 저지른 대상이다. 특히 이 대상은 정치인이나 공무원, 대기업 등 한 사회의 주류 세력이 대부분이다. 피해자는 기득권 세력의 행위로 손해를 입은 대상이다. 보통 일반인을 비롯한 사회적 약자를 일컫는다. 소수 권력층인 악역과 대다수 사회적 약자인 피해자가 연루된 사안은 대부분 사회적 분노를 일으키고, 이와 같은 분노는 국민의 의지와 상호 간의 양보로 이뤄진 현대 민주공화제 국가에서 사회적 약자를 보호하는 정책적 변화로 이어진다. 중세 유럽의 지하신문에 나타난 탐사보도에서 악역은 국왕과 대신들, 피해자는 일반 국민이었으며, 이는 국민의 분노로 이어져 정책 변화 이상의 체제 변화를 가져왔다. 현대 탐사보도는 기득권층의 일탈 등을 폭로함으로써 이로 인해 피해를 보는 사람들을 드러내고, 이는 평범한 사람들의 분노를 촉발해 결국 관련 인사의 파면 및 관련 정책의 전환을 이끌기도 한다. 이와 같은 폭로의 대상은 주로 사회적 지도층이며 권력 계층인 공인들이기에, 탐사보도는 권력에 대한 견제라는 언론의 역할에 충실하다는 평을 받는다. 결론적으로, 탐사보도의 이런 성격은 정부와 사회에 대한 감시자 역할(watchdog), 올바른 사회를 지향하는 규범적 요소의 강화(enforcement of social norms), 그리고 부패 등을 배척하고 사회를 발전시키는 개혁(societal change) 등 언론의 기능에 부합하게 된다.

하지만 탐사보도의 과정에서 나타나는 현실적 장애물들은 역기능을 수반하기도 한다. 주어진 시간 안에 한계를 가진 인간이 특정 사안에 대한 조사를 벌여가면서 완벽한 객관성을 유지하기 어렵기 때문에 공정성에 문제가 발생할 수 있다. 즉, 어떤 사안을 보도할 때 모든 측면을 고려한다는 것 자체가 불가능하다는 얘기다. 갈등 구조의 사안을 취재하면서, 기자가 찬 · 반 양론을 확인했다고 자신하더라도, 해당 사안은 단순히 이분법적인 흑백 논리로 구별하기 어려운 경우가 많다. 또한 노력을 기울여 다방면의 취재를 했더라도 완벽하게 모든 측면을 고려하기는 어렵다. 불공정 시비가 있을 수 있다는 뜻이다. 그리고 단순 스트레이트 기사에 염증을 느낀 독자나 시청자들을 위해 지루하고 딱딱한 내용보다는 읽히는 기사, 즉 흥미로운 내용에 집중하게 되면서, 탐사보도가 말초적인 선정성에 집중할 가능성도 크다. 이는 곧 상업주의와도 연결된다. 상업주의는 많은 독자나 시청자를 확보하려는 언론사의 이익 추구를 뜻하며, 또한 보도의 대상이 되는 이해 당사자에게 유리한 보도를 하여 부차적인 이익을 안겨주는 것과도 연결된다. 이 결과로 탐사보도 자체가 특정 계층의 정치적 또는 상업적 이해를 부각하는 쪽으로 흐를 수 있다는 뜻이다. 이는 다시 공정성의 문제와도 연결되는 부분이다. 또 특정 사안을 탐사하는 과정에서 공공의 관심사와는 무관한 개인의 사생활을 침해하는 상황도 발생한다. 정보를 얻기 위해 다른 사람의 물건을 훔치는 것 등의 부도덕한 방법을 활용하면서 통념상의 공공선을 위해 힘없는 개인들이 피해를 보기도 한다는 것이다. 특히, 공공선이라고 포장된 것이 탐사보도를 진행하는 특정 언론사의 정치적 · 경제적 이익과 맞닿아 있을 때 문제는 더욱 심각하다. 해당 사안 취재에서 발생하는 개인 권익 침해가 공리(公利)를 위한 것이라는 주장이 설득력을 잃게 될 뿐 아니라, 그 방법의 역겨움만 부각하는 역효과를 낳게 되기 때문이다. 비록 결과적으로 올바른 사회를 지향한다는 거시적 안목에서 탐사보도의 순기능이 인정받는다고 해도, 이와 같은 역기능에 대해 심각한 고민이 없다면 탐사보도의 의미는 사라진다.

2. 탐사보도의 정의

앞에서 본 것과 같은 배경과 역사를 가진 탐사보도는 앤더슨식 취재에 대한 비판을 딛고 점점 발전한 형태를 갖추어간다. 공인이나 권력층 또는 사회 구조를 조사 · 견제하는 취지를 유지하면서도 더욱 과학적이고 윤리적인 방법을 추구해왔다는 의미다. 탐사보도의 정의는 결국 '심층적 탐사를 통한 취재 및 과학적 보도 방법'으로 정리될 수 있다. 이런 정의는 여러 현장 언론인들과 학자들이 탐사보도의 특징을 다방면에 걸쳐 세부적으로 소개한 내용을 종합한 것이다. 미국 탐사보도언론인 모임(Investigative Reporters and Editors, Inc.: IRE)은 '특정 개인 또는 집단이 감추고자 하는 주요 사안이나 정보를 파헤쳐 보도하는 것'이라고 탐사보도를 정의하고 있다. 또 다른 정의를 보면, 정부 부패나 경제적 권력층의 비리를 파헤치는 것, 사회 정의를 위해 비밀스러운 정보를 캐내 보도하면서 일반인의 공분을 일으키는 것 등으로 구성된다. 이를 부연하는 것이 진실을 위한 보도다. 단순히 사건을 보이는 대로만 피상적으로 전달하는 것이 아니라, 그 이면의 모습을 추적해 총체적 실체를 전달하고자 하는 모습이 숨어 있다는 것이다. 이를 위해서는 하나의 사건이 발생하게 된 사회적 맥락을 파헤쳐서, 단순히 사건 관계자들의 시각에서만 상황을 바라보는 것이 아니라 객관적인 설명을 하려는 노력이 수반된다. 이 단계에 오면, 앤더슨과 같이 쓰레기통을 뒤지거나 남의 말을 엿듣고 자료를 훔치는 비상식적 또는 불편한 정보 수집 방법조차도 다른 시각으로 바라보게 된다. 즉, 비록 탐사보도가 도덕적으로 옳지 않은 방법을 통해 정보를 수집하기 때문에 추문 폭로 수준을 벗어날 수 없다는 비판을 받기는 했지만, 보도된 결과의 여파 때문에 어느 정도 그 과정을 용서받을 수 있게 되었다는 것이다. 하지만 윤리적인 차원에서의 비난은 지금까지 이어지고 있는 것도 사실이다. 이 비판을 극복하고 보도 결과의 정당성을 확보하기 위해, 도덕적 취재 방법 확보에 대한 고민도 계속되었다. 이런 과정을 통해 탐사보도는 정상적이고 상식적인 취재 방법을 마련해오고 있고, 동시에 사회 정의를 지향하는 건강한 보도로 인식되어가고 있다. 앞서 기획기사의 정의 중 '문제의 본질 추적' 부분에서 설명한 것처럼, 진실 또는 객관성을 현실적으로 검증하거나 확인하지는 못하더라도, 그러한 진실이나 객관성이 단순한 사실 또는 개별적 주관성을 뛰어넘는 것이라는 점을 인정하면서 도덕적인 취재 방법을 통해 진실 또는 객관성에 접근해가는 방식으로 탐사보도는 발전해왔다.

이와 같은 탐사보도는 결국 심층적 보도를 의미한다. 단순 사건의 나열이 아닌 맥락적 취재 · 보도(contextual reporting and writing)가 된다는 뜻이다. 이를 위해서는 발생한 사건이나 사안에만 천착하는 방식을 탈피해 사건 · 사안을 둘러싼 전반적 상황에 대한 이해가 필요하다. 또한 언론의 다각적 취재가 필요하다. 우선 사안이나 사건의 배경을 파악하기 위해 다양한 정보원과 접촉해야 한다. 취재원에 대한 강도 높은 인터뷰는 기본이고, 필요하다면 특정 장소에 장기적으로 머물며 기자가 직접 사안을 체험해보는 것도 요구된다. 실제로 2004년의 유영철 사건이나 2009년에 한국을 떠들썩하게 했던 강호순 사건 등은 단순히 피해자 가족이나 혐의를 받는 대상, 또는 수사관들의 입을 통해서만 보도되지 않았다. 기자들은 이와 같은 사안이 발생하게 된 사회적 배경과 혐의를 받는 사람들의 정신 상태를 전문가 진단을 통해 보도했고, 유사한 사건의 정치적 · 경제적 함의 등도 알렸다. 또한 사건이 발생한 지점에 대한 특이성을 보도하기도 했다. 사건 자체가 엽기적이고 특이하기도 했지만, 다각적이고 심층적인 취재를 통해 단순 사안의 나열을 지양한 것이다.

심층적 보도는 인터뷰만으로 이뤄지지 않는다. 전문가나 관계자의 입을 빌려 사안에 대한 평가나 진단을 내리기도 하지만, 기자 자신이 직접 내용을 분석해 보도하는 사례도 늘고 있다. 1970년대부터 집중적으로 조명된 이와 같은 방법은 '정밀 저널리즘(precision journalism)'이라는 이름으로 소개된다. 정밀 저널리즘의 주축은 주로 통계적 추리다. 과학적 방법으로 잘 알려진 이 보도 기법은 사회적으로 반향을 불러일으킬 만한 사안을 종합해, 이들이 사회과학적으로 의미가 있는지를 확인하는 것이다. 초기에는 단순히 '언제부터 언제까지 전체 몇 건의 사례 중 일정 부분인 ㅇㅇ%가 어떤 부류에 포함돼 일반적인 통념보다 심각하거나 독특하다'라는 식으로 해당 내용이 보도되었다. 기술적(記述的) 내용에 대한 정보 전달에 그쳤다는 의미다. 여기에 과학적 의미를 더 강하게 부여하기 위해, 그 ○○%가 다른 부분보다 통계적으로 유의미한 수준에서 차이를 보이고, 그렇기 때문에 움직일 수 없는 과학적 증거라는 사실까지 부연하는 단계로 보도가 이어진다. 과거에는 이와 같은 내용을 학자가 분석하면, 기자는 그것을 전달만 하는 수준이었다. 하지만 현대에 와서는 기자들이 직접 해당 데이터를 수집하고 내용을 분석해 보도하는 사례가 늘고 있다. 2000년을 전후해 미국 기업들이 현행법을 교묘히 피해 가며 대통령 후보들에게 정치헌금을 제공함으로써 일종의 정치보험을 차별적으로 들고 있다는 미국 언론들의 보도는 이와 같은 과학적 보도의 한 사례다. 결론적으로 탐사보도는 다각적 인터뷰와 현장 확인, 데이터 분석 등을 무기로 하는 '심층적 탐사 취재 및 과학적 보도'의 결정체다. 이는 정보의 흐름을 추적해 사회의 현상을 파악하고 문제의 실체에 접근해 간다는 기획기사의 실현을 위해서도 당연히 활용되어야 하는 모습이다. 탐사보도와 기획기사는 떼려야 뗄 수 없는 관계인 것이다.

3. 탐사보도의 방법

미국에서는 취재 및 보도 현장이나 대학의 저널리즘 관련 학과 등에서 앞서 소개한 내용을 중심으로 탐사보도의 기법을 세세하게 기록해 교육한다. 여기서 소개하는 내용은 미국의 탐사보도 전문 기자들이 정리한 탐사보도의 기법이다. 이 기법들은 ≪문화일보≫ 박현수 기자가 2005년 『탐사보도와 CAR 실무』라는 책을 통해 이미 소개한 바 있다. 해당 내용을 한국과 미국에서의 취재 및 교육 경험을 바탕으로 필자가 한국 상황에 맞게 추가로 정리하고 부연해 독자들의 이해를 돕고자 한다. 이 항목들에 대한 또 다른 시각은 『탐사보도와 CAR 실무』에서 확인할 수 있다.

1) 데스크가 제공하는 아이디어에서 탈피

데스크는 일반적으로 현장 경험을 오래 한 베테랑 기자다. 그만큼 그들의 아이디어는 숙성되어 있다. 즉, 무엇이 기삿거리가 되는지를 아는 사람이다. 하지만 데스크라는 자리가 후배들이 현장에서 발굴해 작성한 기사를 독자들이 이해하기 편하게 다듬는 역할이 큰 만큼, 직접적인 현장으로부터 격리된 경우가 많다. 재료를 다듬어 맛난 요리로 만들 수는 있지만, 재료가 신선한지는 판단하기 어렵다. 결국 책상머리에서 나온 생각만으로 기획 아이디어를 제공하게 될 여지가 많다. 비록 그들의 뉴스 판단이 뛰어나기는 해도, 그들보다는 발로 뛰는 기자에게서 똑 부러지는 기획기사 아이디어가 나올 수 있다. 간단하게 말하면, 현장의 목소리가 아닌 아이디어는 피하라는 말이다.

2) 사안의 발생 원인과 진행 방식에 대한 고민

사안을 확보했다면, 무엇 때문에 그런 일이 발생했는지, 어떤 과정을 거쳐 상황이 여기까지 왔는지 확인하는 과정을 거쳐야 한다. 너무 당연하고 법적인 하자 없이 진행된 일이라면, 특별히 문제가 될 만한 일이 아닐 수 있다. 또 합법적으로 일이 진행되었는데도 많은 사람이 불편을 겪고 있다면, 오히려 구조적 문제로 지적할 대상이 되기도 한다. 여기에다 이런 상황이 반복되면 과연 앞으로 어떻게 상황이 전개될 수 있을지를 고민해야 한다. 즉, 상황이 벌어진 원인과 방식을 규명하고, 그 결과를 유추해보는 작업이 필요하다.

3) 아이디어 확보 이후 데이터 추적

초보자일수록 막연하게 데이터를 뒤진다. 그러다 보면 뭔가 나오겠지 하고 생각한다. 미련한 짓이다. 뉴스의 흐름을 추적하던, 아니면 제보에 의한 것이건 간에, 먼저 아이디어를 확보하고 나서 데이터를 찾는 것이 옳은 방법이다. 그래야 원하는 문제에 대한 정보를 얻기 쉽다. 즉, 방향성을 갖고 추적하라는 뜻이다.

4) 평범한 사람들의 이야기에 집중

기사 아이디어를 너무 먼 곳에서 찾을 필요는 없다. 기삿거리는 내 주변 인물과 같은 평범한 사람들이 중요하게 여길 만한 내용이다. 언론사 밖의 친구들을 만나거나 가까운 가족과 대화를 하다가도 기사 아이디어가 나올 수 있다. 지나치게 개인적인 내용만 아니라면, 해당 아이디어와 관련된 사람이 많을 수 있고, 또 적더라도 관련된 사람들이 사회적 약자라면 기획기사나 탐사보도의 아이디어로 훌륭할 수 있다. 또 언론 현장에서 항상 접하는 기사들을 추적하는 것도 좋다. 항상 가까운 곳에서 아이디어를 찾을 수 있도록 노력하라.

5) 지역화

지역화(localization)는 기획기사나 탐사보도의 아이디어를 찾는 데 무척 의미 있는 방법이다. 지역화는 다른 지역의 뉴스 소재가 자신이 있는 지역의 뉴스가 될 수 있는지를 가늠해 적용하는 기법이다. 주로 한 도시에 한 신문사만 존재하는 독점적 언론 구조를 가진 미국에서는, 전국지 또는 글로벌 신문이라고 불리는 ≪뉴욕 타임스≫나 ≪워싱턴 포스트≫, 또는 대도시 신문인 ≪로스앤젤레스 타임스(Los Angeles Times)≫, ≪시카고 트리뷴(Chicago

Tribune)≫ 등이 지역화 소재를 찾는 좋은 대상이다. 만약 어떤 사건이나 행정 분쟁, 또는 기업 뉴스가 뉴욕 지역에서 발생했다면, 뉴욕보다는 도시 규모가 작지만 내가 사는 지역에서도 비슷한 일이 일어날 수 있는지를 고민해 볼 수 있다. 그리고 그런 일이 발생할 개연성이 있다면 이와 같은 사안에 대해 추적해보는 것이 좋은 기획기사 또는 탐사보도 작성의 출발점이 된다. 한국 언론사도 외국의 대도시에서 발생하는 일을 주의 깊게 둘러보면서 한국에서도 일어날 수 있는 내용인지를 점검해볼 수 있다. 기획기사나 탐사보도 아이디어를 얻기 위해서는 한국의 지역 언론사들도 서울이나 다른 대도시의 뉴스를 자세히 읽어볼 필요가 있다.

6) 큰 주제의 세밀화

너무 거대한 담론만 좇을 필요는 없다. 주변에서 일어나는 사안도 훌륭한 기획이나 탐사보도의 주제가 된다. 사회 구조적인 문제가 주제라도 그 안에 들어 있는 내용을 세세하게 나눠 전달하는 것이 좋다. 도시 환경 악화를 점검하는 탐사보도를 할 때, 하나의 기사에 대기, 수질, 자연보호, 쓰레기 문제 등을 모두 쓰기는 어렵다. 특히 200자 원고지 8매 내외의 기사에 이들 내용을 다 담으려고 한다면, 구체적인 정보를 전달하기 어려워서 기사의 핵심에 대한 신뢰도가 떨어질 수 있다. 차라리 시리즈로 나눠 공략하는 것이 좋다. 대도시의 대기 문제만 거론할 때도, 자동차, 인근 지역 공장 등 대기 오염을 발생시키는 원인별로 나누고, 인체에 미치는 기체의 성분별 영향력 등을 별도로 구분해 보도하는 방법도 있다. 이는 독자들을 위해 궁금증을 해소하면서도 정확한 보도로 오해를 막는 방법이기도 하다.

7) 예비 조사 실행

예비 취재(pilot reporting)는 기획기사나 탐사보도가 성공할 수 있는지 여부를 초기에 판단하게 한다. 또 애초의 의도가 잘못된 것으로 드러난다면 중간에 방향을 조절하는 계기도 된다. 일단 아이디어가 정해지면, 세상의 일들이 그 아이디어를 상세하게 보완하는 쪽으로 굴러가고 있는지를 확인해야 한다. 이 확인을 위해 필요한 것이 예비 조사다. 특히 기자로서 베테랑이었지만 오랫동안 현장을 떠나 있던 데스크가 제안한 아이디어는 반드시 사전 취재를 통해 그 아이디어가 타당한지를 검증해야 한다. 모든 탐사보도팀 인력을 동원해 해당 아이디어에 전원이 매달리기보다는 팀원 중 일부의 취재를 통해 해당 아이디어가 사회 현상을 설명하는지, 또 그렇더라도 일반인들이 흥미롭고 중요하게 여길 만한 가치가 있는지 등을 확인한 뒤, 긍정적인 판단이 내려지면 그때부터 전체 팀원이 취재에 착수하면 된다.

8) 독자들이 느끼는 중요성, 참신성, 흥미 또는 관심 확인

기획기사나 탐사보도를 밀고 나갈 수 있는 가장 큰 힘은 독자나 시청자들이 해당 사안을 중요하게 여기는가, 또는 그들에게 아직 잘 알려지지 않았는가, 즉 지금까지 충분하게 다뤄지지 않은 소재인가, 그렇기에 그들이 흥미를 느낄 수 있는가, 또 그들이 관심을 둘 만한 내용인가 등에 대한 긍정적 판단이다. 만약 그 판단이 부정적이라면 기획이나 탐사보도로서의 가치가 없다.

9) 자료와 전문가의 확보 여부 확인

아이디어가 결정되었더라도 취재 자료나 취재원이 확보되지 않는다면 더 전진할 수 없다. 아이디어만으로 기사를 쓸 수 없기 때문이다. 기자가 좋은 아이디어를 얻었다고 해도, 구체적 자료 없이 글을 쓴다면 그 내용은 기사가 아니다. 사설이나 칼럼도 충분한 사실에 근거한다. 결국 아이디어가 기사로 전환되려면 충분한 데이터베이스, 전문적 취재원 등이 확보되어야 한다.

10) 정보공개법 활용

한국의 「공공기관의 정보공개에 관한 법률」은 1998년부터 시행되어, 일부 개정을 거쳐 적용되고 있다. 기본 취지는 국민의 알 권리를 위해 공공기관이 보유하고 관리하는 정보를 국민에게 공개하는 것이다. 2009년 현재 시행되고 있는 안에 따르면, 국민이 정보 공개를 요구할 경우 10일 이내에 해당 정보의 공개 여부를 결정, 청구인에게 통보하게 된다. 대통령령 이상의 법령으로 제한된 정보 또는 개인의 사생활을 침해할 수 있는 정보 등을 제외하면 공공기관의 정보는 모두 공개되는 것이 원칙이다. 하지만 학계에서는 아직도 정보 공개가 제대로 이뤄지지 않고 있다고 본다. 여러 가지 안전장치로 인해 기본적인 정보 이외에는 알기 어려우며, 권력이 감추고자 하는 정보는 쉽게 공개되지 않는다는 것이다. 미국도 정보 공개가 원활한 것은 아니다. 「정보공개법(Freedom of Information Act: FOIA)」은 14일 안에 정보 청구인에게 정보 공개 여부를 확인해줘야 하고, 청구인이 왜 해당 정보를 요구하는지를 공무원이 묻지도 못하게 되어 있다. 하지만 이와 같은 내용이 법안대로 시행되는 사례가 적다는 보도가 나오면서, 「정보공개법」의 현실성에 대한 비판이 뒤따랐다. 그렇다고 미리 피해 갈 필요는 없다. 법률 조항에 따라 꼼꼼히 청구해서 요구된 정보를 확보하고, 정보를 얻지 못했을 때에는 그에 대한 문제점까지 함께 보도하면서 성역의 정보 통제를 꼬집을 수 있다.

11) 취재원의 신분 확보

너무 당연한 얘기 같지만, 초보 기자일수록 전화 취재를 제대로 하지 못하는 사례가 잦다. 단순히 묻고 답하는 정도는 무난하게 하지만 후속 취재를 위한 준비를 철저히 하지 못하기 때문이다. 인물에 대한 취재에서 가장 확실한 방법은 대면 인터뷰다. 하지만 물리적으로 취재원을 직접 만나기 어려울 때는 그 대안으로 전화나 서면 인터뷰를 할 수 있다. 그런데 특히 전화 취재를 할 때, 특정 기관에 전화를 걸어 문답한 다음에 대답한 사람이 누구인지를 정확히 묻지도 않고 끊는 경우가 있다. 취재원의 직책과 이름을 정확히 알지 못하면, 추가 질문이 발생했을 때 후속 취재가 어려워진다. 새로운 사람과 통화를 하게 되면 지난 얘기를 다시 장황하게 늘어놓아야 하는 경우도 생긴다. 통화한 상대방을 반드시 정확히 기록해야 한다. (앞에서 말한 정보 공개 제도를 활용해 정보를 요청할 때에도 담당자를 반드시 확인하고 기록해 둬야 한다.)

12) 원하는 정보 확인

취재하려는 아이디어가 결정되었다 하더라도, 세부적인 내용을 알지 못하면 무슨 정보를 물어볼지, 어떤 자료를 요청할지 모호해진다. 또 어디에다 질문을 해야 할지도 모른다. 사전 조사를 철저히 하지 않으면 취재원이 기자를 우습게 보고, 취재원이 원하는 방향으로만 대답하게 된다. 사회의 문제점을 파악하는 데 큰 걸림돌이 되는 것이다. 스스로 원하는 정보를 확실히 파악하기 위해 사전 조사를 철저히 한 뒤 적재적소의 취재원에게 정확한 정보를 요구하는 것이 필요하다.

13) 정보 소유자 설득

정보를 가진 사람이 정보를 주지 않으려는 경우도 있다. 특히 갈등이 첨예한 사안에 대한 정보나 정보 공개 제도에 따라 공개할 필요가 없는 사적 정보라면 더욱 그렇다. 이럴 때일수록 상대 취재원을 설득하는 기술이 필요하다. "당신만이 이 내용을 잘 아는 유일한 인물이다", "A로부터 들었는데, 당신이 이 분야의 최고 전문가라고 한다", "특정 개인이 아니라 전체 국민을 위한 일이다" 등과 같이 상대방의 지위와 성격에 따라 공략할 방법을 고민해야 한다. 유능한 기자는 얻기 어려운 정보를 가진 상대일수록 해당 취재원의 개인적 프로필까지 조사한 뒤 접근한다. 어떤 질문을 해야 상대방의 경계심을 풀고 원하는 정보를 얻을 수 있을까를 고민한다는 뜻이다.

14) 변호사 개입

악역과 피해자가 있는 경우, 대부분 갈등의 소지가 있는 내용이 기사화된다. 이럴 때 공정성, 객관성 등의 문제는 피해 갈 수 없는 요소다. 보도 내용의 분쟁 소지를 최소화하기 위해 변호사를 통해 기사 내용에 대한 자문을 구할 필요가 있다. 기사 내용에 대해 반박을 할 가능성과 여력이 많은 권력층을 대상으로 한 기사뿐 아니라, 보도 때문에 피해를 보고도 반론을 펼칠 수 없는 일반인들을 대상으로 한 기사에서는 더욱더 중요하게 고려해야 할 부분이다. 탐사보도의 역사가 긴 서구 언론사들에 이어 국내 언론사들도 2000년도를 전후해 자문 변호사를 두고 있다. 대부분의 국내 자문 변호사들은 사건이나 사고 등과 관련해, 문제가 될 만한 표현들에 대한 견해를 알려준다. 탐사보도 내용에 대해서도 자문 변호사들의 의견을 듣는 것이 중요하다. 언론중재위원회의 프로그램 등도 활용해볼 수 있다.

참고문헌

박현수. 2005. 『탐사보도와 CAR 실무』. 서울: 커뮤니케이션북스.

이행원. 1989. 『취재보도의 실제』. 서울: 나남.

임영호. 2005. 『신문원론』. 서울: 한나래.

Altschull, H. 1990. *From Milton to McLuhan: The ideas behind American journalism*. New York: Longman.

Lewis, C. 2004. "Evaluating resources, methodology, potential results at planning stage." *The IRE Journal*, vol. 27, pp.21~23.

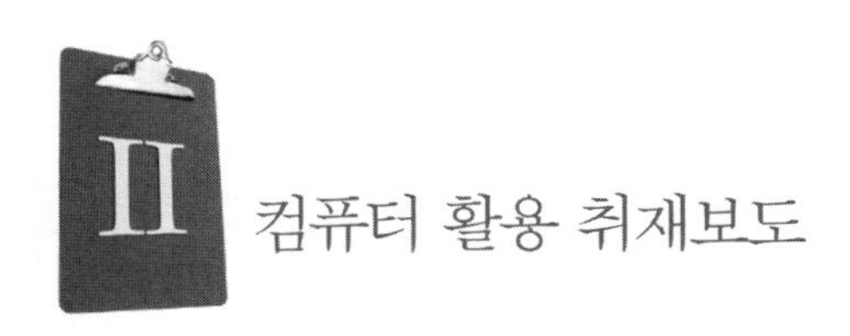

II 컴퓨터 활용 취재보도

컴퓨터 활용 취재보도(Computer Assisted Reporting: CAR)는 간단히 말해 컴퓨터를 사용한 정보 수집과 이를 통한 기사 작성법이다. 이 기법은 방대한 정보가 저장된 컴퓨터 관련 기기나 프로그램을 효과적으로 이용해, 언론이 전달하고자 하는 사안의 배경을 다양한 방법으로 확인하고, 심도 깊은 차원에서 해당 내용을 보도하면서 문제의 본질에 접근해가는 것을 골자로 한다. 즉, 기획기사나 탐사보도에서 즐겨 사용되는 것이라는 얘기다. 이 방법은 이미 취재원이 전달한 내용만을 작성하는 단순 스트레이트 기사에서는 잘 사용되지 않는다. 또 사람냄새 나는 훈훈한 기사 작성에서도 찾아보기 어렵다. 달리 말하면 컴퓨터를 이용해 정보를 철저하게 파헤치고, 그렇게 모인 정보를 과학적으로 분석해, 사회 현상의 문제점을 고발하는 기사에 많이 사용된다는 뜻이다. 기획기사를 설명하는 이 책에서 CAR를 소개하는 이유다.

1. CAR의 배경 및 정의

현재 CAR에 대한 정의는 지속적으로 진화하고 있다. 컴퓨터 관련 기술이 그만큼 발전하고 있기 때문이다. CAR라는 명칭이 일반화된 것은 1980년대 말로 알려져 있다. 하지만 그 이전부터 컴퓨터를 이용한 기사 취재 및 보도는 있었다. 특히 '정밀 저널리즘'을 주창한 필립 마이어(Philip Meyer)가 1970

년을 전후해 컴퓨터 활용의 효율성을 강조한 무렵부터, 컴퓨터는 저널리즘의 일상으로 자리 잡을 여건이 마련되고 있었다.

정밀 저널리즘은 기자들이 뉴스 정보를 얻어 보도할 때 여론조사, 내용분석 등 사회과학적 방법을 활용해야 한다는 주장을 뜻한다. 이런 주장은 단순히 기자 주변의 몇몇 지인이나 기관을 통해 얻은 정보만으로 기사를 쓰는 것이 아니라, 과학적으로 검증된 내용을 토대로 정확한 뉴스를 전달해야 한다는 취지에서 비롯했다. 즉, 편향된 주관성을 배제하고 더 공정하고 객관적인 정보를 추구하고자 하는 정신에서 이와 같은 취재보도 기법이 마련된 것이다. 학자들은 1935년 ≪포천(Fortune)≫ 잡지가 미국인들이 사고 싶어 하는 자동차 종류 등을 묻는 여론조사 기법을 통해 정보를 확보, 보도한 것을 정밀 저널리즘 기법에 의한 최초 보도 중 하나로 믿고 있다. 이후 ≪리더스 다이제스트(Reader's Digest)≫는 1939년에 각종 기기 수리 센터를 직접 방문해 정보를 채집하고, 확보된 정보를 검증하는 실험 방법을 통해 정밀 저널리즘을 실시했다. 그리고 이 기법은 지속적으로 발전하면서 1950년대까지 각종 대단위 여론조사를 활용한 보도를 탄생시켰다. 이와 같은 보도기법은 1970년대를 전후해 컴퓨터를 만나면서 더 활기를 띠기 시작했다. 4,000쪽에 달하는 컴퓨터 인쇄 작업과 이에 대한 내용 분석을 통해 사법부의 범죄인 처리 방식이 사회적 · 인종적 배경에 따라 달리 나타났다는 사실을 1973년 ≪필라델피아 인콰이어러(Philadelphia Inquirer)≫가 보도하면서, 정밀 저널리즘의 가치는 더욱 주목을 받았다. 그리고 특히 컴퓨터를 이용해 사회과학적 방법을 적용한 정밀 저널리즘의 보도기법은 새로운 저널리즘, 컴퓨터 활용 저널리즘 등으로 불리기 시작했다.

하지만 현재와 같이 CAR라는 이름으로 해당 내용이 정착화하는 것은 1980년대 후반에 와서야 가능했다. 그 이전까지만 해도 컴퓨터 활용 저널리즘은 정밀 저널리즘의 일종 또는 아류로 인식되었다. 컴퓨터가 취재에 사용되기는 했지만 널리 보급되지는 않았기 때문에, 컴퓨터를 주요 도구로 하는 저널리즘으로 부르기에는 미약했다. 그러나 1980년대 중반 미국 로드아일랜드 주 프로비던스 지역의 엘리엇 자스핀(Elliot Jaspin) 기자가 지역 통학 버스 운전자들의 교통 법규 위반 사실을 조사하여, 운전자 중 60~70%가 위반 경험이 있는 것으로 확인해 보도하면서 CAR라는 명칭이 힘을 얻기 시작했다. 일부 학자들은 CAR를 정밀 저널리즘의 아류로 분류하던 기존의 주장을 벗어나, 자스핀 기자의 보도를 기존 정밀 저널리즘과 분류되는 최초의 CAR 기사로 부르기도 한다. 해당 기사에서 스쿨버스 운전자들의 교통 관련 위법 사실이 음주 운전과 연루되었을 가능성을 제기하면서 운전자들의 전과 기록까지 조회, 당국의 컴퓨터 데이터베이스 자료를 확보해 조사하는 단계로까지 취재 기법을 확대해나갔기 때문이다. 이는 각 언론사가 자체적으로 발주한 내용 분석 등에 주로 근거해 기사를 작성했던 과거의 정밀 저널리즘 단계를 벗어나, 컴퓨터 데이터베이스화한 공공 정보를 활용했다는 차원에서 의미가 크다는 평을 받는다. 컴퓨터를 활용하는 기자들의 노력이 주목받으면서, 1989년 미국의 기자 전문잡지 ≪에디터 앤드 퍼블리셔(Editor and Publisher)≫에 실린 글에서 기자들이 기사 취재 및 보도에 컴퓨터를 활용하는 경향성을 지칭하는 용어로 '컴퓨터 활용 보도'가 부각되었고, 이후 언론학자들은 이를 'CAR'라는 이름으로 정리하기 시작했다.

하지만 이때는 CAR가 인터넷까지 연계한 현대 수준의 컴퓨터 취재 활용 단계에 이르지는 못했다. 단지 각종 대단위 데이터를 분류하고 계산하는 연산 프로그램이나 기초적인 통계 기법 정도만이 활용되는 경우가 일반적이었기 때문이다. 또 영문 약자는 같지만, 용어도 '컴퓨터 보조 취재보도(computer aided reporting)', '컴퓨터 응용 취재보도(computer applied reporting)'

등으로 다양했다. 하지만 개인 컴퓨터가 보급되고, 특히 1990년대 중반에 웹브라우저가 일반화되면서 단순 연산이나 기초적 통계프로그램에 의존하던 취재 기법이 고급화하고 다양해졌으며, 인터넷을 통한 검색도 자리를 잡게 되었다. 이 과정에서 명칭도 '컴퓨터 활용 취재보도(computer assisted reporting)' 쪽으로 굳어졌다.

이와 같은 단계를 거치며 발전해온 CAR는 컴퓨터 활용도가 커진 만큼 그 정의의 폭도 넓어졌다. CAR를 직역하면 '컴퓨터 활용 취재'다. 이에 대한 현대의 구체적 기본 정의는 '온라인 데이터베이스를 통해 깊이 있는 조사를 하고, 정부 기관으로부터 거대한 양의 기록들을 수집해 이를 분석한 뒤, 이 분석을 기초로 높은 수준의 심도 깊은 기사를 생산하는 것'이라는 IRE 사무국장 브랜트 휴스턴(Brant Houston)의 설명을 바탕으로 한다. 2000년대 초반 현재, 약간의 편차는 있지만, 이 정의를 중심으로 CAR의 성격이 규정되고 있다.

CAR의 기본적인 성격은 우선 검색(search), 조사(investigation), 분석(analysis) 등 세 가지로 구성된다. 여기서 '검색'은 기삿거리가 될 만한 내용을 찾는 '주제 발굴'과 이미 기삿거리가 될 가능성이 큰 것으로 '발굴된 주제의 관련 정보를 추적'하는 것을 포함한다. 기삿거리가 될 만한 내용을 찾는 주제 발굴은 취재의 가장 기초적인 단계로, 기사 작성의 막연한 출발점이 되기도 한다. 사실 이 단계의 검색은 각종 웹사이트를 서핑하거나, 포털사이트의 토론방을 돌아다니고 전문가들이 주고받는 뉴스레터 등을 확인하면서 이슈가 될 만한 내용을 추려내는 것으로, 특정한 방향성 없이 자유롭게 큰 흐름을 좇는 수준에 그친다. 하지만 이 과정에서도 수용자들이 어떤 내용을 뉴스로 받아들일까에 대한 판단은 기자의 건전한 상식, 즉 독자들이 느낄 만한 참신성, 중요성, 연관성 및 흥미 등 뉴스의 기초적 속성에 대한 이해에 근거한다. 이 판단을 바탕으로 기사화될 가능성이 큰 주제가 발굴되면 그와 관련한 정보들이 어떻게 구체적인 모습으로 드러나는지를 탐색하는 2단계 검색에 들어가게 된다. '발굴된 주제의 관련 정보 추적'은 검색의 최종 단계로 '조사'를 위한 사전 정지 작업의 의미가 있다. 이 2단계 검색은 큰 흐름만 파악된 주제의 '소재'를 찾아가는 활동으로 정리할 수 있겠다. 예를 들어, 검색의 1단계에서 '건강'에 관련된 내용이 당시 사람들이 관심을 두는 큰 주제가 된다면, 2단계에서는 건강 관련 주제를 '노인 / 중 · 장년 / 청소년 / 유아', '남성 / 여성' 등과 같이 연령대별 또는 성별 소재로 특화하거나, '치매 / 독감 / 유행병' 등 병명에 따른 소재로 취재의 대상을 좁히는 작업을 할 수 있게 된다는 뜻이다. '환경'이 큰 주제라면, '도시 / 농촌 / 어촌'으로 소재를 구별할 수도 있고, '육지 / 항공 / 해양 / 우주' 등으로 그 권역을 조정할 수도 있으며, '대기 / 수질 / 자연보호 / 폐기물' 등의 다른 차원에서 접근하는 방법을 고려할 수도 있다. 더불어 이 소재들은 종횡(縱橫)으로 엮이며 조금 더 구체적인 소재, 즉 '농촌의 대기', '해양의 폐기물' 등으로 진화할 수도 있다. 이 과정에서도 역시 소재의 참신성, 중요성, 수용자들이 느낄 연관성이나 흥미 등은 깊게 연관될 수밖에 없다. 검색 단계에서 발굴되고 추적되는 주제와 소재들은 특히 인터넷 등을 통해 많은 사람이 관심을 두고 있거나 가질 만한 내용으로 확인된 것을 중심으로 해야 한다. 이 확인은 특정 주제나 소재와 관련해 사람들의 의견이 다양하게 개진되고 있는지, 또는 전문가들이 중요하고 심각한 요소로 진단하고 있는지 등을 판단의 기준으로 할 수 있을 것이다.

검색 단계에서 주제와 소재가 파악되었다면, 본격적인 '조사' 단계에 들어간다. 조사는 결정된 소재를 어떻게 요리할까를 목적으로 하는 전략적 활동이다. 즉, 막연하게 '무엇'을 전달할지를 탐색하는 것이 아니라, '어떤 방법'으로 확보된 소재와 관련한 정보를 꾸려야 하는가의 문제를 고민하는 작업이다. 사실 이 방향성에 대한 문제는 검색의 2단계에서 어느 정도 정리된다. 하지만 조사는 검색 단계에 비해 그 목표가 한정적이다. 정리된 방향이 있어 얻고자 하는 정보가 확연하기 때문이다. 앞에서 언급한 '해양 폐기물'이 보도 대상으로 결정되는 과정에서 왜 이 문제가 사람들에게 알려져야 하는지, 그 이유가 확인된다. 예를 들면, 해양 폐기물로 현대의 사람들이 고통을 받고 있고 궁극적으로는 후손에게도 좋지 않은 영향을 줄 것이기 때문에, 폐기물의 적절한 처리 방법이 논의되어야 한다는 것이 방향성일 것이다. 그러나 검색 단계에서 특정 소재에 대해 이렇게 문제점이 발견되고 이와 관련해 환경 보전이라는 당위적인 방향성이 설정되었다고 하더라도, 그 해결책이 뚜렷하지 않다면 적절한 방안을 찾기 위한 노력이 더 필요하다. 해결책이 뚜렷하지 않다는 것은 아직 결론이 나지 않은 주장들에 의해 혼란이 가중되고 있기 때문일 수 있다. 여기서부터 조사가 필요한 것이다. 혼란이 있다면, 무슨 문제 때문에 그런 혼란이 나타나고 있는지를 확인해봐야 한다. CAR를 통해서 이와 같은 혼란의 이유를 찾아갈 수 있다. 동시에 혼란을 야기하는 여러 주장의 근거를 추적할 수 있다. 인터넷 등의 자료를 통해 확보한 이 내용은 기자의 추가 자료 수집과 전문가 인터뷰 등으로 이어지며, 기사가 작성되는 배경을 마련해준다.

사실, 조사는 사전에 검색 없이 시작될 수 있고, 조사 단계에서 기사 작성이 완료될 수도 있다. 즉, 컴퓨터의 도움 없이도 진행될 수 있는 것이 조사라는 것이다. 조사는 저널리즘 취재의 기본이기도 하다. 예를 들어, 수많은 주요 취재원을 알고 있는 기자에게 컴퓨터를 통한 검색은 오히려 시간 낭비가 될 수도 있다. 이들에게는 막연하게 인터넷에 있는 정보를 좇아다니며 기삿거리를 찾는 것보다 잘 아는 취재원이 들려준 중요한 정보를 근거로 취재를 시작하는 것이 더 효율적일 수 있기 때문이다. 이렇게 되면 검색은 애초에 필요 없는 단계가 된다. 또 주요 취재원을 통해 확인된 기초 정보를 시작으로 연관된 핵심 정보를 알고 있는 또 다른 주요 취재원이나 참고문헌, 관련 서지 자료를 확보하면 기사를 작성하기 위한 배경은 모두 마련된다. 결국 검색의 불필요성은 물론이고, 컴퓨터의 도움 없는 조사를 통해서도 여러 의견을 취합해 사회의 논의거리로 제공할 수 있으며, 이것만으로도 언론의 역할은 충분하다고 말할 수 있다. 하지만 컴퓨터는 이런 전통적 저널리즘의 취재 방식을 발전적으로 만들 수 있는 여지를 열었다. CAR에서 거론되는 검색과 조사의 특성은 커뮤니케이션 기술이 발달하면서 인터넷 관련 프로그램이 저널리즘에 발전적으로 부여한 특징일 수 있다. CAR의 검색 단계는 비록 막연하기는 해도 어디서부터 시작해야 할지 모르는 막막함을 벗어나 일단 정보가 모여 있는 인터넷이라는 장소로 달려가게 한다. 즉, 주요 취재원을 먼저 알아야 한다는 전통 저널리즘의 제한적 취재 요소를 극복하게 한다는 것이다. 또 CAR의 조사 단계는 한정적인 취재원과 자료에만 의존하던 과거 방식에 비해 짧은 시간과 적은 노력으로 많은 정보를 획득할 수 있게 했다. 다시 말해, CAR는 전통 저널리즘의 취재 외연을 확대했다는 뜻이다. 여기에 분석 또는 검사 및 검증이라는 컴퓨터 본연의 연산 특성을 추가하면, 현대적 의미의 CAR가 완성된다.

검색과 조사가 컴퓨터에 통신기술이 접합된 인터넷에 의해 그 역할이 증폭된 취재 요소라면, '분석' 또는 '검사(examination)' 및 '검증(verification)'은 컴퓨터 본래의 특징인 연산이 CAR에 적용된 결과다. 이는 정밀 저널리즘에서부터 이어진 탐사보도의 전통이다. 분석은 조사 단계에서도 일부 이뤄진다. 사회과학에서 말하는 양적(量的, quantitative) 분석 중 아주 기초적인 기술적(記述的, descriptive) 내용은 덧셈, 뺄셈, 곱셈, 나눗셈 등 단순한 사칙연산만으로도 가능하다. 또 전문가의 의견이나 사안에 밀접하게 연관된 인물 취재원들의 인터뷰를 통해 사회과학의 질적(質的, qualitative) 분석을 시도할 수도 있다. 즉, 조사를 통해 확보된 자료만으로 큰 배경 그림은 그릴 수 있다는 뜻이다. 하지만 CAR에서 논하는 분석은 이 차원을 넘어선다. 선호하는 자동차 종류를 분석한 1935년 ≪포천≫ 잡지의 보도나 기기 수리 센터의 효율성 등을 검토한 1939년 ≪리더스 다이제스트≫의 기사는 조사 단계에서 이뤄질 수 있지만, 4,000쪽의 컴퓨터 인쇄물을 분석한 1973년 ≪필라델피아 인콰이어러≫의 사법부 결정 보도는 단순 사칙연산이나 기초적인 통계기법으로 확인하기 어려운 작업이다. 확인을 하더라도 컴퓨터의 복잡한 연산 기능을 활용하지 않으면 엄청난 시간이 소요되고, 결국 CAR 기법을 사용한 경쟁 언론사보다 보도가 늦을 수밖에 없다. 그 이후에 시도된 방대한 데이터 분석 기사들은 더 말할 나위도 없다. 다시 말해, CAR의 분석은 인간이 간단하게 처리할 수 없는 복잡한 내용을 컴퓨터 연산 프로그램을 통해 양적으로 검토한다는 의미이며, 특히 이렇게 확인된 내용이 사회과학적으로 유의미한 결과를 얻는가를 보여주는 것을 뜻한다. 이는 취재된 내용이 몇몇 지인이나 주요 취재원을 통해 얻어져 주관적일 수 있는 정보의 한계를 벗어나 과학적으로 타당한 정보를 전달한다는 의미가 있다. 즉, 과학적 객관성을 확보한 뉴스를 만들 수 있다는 얘기다. 비록 사회과학적 의미에서 '검증되었다'라는 것이 얼마나 타당한 표현인가에 대해서는 철학적 고찰이 필요하지만, 해당 정보가 상식적인 의미에서 합리적인 방법으로 확인되었다는 뜻으로 그 의미를 한정한다면, 컴퓨터의 활용 없이 완성된 기사에 비해 CAR 기법을 통해 작성된 기사의 완성도는 그 신뢰성과 타당성을 더 크게 인정받을 수 있을 것이다.

검색, 조사, 분석 등 기본적인 세 가지 성격 이외에도 CAR에는 추가적인 설명이 붙는 경우가 있다. 일부 학자들은 미래의 취재를 위해 관련된 정보를 언론사가 자체적인 데이터베이스로 축적하는 것까지를 광범위한 의미의 CAR로 설명하기도 하고, 또 다른 학자들은 기사 작성을 위해 워드프로세서 프로그램을 사용하는 것은 물론 편집에까지 컴퓨터를 이용하는 것을 CAR에 포함한다. 심지어는 가상공간 또는 웹상에서의 정보 유통을 중심으로 하는 온라인 저널리즘의 한 요소로 CAR를 설명하는 예도 있다. 하지만 기본적으로, 그리고 기획기사 및 탐사보도의 입장에서, CAR는 컴퓨터를 이용한 검색과 조사를 통해 정보를 철저하게 파헤치고, 그렇게 모인 정보를 사회과학적 통계 방법으로 분석해, 심층적인 보도를 하는 것을 의미한다.

2. CAR에 활용할 수 있는 도구

IRE의 휴스턴 사무국장은 기본적인 CAR의 도구로 이메일, 월드와이드웹(World Wide Web), 온라인 게시판(bulletin board system)이나 토론장(discussion forum), 리스트서브 등을 들고 있다.

이메일은 취재원을 직접 만나지 않고도 원거리에 있는 전문가나 관련 인물을 인터뷰할 수 있는 도구다. 물론 원거리 정보원 취재는 전통적인 전화통화를 통해서도 이뤄질 수 있지만, 이메일은 인터넷에 접속만 되면 특별한 추가 비용 없이도 인터뷰가 가능하고, 꼭 동 시간대에 정보를 얻지 않아도 된다는 장점이 있다. 미리 질문 내용을 보내놓고 다른 정보를 추적하다가, 이메일 질문을 받은 취재원이 대답을 보내오면 그 정보를 사용할 수 있기 때문이다. 기자의 이동, 커뮤니케이션 등에 들어가는 시간과 비용의 절감 효과를 얻을 수 있다는 해석이 일반적이다.

월드와이드웹은 뉴스의 대상이 되는 공공기관이나 사적 기업 등에 대한 기본 배경 정보를 얻고 구체적인 사실 확인을 하는 데 도움이 된다. 클릭 몇 번으로 대상 기관의 연혁, 인적 구성, 기본적인 정책이나 사업 방향 등을 파악하고, 취재하고자 하는 주제에 관련된 사실 관계를 정리할 수 있다. 인터넷이 없었던 과거에는 기자가 취재 대상 기관에 일일이 전화를 하거나 직접 찾아가 관련된 내용을 확인하거나 우편으로 보내온 책자를 활용할 수밖에 없었다. 즉, 그만큼 시간과 비용이 더 들어갔던 셈이다.

온라인 게시판이나 토론장은 특정 이슈에 대한 일반인들의 의견을 얻기 편한 장소다. 과거에는 취재하려는 내용을 일반인들이 어떻게 생각하고 있는지를 확인하기 위해 기자가 직접 거리에 나가 사람들을 만나거나 지인들에게 전화를 걸어 그들의 생각을 기록했다. 하지만 온라인 게시판 등에 들어가면, 일일이 사람들을 만나지 않더라도 그들이 적어놓은 글들을 통해 일반인들의 생각을 확인할 수 있다. 최근 자주 보는 "아이디(ID) ○○○의 네티즌이 특정 사안에 대해 '……'이라고 말했다"라는 식의 기사가 게시판을 활용한 사례다. 또한 게시판에는 뉴스가 될 만한 이슈에 대해 많은 사람이 의견을 개진하고 있기 때문에 여론의 향방까지 추적할 수 있게 해준다.

리스트서브는 쉽게 말해 전문가들의 뉴스레터 또는 단체 메일 시스템과 전문 게시판의 복합적 형태로 볼 수 있다. 영문 대문자로 시작되는 'Listserv'는 1980년대 중반 이와 같은 시스템을 최초로 구축한 특정 소프트웨어의 이름이지만, 이후 유사한 제품들이 나오면서 이들을 통칭하는 대명사로 통하기도 한다. 이와 같은 시스템을 이용하게 되면 특정 이슈를 다루는 온라인 그룹에 소속되어, 뉴스레터 형식 등으로 관련 정보를 정기 취득하거나 회원들 간의 온라인 토론장에 들어가 전문적인 지식을 확보할 수 있다. 이렇게 되면 전문가들이 중요하게 생각하는 이슈를 쉽게 파악할 수 있고, 또 해당 이슈에 대한 전문가들의 견해를 어렵지 않게 확인할 수 있다. 예를 들어, 의학 담당 기자가 의사들이 가입한 시스템에 접속하면 그들이 주안점을 두고 있는 행정적 문제나 특정 질병과 치료에 대한 의견에 접근할 수 있고, 이를 활용해 일반인이 알아야 할 내용을 기사로 만들 수 있다. 전문적이고 높은 수준의 정보를 활용할 수 있는 도구로 이 시스템은 유용하다. 물론 이와 같은 시스템에 동참하려면 전문가 회원들의 동의를 얻어야 하지만, 관련 분야에 대한 언론사 기자라면 일반적으로 가입에 큰 문제는 없다.

이 밖에도 기존의 기사들이나 각종 자료를 확인해 뉴스의 흐름을 추적하는 방법도 있다. 미국에서 많이 활용되는 시스템으로 렉시스넥시스(Lexis-Nexis, www.lexisnexis.com)와 다우존스(Dowjones, www.dj.com) 등이 유명하다. 렉시스넥시스는 2009년 현재 4만 개가 넘는 법률, 뉴스, 사업 기관 등으로부터 약 50억 개의 기록물을 보관하여 검색하게 하고 있다. ≪월 스트리트 저널(Wall Street Journal)≫과 연계한 다우존스도 역시 각종 자료를 제공한다. 일부 정보는 회원으로 가입해야 볼 수 있지만, 특별한 제한 없이 접근 가능한 정보도 있다. 한국의 기사 정보 서비스로 최대 규모인 것은 미디어가온(www.mediagaon.or.kr)이다. 1990년 이후 약 200개 매체의 기사를 제공해오던 카인즈(www.kinds.or.kr) 시스템이 확대된 형태인 미디어가온은 한국언론진흥재단이 제공하는 미디어 포털 서비스로 2009년 9월 현재 ≪동아일보≫ 등 10개의 중앙 일간지 기사를 비롯해 전국의 종합 일간지와 경제지, 인터넷신문 등의 뉴스를 대부분 무료로 제공한다. ≪조선일보≫와 ≪중앙일보≫ 등 일부 전국 종합지의 기사는 미디어가온을 통해 확인할 수 없는 한계도 있으나, 주제나 키워드로 종합적인 뉴스 정보를 검색하는 도구로 국내 최대 수준이다. 이 외에도 단행본이나 논문, 토론회 자료 등 매체와 관련한 정보도 검색할 수 있다.

이상의 도구들이 주로 CAR의 검색이나 조사 등에 사용되는 것들이라면,

데이터베이스를 활용한 연산용 컴퓨터 소프트웨어 등은 분석을 위해 직접적으로 사용되는 도구로 차별화할 수 있다. 특히 잘 알려진 것으로는 마이크로소프트 사의 엑셀(Excel), 또 이보다 더 복잡한 연산이 가능한 액세스(Access) 등이 있고, 과거에 많이 활용되었던 로터스 1-2-3(Lotus 1-2-3) 등도 이차원의 데이터그리드에서 정보를 구현하는 스프레드시트(spread sheet)의 종류다. 미국에서는 더 방대한 자료를 취급하는 폭스프로(FoxPro) 프로그램이 현장에서 종종 사용된다. 주로 기술적(記述的)인 차원에서 분석이 이뤄지는 스프레드시트 수준을 벗어나, 간단한 빈도 분석 이외에 상관관계나 회귀분석(regression analysis) 등까지 수행하려면 SPSS나 SAS 등의 통계 프로그램이 필요하다. 실제로 이와 같은 통계 프로그램을 활용해 기사를 작성한 경우가 많다. 국내에서도 17대 국회의원의 국정감사를 평가하면서 정책 심의능력, 대안 제시 능력, 성실성, 공정성, 총점 등으로 계산한 2004년 10월 말 ≪문화일보≫의 기사 시리즈가 좋은 사례다. ≪문화일보≫는 관련 기사에서 해당 자료를 활용해 개별 국회의원의 국정 감사 능력과 정당의 통치력에 상관관계가 있는지 등을 설명했다. 특히 상관관계가 어느 정도의 정확도(90% 또는 95% 등)를 갖고 통계적으로 유의미한 결과가 나타났는지를 보여주면서 몇몇 요인들의 인과관계를 보여주는 기사를 생산했다. 동시에 통계프로그램 등에서 나타난 내용을 그래프로 전환해 독자의 이해를 돕는 서비스도 제공했다.

이 밖에도 일정 지역의 경향성을 보여주는 프로그램으로 지리정보시스템(Geographic Information System: GIS)이 CAR에 많이 사용된다. 미국에서는 1992년 8월 ≪마이애미 헤럴드(The Miami Herald)≫의 허리케인 피해조사 보도가 자주 소개되는 GIS 활용 기사의 사례 중 하나로 꼽히고 있으며, 서울 지역의 열대야 현상을 분석해 온도가 높은 지역을 지도에 표현한 ≪중앙일보≫의 보도(2004년 8월)나, 전국의 강력범죄 발생 및 처리 현황을 전달한 ≪동아일보≫의 기사(2004년 9월 말~10월 초) 등은 2000년대 들어 한국에서도 이 시스템이 CAR 보도로 종종 사용되고 있는 증거다. GIS는 일기예보, 판매 분석, 인구 예측, 정치적 성향 분석 등에 주로 활용된다. 또 사회적으로 영향력 있는 인물이나 단체 간의 관계를 분석해, 이 관계가 사회의 정책이나 여론 형성과 어떤 관계를 맺고 있는지를 파악하는 방법으로 사회적 관계망 분석(Social Network Analysis: SNA) 기법이 활용된다. 2004년 ≪워싱턴 포스트≫의 부시 대통령 선거 자금 기부자 관계 보도는 이 방법을 사용해 선거 자금의 흐름 등을 파악하고, 당시 재선을 노리던 부시의 학연, 지연, 혈연은 물론 사업 관계자 등의 연결고리를 분석했다. 한국에서도 2005년 9월 ≪중앙일보≫가 창사 40주년 기념으로 시도한 '한국 사회 파워 엘리트 대(大)해부' 기사 시리즈가 이 기법을 활용했다. SNA는 GIS와 더불어 인물과 집단, 지역 등의 관계를 분석해 보도하는 주요 도구로 자리 잡았다.

3. CAR에 대한 기대와 활용, 그리고 관련 교육에서 나타나는 문제들

CAR가 언론 현장에 대두하면서 여러 가지 전망이 나왔다. 대부분은 희망적인 기대였고, 일반적으로 CAR는 위에서 언급한 사례들처럼 그 기대치에 부응하는 결과를 내놓았다. 그러나 일부는 예상치 못한 난점을 드러내기도 했다.

미국 마이애미 대학교의 브루스 개리슨(Bruce Garrison) 교수는 취재 범위의 확장, 오보와 편견의 감소, 자료 가공 능력의 확대 등을 CAR의 대표적인 장점으로 꼽는다. 2004년 미국 저널리즘과 매스커뮤니케이션 교육협회(Association for Education in Journalism and Mass Communication: AEJMC) 학술

대회에서 필자와 만난 개리슨 교수는 이런 장점의 근거로 CAR를 통해 정보의 조직화가 수월해지고, 취재 및 보도에 들어가는 시간과 비용이 절감되며, 과학적 접근과 심층적 분석으로 기사의 수준이 향상된다는 점을 역설했다. 동시에 향상된 자료 저장 능력 덕분에 정보를 재활용하기 쉬워지고 정보 확인도 신속하게 이뤄지며, 공간을 초월한 취재가 가능하다고 주장했다. 저서들을 통해서도 개리슨 교수가 강조하는 이 내용은 일반적으로 타당하게 여겨진다.

그러나 언론 현장에서는 CAR 활용에 따른 부수적 문제도 발생한다. 특히 시간과 비용의 절감 문제는 인터넷이 안고 있는 성격 자체 때문에 종종 시간과 비용이 증가하는 엉뚱한 결과를 낳기도 한다. 기자들은 개인적으로 잘 알지 못하는 취재원에게 이메일을 보내 질문을 던진다. 만약 해당 취재원이 취재하는 내용의 핵심 정보를 알고 있는 사람이라면, 그에게 질문하는 것은 올바른 보도를 위해 반드시 거쳐야 하는 관문이다. 그러나 이메일을 보내도 답변이 아예 오지 않는 때가 잦다. 시간만 낭비할 수도 있다는 뜻이다. 물론, 이메일 질문을 보내고 다른 취재 작업을 벌일 수도 있어 시간을 조직화하는 데 도움을 얻을 수 있지만, 그 취재원의 정보가 핵심적인데 그 정보를 확보할 수 없다면 다른 취재 작업은 헛고생이 되기도 한다. 미국 텍사스 대학교에서 필자에게 취재 및 보도를 배우던 많은 예비 언론인들은 취재를 하는 과정에서 먼 길을 찾아가기 어려운 경우에 이메일 인터뷰를 시도했다. 하지만 답변을 받은 경우는 약 10%에 불과했다. 이 밖에도 각종 웹사이트에 나와 있는 정보를 활용해 기본적인 취재를 할 때도 문제가 발생한다. 우선 취재 대상 기관이 자신의 정보를 자주 업데이트하지 않으면 해당 웹사이트의 정보는 뉴스가 아니라 구문(舊聞)이 된다. 기사 정보로서 가치가 떨어진다는 얘기다. 또 여러 사이트를 통해 얻는 정보가 상충할 경우, 그에 대한 신뢰성이나 타당성이 떨어지는 경우가 많다. 심지어 일부 공공기관의 정보가 일치하지 않는 상황도 발생한다.

텍사스 대학교 취재보도 과목에서 벌어진 또 다른 사례가 이와 같은 지적을 뒷받침한다. 2004년에 한 학생은 CAR를 활용해, 자신이 거주하는 텍사스 주의 주도 오스틴 시의 5년간 범죄 변화 상황을 취재했다. 특히 살인, 강도, 강간 등 연차보고서에 기록되는 중대범죄(index crime)에 집중하는 것이 목적이었다. 해당 정보는 오스틴 시 경찰서의 웹사이트에서 어렵지 않게 확보할 수 있었다. 문제는 그다음에 발생했다. 오스틴 시의 범죄 변화 추이를 보면서 다른 도시에 비해 범죄 발생 변동률이 어느 정도 크거나 작은지 비교해보기 위해 미국 전역의 범죄 발생 비율을 기록하는 연방수사국의 웹사이트에 접속해 공개된 정보를 확인했다. 이때 발견된 것은 오스틴 시 경찰서 웹사이트에 나와 있는 발생 범죄 정보와 연방수사국 웹사이트에 나와 있는 오스틴 시 발생 범죄 정보가 다르다는 점이었다. 당시 학생 기자는 딜레마에 빠졌다. 오스틴 시 경찰서 웹사이트의 정보를 무시하고 전국 정보를 취합하는 연방수사국의 자료를 활용할 것인지, 아니면 단순히 오스틴 시 주민을 위한 기사이니 오스틴 경찰서 웹사이트의 정보를 사용할지를 결정해야 했다. 학생의 기사 작성을 지도했던 필자는 학생에게 직접 오스틴 시 경찰서와 연방수사국에 전화를 걸어 어떤 정보가 맞는 것인지 확인해보라고 지시했다. 그러나 두 기관 모두 자신의 정보가 정확한 것이라고 주장했다. 해당 정보를 기록하는 방법이나 취합 방식도 역시 같다고 했다. 기록된 발생 범죄의 수에 차이가 있다는 것은 어디에서인가 착오가 발생했을 수 있다는 점을 시사했지만, 두 기관 모두 자신의 실수는 아니라고 했다. 이렇게 엇갈린 정보들을 확인하는 과정에서 시간만 흘렀고, 장거리 전화에 들어간 비용도 만만치 않았다. 시간과 경비가 줄어들 것이라는 기대와는 어긋나는 결과였다. 필자는 학생 기자에게 기사의 주제를 바꿔 아예 지방정부와 중앙정부의 공공 정보가 서로 일치하지 않는다는 점을 부각하는 보도를 하라고 권유했다. 하지만 그렇게 하려면 또다시 시간과 경비를 들여 발품을 파는 전통적 취재 방법을 사용할 수밖에 없었다.

사실 이런 오류는 예비 언론인의 저널리즘 학습 과정에서뿐 아니라, 현장 언론인의 취재 과정에서도 나타난다. 이와 같은 난점은 컴퓨터와 인터넷이 취재를 위한 훌륭한 도구이기는 하지만 컴퓨터나 인터넷을 취재에 유용하게 사용하려면 적절한 활용법을 익혀야 한다는 사실을 방기하는 데서 발생하는 것으로도 보인다. 그러므로 이런 난점을 극복하기 위해서는 CAR에 대한 올바른 이해가 필요하다. 또 당장 이용 가능한 CAR 기법을 기자들에게 인식시키는 노력도 중요하다.

우선 앞서 설명한 CAR의 핵심 도구 중 검색과 조사에 대한 이해를 사례로 들어보자. 검색과 조사는 주로 인터넷 서핑이나 온라인 토론장 방문, 취재원으로부터 얻은 데이터 확인 등을 통해 이뤄진다. 그런데 일반적인 인터넷 서핑 경험만 생각해봐도 웹사이트의 자료가 모두 믿을 만한 것이 아니라는 점은 쉽게 확인된다. 즉, 어떤 정보가 믿을 만한지에 대한 기준을 올바로 알아야 불특정 다수의 독자나 시청자에게 정확한 정보를 전달할 수 있다는 얘기다.

미국의 언론 현장이나 대학의 저널리즘 교육에서 사용하는 CAR 교재들에 따르면, 기본적으로 신뢰할 수 있는 웹사이트는 정부, 교육기관, NGO, 기업 등의 순으로 정리된다. 웹사이트를 식별하는 기준은 인터넷 주소 끝에 붙는 도메인 이름(domain name)이다. 기자들을 대상으로 하는 각종 CAR 교육 자료에서는 웹사이트의 주소가 'gov'(정부), 'mil'(국방부)로 끝날 경우, 일단 해당 웹사이트에 등장하는 정보는 신뢰도가 높은 것으로 본다. 미국은 일반 중앙정부 웹사이트의 도메인 이름을 'gov'로 하고, 특별히 국방 관련 부서의 도메인 이름은 'mil'로 구분한다. 정보 신뢰도 면에서 이와 거의 대등한 또는 다음 순위로 놓는 순위는 4년제 대학 기구다. 이들의 도메인 이름은 'edu'로 정리된다. 그 뒤를 잇는 것이 비정부 기구인 NGO로 이들의 인터넷 주소는 대부분 'net'으로 끝난다. 그리고 일반 기업의 도메인은 'com'으로 처리되며, 이런 웹사이트에 나온 정보는 단체가 스스로 홍보하는 내용일 수 있기 때문에, 정보의 객관적 신뢰성에 유의해야 한다. CAR 교재들은 앞에 언급한 순서에 따라 웹사이트 정보에 대한 믿음의 정도를 산정할 수 있다고 적고 있다. 하지만 정부나 군 관련 조직, 또는 대학 기구의 도메인 이름이라도 빗금(/) 다음에 물결표(~)가 이어진 웹페이지 정보는 유의해야 한다고 지적한다. 해당 기구나 기관의 공식 정보가 아니라, 그 조직 구성원이 그 자신이 속한 기관의 웹사이트에 연동해 개인적으로 운영하는 웹페이지의 정보일 가능성이 크기 때문이다. 이런 웹페이지에는 해당 기관이 공식적으로 확인하지 않은 개인의 주관적 주장이 실릴 수도 있다. 더불어 웹사이트의 정보 신뢰도를 확인하는 기준으로, CAR 전문가들은 대부분 웹페이지 아래쪽에 나와 있는 업데이트 날짜의 확인, 글쓰기 수준과 오탈자 정도 등을 들고 있다. 이는 아주 단순한 것 같았던 웹사이트 정보 사용 방법이 구체적인 교육 내용으로 구조화된 것이다. 이 교육은 CAR의 올바른 활용법 중 하나를 설명하는 사례가 될 수 있다.

이와 같은 내용은 한국의 상황에 맞춰 국내 기자에게도 교육될 수 있다. 또 언론사 입사를 준비하는 예비 언론인도 이런 내용을 미리 학습하면, 해당 지식과 기술이 없는 다른 경쟁자에 비해 입사 후 훌륭한 기사를 생산할 여지가 높아진다. 예를 들어, 교육을 통해 한국 정부 웹사이트의 도메인 이름은 대부분 'go.kr'로 통일되어 있고, 대학은 'ac.kr'로 정리되며, 'org'뿐 아니라

'net'도 비정부 기구의 도메인으로 사용되기도 한다는 사실을 알리고, 이에 관련된 구체적인 사례를 적시하여 국내 도메인 현상을 소개할 수 있다. 이런 웹사이트 정보와 정보의 신뢰도 정도만 파악하더라도, 자기가 취재해 전달하는 정보의 수준을 판단해 정확한 보도를 할 수 있게 된다. 물론 이에 대해 추가적인 세부 내용 학습이 필요하겠지만, 이와 같은 교육은 몇 차례의 간단한 특강 등을 통해서도 가능하다.

CAR 요소 중 검색이나 조사에 비해 분석은 비교적 특별한 교육이 필요한 부분이다. 검색이나 조사를 통해 확보된 특정 정보를 통계 프로그램을 이용해 과학적으로 검증하는 방법을 익혀야 하기 때문이다. 구체적으로 본다면 엑셀 등 간단한 스프레드시트 프로그램에서 약간 더 복잡한 SPSS 등의 통계 프로그램까지 구현할 수 있는 수준에 올라야 체계적인 CAR를 완성할 수 있다. 그러나 취재 현장의 구조상 이와 같은 교육을 추진하기는 쉽지 않다. 특히 하루하루 자신이 맡은 출입처의 정보를 처리하는 데 바쁘고 속보 위주의 경쟁을 벌이는 기자들을 회사가 모아놓고 별도로 시간을 투자해 교육하기 어려운 것이 현실이다. 또 기자들을 교육할 언론사 내부의 교육 시스템은 물론 외부 연수 프로그램도 많지 않다는 한계도 있다. 특히 국내에서는 교육을 하더라도 각종 기관이나 단체가 데이터베이스화한 정보를 공개하기 꺼리고, 정부의 정보공개법을 제대로 활용할 수 없다는 점도 극복해야 할 장벽으로 거론된다. 이렇다 보니 CAR에 대한 기자들의 인식도 확대되기 어렵다. 이 구조적 난관은 지금 당장뿐 아니라, 앞으로도 시스템이 변하지 않는다면 해결되기 쉽지 않다.

사실 이런 교육을 할 만한 프로그램이 많지 않은 것은 한국뿐 아니라 서구 언론 선진국의 저널리즘 교육계와 현장이 공통으로 맞고 있는 현실이다. 미국에서도 저널리즘 관련 학과에서 CAR 교육을 시행하는 경우가 늘어나고 있지만, 현장 기자들에 대한 교육은 아직 부족하다는 것이 IRE 휴스턴 사무국장의 말이다. 그는 이 문제를 극복하기 위해 미국 각지의 기자들을 IRE 본부로 부르거나 직접 현장을 찾아가 교육을 시도한다. 또 발전된 컴퓨터 기술을 전달하기 위해 CAR 교육이 이뤄지는 대학으로 달려간다. CAR에 뜻이 있는 한국의 현장 기자들도 IRE 본부를 방문해 교육을 받기도 한다. 국내에서는 한국언론진흥재단이 몇몇 프로그램을 통해 CAR를 교육하고, 일부 언론은 대학 등 교육계에서 이 문제를 거론하는 교수 등을 초청해 현장 기자들에게 교육 기회를 제공하기도 한다. 이 과정에서 인터넷 정보의 신뢰성에 대한 강의와 엑셀이나 액세스 등 기초적인 연산 프로그램 사용 방법이 전달되기도 한다. 하지만 기본적으로 문제의식을 느끼고 해당 교육을 받으려는 기자들이 부족하고 교육 시간도 길지 않아 체계적인 학습 시스템 마련이 필요한 실정이다. 특히, 인터넷 기술 발달로 각종 정보가 홍수처럼 밀려들면서 전통 언론사의 활로로 기획기사 및 탐사보도의 중요성이 대두하는 시점에, CAR 활용은 시급한 문제일 수 있다. 총체적인 시스템 전환을 통한 현장에서의 기자 재교육이 당장 불가능하다면, 우선 특강 등을 통해 CAR에 대한 인식을 전환하고, 추후 기자 스스로 관련 프로그램을 찾아 교육받게 하는 방법을 채택할 수도 있다. 또 전체 기자를 한꺼번에 교육하는 대신, 일부 기자를 시작으로 순환 교육을 시행할 수도 있다. 이에 발맞춰 각 대학은 관련 프로그램 교육을 통해 미래의 언론인 교육을 강화해갈 수 있을 것이다. 예비 언론인들이 이와 같은 능력을 미리 갖추고 있다면, 현장 입사에 높은 경쟁력을 가진 사람이 될 것이다.

하지만 동시에 CAR를 만능으로 여길 경우 또 다른 한계점에 봉착할 수 있다는 점도 간과하면 안 된다. 기계적 정확성은 좋고 옳은 기사를 생산하는 필요조건은 되지만 충분조건이 되기는 어렵기 때문이다. 전 세계를 돌아다니며 CAR의 중요성을 전파하고 있는 IRE 휴스턴 사무국장도 2002년에 텍사스 대학교에서 한 강의에서 "컴퓨터는 나쁜 기자를 좋은 기자로 만들지 않는다. 다만 좋은 기자를 더 훌륭하게 만든다"라는 자스핀 기자의 발언을 전달하며 CAR의 의미를 부연했다. 컴퓨터를 다룰 수 있다고 해도 좋은 기자로서의 자질이 없다면, 훌륭한 기사를 생산할 수 없다는 뜻이다. 끊임없는 호기심, 사회의 구조와 사람의 관계에 대한 흥미, 공정하고 객관적인 상황 판단 능력, 합리적이고 상식적인 사고 등이 컴퓨터와 만났을 때 사안의 실체에 접근할 의지와 능력이 배가된다는 설명이다. 이는 현재 단계에서 컴퓨터와 인터넷의 한계도 고민해야 한다는 말과도 연결된다. 앞에서 거론한 것처럼, 이메일 인터뷰 시도에 대한 낮은 회신 비율 등은 아직도 CAR에서 완벽하게 해결되지 않은 문제다. 이와 같은 문제는 결국 직접적인 대면 인터뷰 등 전통적인 취재 방식으로 해결해야 한다. 이 경우, 정보를 얻기 위해 사람을 설득하는 전략 등 기본적인 취재 기법이 필요하다. 이 기법은 언론인으로서 가져야 할 기초 소양이다. 이 소양은 독자들이 중요하게 느끼고 궁금해할 만한 요소를 그들을 대신해 확인하기 위한 것이다. 언론인으로서 이와 같은 기초적 자질을 바탕으로 컴퓨터를 활용한다면 기술의 한계가 허락하는 한 기획기사나 탐사보도의 수준은 꾸준히 상승할 것이고, 신뢰도 높은 정보를 수용자에게 제공하는 저널리즘의 기본 성격도 크게 발전할 것이다.

참고문헌

박현수. 2005. 『탐사보도와 CAR 실무』. 서울: 커뮤니케이션북스.

이규연. 2005. 「지리정보시스템과 저널리즘: 탐사보도의 새 기법_GIS 보도의 세계」. ≪신문과 방송≫, 8, 86~93쪽.

이병철. 2006. 『CAR, 데이터베이스로 취재하기』. 서울: 커뮤니케이션북스.

Demers, D. P. and S. Nichols. 1987. *Precision Journalism: A Practical Guide*. Newbury Park, CA: Sage.

Houston, B. 1999. *Computer Assisted Reporting: A Practical Guide*, 2nd ed. Boston: Bedford/St. Martin's.

Meyer, P. 1973. *Precision Journalism: A Reporter's Introduction to Social Science Methods*. Bloomington: Indiana University Press.

Rich, C. 2003. *Writing and Reporting News: A Coaching Method*, 4th ed. Australia: Thomson Wadsworth.

III 피처 기사

'피처(feature)'의 사전적 정의는 얼굴 생김새, 이목구비 등이지만, 특색 등 두드러진 부분을 말하기도 한다. 즉, 얼굴 전체를 뜻하기도 하나, 그 얼굴을 나타내는 현저한 특징 한 부분을 지목하기도 한다는 것이다. 이는 결국 하나의 특징으로 전체를 나타내는 특정 요소를 의미한다. 다시 말해 부분이지만 전체를 대표하는 요소를 피처라고 하는 것이다. 눈이나 코, 입 등 그 얼굴을 특징짓는 것으로, 누군가의 얼굴을 생각할 때 가장 기억에 남는 부분을 떠올리면 된다. 피처 기사(feature story)는 이런 피처의 의미론적 성격을 매체의 글쓰기에 옮겨놓은 것이다. 정보의 흐름을 추적해, 사회의 현상을 보여주고 문제의 실체에 접근해가는 한국 기획기사에도 이와 같은 성격이 녹아 있다. 기획기사가 여러 상황을 종합해 의미 있는 사회적 개념 또는 사회적 주제로 소개하고, 이 특정 개념이나 주제가 정해진 시간과 공간에 발현하는 총체적 사회 문제를 대표하기 때문이다. 즉, 특정 요소가 전체를 대표하는 피처의 성격이 기획기사와 닮았다는 것이다. 피처가 기획기사 등으로 번역되는 이유가 바로 그 때문이다. 영어사전에서 피처는 특집기사, 기획기사 등으로 설명되기도 한다. 하지만 피처를 기획기사와 동의어로만 파악하는 것에는 문제가 있다. 우선 학문적으로 피처가 기획기사만을 의미하지 않는다. 또 피처라는 말을 먼저 사용해온 서구 언론에서는 정보를 모으는 과정인 취재보다는 기사를 작성하는 보도의 틀로 피처를 이해하는 성향이 강하다. 즉, 취재와 보도를 아울러 설명한 이 책의 한국적 기획기사와 비교하면

서구의 피처는 보도의 방법 차원에서 설명되는 것이 일반적이다. 여기서는 서구식 피처 기사와 한국식 기획기사의 유사성과 차이점을 들어, 한국 기획기사의 특징을 조금 더 부연해보고자 한다.

1. 피처 기사의 정의

1) 광의의 피처

소개되고 있는 피처의 정의는 다양하다. 또 다양한 만큼 복잡하고, 일관적이지 않기도 하다. 우선 신문에 적용했을 때, 피처는 뉴스와 광고를 제외한 신문 지상의 모든 정보로 요약된다. 조금 거칠게 표현하면, 사건 · 사고 · 급박한 정책이나 이벤트 등 당장 알려져야 할 정보를 규격화된 형식에 맞춰 전달하는 스트레이트 뉴스 이외의 모든 정보가 피처로 분류된다. 가장 광범위한 피처의 정의로 볼 수 있다. 결국 이런 정의의 피처는 사설이나 칼럼, 한 컷으로 그려지는 시사만평 등 개인적 주관이 녹아드는 성격의 글과 정보를 포함한다. 여기서 말하는 주관은 정보 전달 중 행간에 녹아드는 잠재적 주관 이외에 드러내놓고 주장하는 선언적 주관까지 포함한다. 또 이 피처의 정의는 아예 주관성과 관계없는 퀴즈나 작가들의 연재소설, 기고 에세이까지 아우른다.

이런 의미의 피처는 서구에서 많이 활동하고 있는 피처신디케이트(feature syndicate)의 생산물에 적용될 수 있다. 코플리 뉴스 서비스(Copley News Service), 크리에이터즈 신디케이트(Creators Syndicate), 뉴욕 타임스 뉴스 서비스(New York Times News Service) 등은 여러 언론사와 계약을 맺고 만화, 만평, 칼럼, 퍼즐 등을 제공한다. 스트레이트 뉴스 이외에 주장이 섞인 전문가의 글이나 일반적인 볼거리 등이 피처라는 이름으로 전달되는 것이다. 이런 식의 피처에 대한 정의는 결국 이 책에서 전달하는 한국형 기획기사를 설명하기 어렵다. 만화나 만평, 그리고 주관적 관점을 담은 논설 등의 글이 '뉴스'로서 정보를 전달하는 한국형 기획기사의 모습을 보여주지 않기 때문이다. 결국 피처를 기획기사로만 번역하기 어려운 이유가 여기에 있다.

2) 멜빈 멘처의 피처 구분

피처를 설명하는 또 다른 방식은 스폿뉴스(spot news)와의 대비를 통해 이뤄진다. 미국 컬럼비아 대학교의 멜빈 멘처(Melvin Mencher)는 현장 기자들의 말을 빌려 기사를 '스폿뉴스', '뉴스 피처(news feature)', '피처' 등 세 가지로 구분했다. 스폿뉴스는 즉각적으로 공중(公衆)에게 전달되어야 할 심각한 내용을 담은 것으로, 일반적으로는 스트레이트 뉴스를 뜻한다. 여기에는 당장 발생한 사건이나 사고, 또는 정부 등 주요 기관이 발표한 정책 등을 전달하는 뉴스가 포함된다. 대부분 '역삼각형 형태' 구조를 띠는 것도 하나의 특징이다. 멘처는 이런 스폿 이외의 기사를 모두 피처로 분류했다. 그의 분류법에 따르면 피처도 '뉴스 피처'와 순수한 '피처'로 구분된다. '뉴스 피처'는 드러난 정보 뒤에 숨어 있는 인간적 요소를 제공하거나, 상황에 대한 해석이나 설명을 붙여 전달하는 것으로, 스폿뉴스를 보완하는 정보를 담은 기사다. 그의 설명에 따르면, 뉴스 피처는 당장 사안이 발생한 시점에 즉각적으로 보도할 당위성이 별로 없다. 스폿뉴스가 보도된 다음, 차후에 따라 나오는 기사가 뉴스 피처가 되는 것이다. 멘처는 또 아주 중요할 필요는 없지만 흥미로운 요소를 이용해 독자를 즐겁게 하는 기사를 순수한 '피처'로 구분했다. 비록 멘처가 스트레이트 성격이 짙은 스폿뉴스를 제외한 정보를 피처의 성격으로 소개하며, 광의의 피처 개념도 스트레이트 이외의 모든 정보를 피처로 설명하고 있지만, 멘처의 두 가지 피처는 앞서 거론한 광의의 피처와 확연한 차이를 보인다. 가장 중요한 특징은 멘처가 두 가지 피처를 모두 사실(事實, fact)을 통해 정보를 전달하는 '기사'로 한정했다는 점이다. 그의 두 가지 피처에는 광의의 피처가 아우르는, 사실을 뛰어넘어 가치를 선언적으로 담고 있는 만화나 만평, 논설 등이 들어 있지 않다. 비록 순수한 '피처'가 오락(entertainment)을 포함한다는 점에서 광의의 피처가 지닌 '볼거리' 제공이라는 측면과 유사점을 보이고는 있지만, 볼거리나 오락이 전달되는 멘처의 순수 피처도 그 틀이 '기사'로 한정되어 있다. 기사가 아닌 퍼즐이나 연재소설 등은 멘처의 순수 피처에 포함되지 않는다.

한국의 기획기사는 광의의 피처보다 멘처의 피처 개념에 가깝다. 즉, 멘처가 설명하는 기사의 세 가지 유형 중 스폿뉴스를 제외한 뉴스 피처와 순수 피처가 혼합된 모습이라고 볼 수 있겠다. 한국의 기획기사가 멘처가 전달하는 피처의 형태, 즉 '기사'라는 점에서 유사성을 갖고 있기 때문이다. 조금 더 구분하자면 한국의 기획기사는 멘처의 두 가지 피처 중 '뉴스 피처'의 모습이 강하다. 한국형 기획기사와 멘처의 뉴스 피처는, 그러나 '같은 날 별도의 기사'로 전달되느냐 또는 '같은 날 하나의 기사'로 보도되느냐 정도의 '형식적' 차이로 구별될 수 있다. 한국에서는 기획기사를 보도할 때, 스트레이트 내용을 담은 기사와 이에 대한 설명 또는 분석을 담은 기사를 '같은 날 다른 지면'에 분리해 싣는 경우가 많다. 언론 현장에서 '1톱 3박'이라고 부르는 보도 형태가 이를 대변한다. '1톱 3박'은 1면 톱기사로 스트레이트를 쓰고 3면에 박스를 쓴다는 것을 줄여 표현한 은어다. 특종 기사를 쓰거나, 사회적으로 중대한 사안을 기사로 정리할 때 이 형태를 많이 사용한다. 1면에는 육하원칙 등에 따라 중요한 정보의 순으로 내용을 전달하고, 그 정보에 대한 해설이나 분석을 같은 날 3면에 자세하게 정리하는 형태다. 한국의 신문은 이렇게 정보를 스트레이트와 해설 박스로 구별해 전달하는 것을 일반화하고 있다. 특종이나 사회적으로 중요한 일에 대한 발생 및 발표 기사가 이 방식으로 많이 보도되기는 하지만, 언론이 오랫동안 품을 들여 정보의 흐름을 추적해 발굴한 기획기사도 이와 비슷한 형태로 정리되어 전달된다. 그리고 같은 날 전달된 내용은 기사가 1면과 3면, 또는 꼭 3면이 아니고 다른 지면에 분리되어 여러 개의 기사로 나가더라도, 이들 모두 하나의 기획기사로 인식된다. 정리하자면, '전통적으로' 한국의 기획기사는 정보의 흐름을 추적해, 사회의 현상을 보여주고 문제의 실체에 접근해가면서, '1톱 3박' 형태의 일반적 보도 형식을 갖추게 된다. 종종 한국 기획기사의 주 기사 또는 메인 기사가 1면이 아닌 다른 지면에 소개되기도 한다. 이 경우 보조 기사들은 주 기사와 같은 면에 배치되거나, 아니면 '관련 기사'로 지정되어 또 다른 면에 등장한다. 이와 같은 한국식 기획기사의 성격은 '드러난 정보 뒤에 숨어 있는 인간적 요소를 제공하거나, 상황에 대한 해석이나 설명을 붙여 전달하는 것으로, 스폿뉴스를 보완하는 사실'로 이뤄진 멘처의 '뉴스 피처'와 유사성을 가진다.

사실 멘처의 '뉴스 피처'는 그가 사용하는 분류 개념상 스폿뉴스와 순수 피처의 중간 단계다. 앞서 정리된 뉴스 피처의 개념에서 볼 수 있듯이, 뉴스 피처는 '스폿뉴스'의 스트레이트 정보를 보완하는 동시에 '순수 피처'의 성격으로 볼 수 있는 인간적 요소의 제공이라는 부분도 활용한다. 나중에 다시 언급하겠지만, 인간적 요소는 멘처가 순수 피처의 특성으로 거론하는 '흥미로운 요소' 중 대표적인 것이다. 다른 기준을 대입할 경우, 뉴스는 멘처가 구분하는 세 가지 종류 이외에도 스트레이트, 프로필, 미담 기사 등으로 나뉘기도 한다. 하지만 기획기사를 설명하는 이 책의 특성상 여기서는 이런 별도 뉴스 분류법에 대한 자세한 설명은 차치하기로 한다. 그러나 광의의 개념에서 스트레이트 뉴스, 그리고 멘처의 뉴스 분류법에서 스폿뉴스를 제외한 내용을 피처로 구분한다면, 앞서 거론한 프로필이나 미담 기사 등은 모두 피처에 포함될 수 있다. 그리고 이런 정보는 특히 흥미로운 요소를 이용해 독자들을 즐겁게 해주는 순수 피처 형식으로 전달되는 경우가 많다. 앞에서 설명한 것처럼 '뉴스 피처'는 딱딱한 스폿뉴스의 정보 이외에도 이와 같은 순수 피처의 부드러운 정보까지 포함하기도 한다. 결국 멘처의 뉴스 피처는 딱딱한 스폿뉴스와 부드러운 순수 피처의 성격을 적절히 아우르면서 해당 정보를 모두 하나의 기사에 담는다. 한국의 기획기사도 이런 연성 정보를 소화하는 경우가 많다. 단지 이 부드러운 정보를 전체 기획기사 틀에서 별도의 기사로 '분리'해 소개하는 것이 미국식 뉴스 피처와의 구별점이라고 할 수 있겠다. 즉, 한국형 기획기사가 경성 뉴스와 연성 뉴스를 주로 분리해 별도의 기사로 전달한다는 것만 제외하면, 한 가지 주제를 지향한다는 차원에서 미국의 뉴스 피처와 썩 닮았다고 말할 수 있다는 것이다.

종합해서 보면, 스트레이트 이외의 모든 것을 피처로 분류하는 광의의 정보 구분법을 대입할 경우, 피처를 단순히 한국식 기획기사로 번역하는 것에는 무리가 따른다. 사실에 기초한 정보를 전달하는 한국형 기획기사를 광고나 만평 등에 일치시킬 수는 없기 때문이다. 또 미담 기사나 단순 프로필 기사 등을 통해 흥미로운 사실 위주로 정보를 부각하는 멘처의 순수 피처도 한국식 기획기사와 등치 관계로 놓기는 어렵다. 단지 순수 피처는 기획기사를 구성하는 하나의 요소가 될 뿐이다. 결국 약간 복잡하기는 해도 멘처의 '뉴스 피처'가 한국식 기획기사와 근접한 형태를 보이고 있다고 정리할 수 있겠다. 부연할 수 있는 것은, 비록 한국형 기획기사가 현재는 대부분 주 기사와 보조 기사를 구분하는 형태를 유지하고는 있지만, 하나의 기사에 전체 정보를 전달하는 멘처의 '뉴스 피처'식 보도가 한국 신문에서도 최근 자주 등장하고 있다는 사실이다. 특히 최근 언론사 입사 전형에서 출제되는 스케치

기사는 이와 같은 형태를 요구하기도 한다.

2. 피처의 보도 기법

최근 국내에도 한국형 기획기사에 대한 몇몇 저술이 등장했다. 이 중 남재일과 박재영은 내용 분석을 통해 앞에 소개된 미국식 피처 기사를 한국의 기획기사와 비교분석하는 결과를 내놓았다(『한국 기획기사와 미국 피처스토리 비교분석』, 2007). 이들은 책 서두에 기사 형태의 차이 때문에 비교 결과에 대한 일괄적 해석은 무리가 있을 것이라고 그 한계를 그었다. 그러면서 그 한계의 근거로 제시한 차이점은 기획기사와 피처 기사의 개념적 불일치성에서 출발한다고 설명했다. 이 과정에서 한국형 기획기사는 사회 병리 폭로, 구조적 문제 제기, 정책 분석 평가 등을 전달하는 모습을 아우르지만, 한 마디로 꼬집어 설명하기는 어려운 기사 개념이라고 소개했다. 또 미국의 피처 기사는 이러한 한국형 기획기사와 다양한 읽을거리를 제공하는 화제 기사의 중간 단계로 표현했다. 사실 기획기사와 피처 기사를 연계해서 설명한 기존의 저서는 거의 없었다. 그 때문에 다른 나라 기사와의 비교를 통해 한국 기사의 본질에 대한 고민과 이를 기초로 한 기사 발전을 제기한 이들의 고찰은 무척 고무적이다. 하지만 결국 기획기사와 피처 기사에 대한 정의가 불명확한 상태에서 비교가 이뤄지면서, 남재일과 박재영이 정리한 것처럼 비교 결과의 함의에 일정 정도 한계가 나타날 수 있다. 그렇더라도 이들의 저술은 바람직한 보도를 지향한다는 점에서 큰 의의를 지닌 것으로 해석된다. 비록 남재일과 박재영의 책에서 두 기사의 개념 정의가 뚜렷하게 내려지지는 않았지만, 이들 사이의 유사점이 발견된다는 것은 확실하게 지적되었다. 그 나름대로 이들 기사에 대한 정의를 내리고, 그 차이점도 일부 지적한 이 책에서도 이들 두 기사가 적어도 '사회 현상에 대한 궁극적 설명'이라는 유사한 목적을 공유한다는 점을 확인했다. 이런 공통분모는 유사한 부분 이외에 차이점이 있을 수 있다는 점을 인정하는 기준이 되고, 결국 두 기사 형태가 지닌 다른 성격을 파악해 궁극적으로 한국 기획기사의 종합적인 발전 방향을 제시하는 출발점이 될 수 있다. 이런 의미에서, 남재일과 박재영이 찾아낸 한국 기획기사(전체 사회 구조를 바라보는 시각을 이미 고정하고 여러 현상을 하나의 발생적 개념으로 치환하며 '현상을 사건화'하는 구도)와 미국 피처 기사(개별 사건들을 세부적으로 추적해 이를 이데올로기나 사회 구조의 문제로 발전시켜 '사건을 현상화'하는 구도) 사이의 접근법 차이는 이후 세밀한 취재 및 보도 기법의 발전을 추구하는 기폭제가 될 수 있을 것이다.

이와 비슷한 연계선상에서, 여기서는 또 다른 설명을 위해 미국식 피처 기사의 '보도 방식'을 주로 소개하겠다. 그 목적의 유사성 때문에 큰 차이가 나타나지는 않을지라도, 접근 방법의 구분 때문에 이곳에 소개되는 내용은 앞선 부분에서 설명한 한국형 기획기사의 보도 방법과 어느 정도 대비가 가능할 것이다. 취재 방법 면에서는 피처 기사와 기획기사의 차이가 크지 않다고 보기 때문에, 피처 기사의 취재 영역을 별도로 분리해 소개하지는 않고, 앞서 설명한 기획기사의 취재 방법으로 피처 기사의 취재 방법에 대한 정리를 가름한다. 사실, 피처 기사는 취재보다 보도의 방식에서 다른 기사들과 구별되는 점이 크기에, 보도에 대한 설명이 더 필요하다는 판단이다. 특히, 읽히는 기사를 위해 다양한 정보 전달 기법을 오래 연구하고 시도해온 서구식 피처 보도 형태, 또 한국도 많이 닮아가는 그 형식을 살펴보면서, 한국 기획기사의 발전적 보도 방향에 대한 부연 설명을 하고자 한다.

1) 캐럴 리치의 피처 기사 보도 기법

16년간 현장의 신문 기자 활동을 거친 뒤 여러 대학에서 저널리즘을 가르쳐온 캐럴 리치(Carole Rich) 미국 뉴욕 주 호프스트라 대학교 교수는 피처를 '이야기 전달'을 축으로 하는 기사라고 설명한다. '스토리텔링(storytelling)'이라고 불리는 이 기사 작성법은, 가장 중요한 정보를 먼저 세우고 중요도의 순서에 따라 그다음 정보를 이어가는 전통적인 역삼각형 구도와 다르다. 마치 소설처럼, 때로는 독자의 호기심을 유발하고, 문장 간의 긴장감을 유지하면서 정보를 전달하는 기법이다. 하지만 기본적으로 이 모든 정보는 사실적(事實的, factual) 요소로 이뤄진다. 원래 이 기법은 픽션 또는 논픽션에서 사용되는 극적 도구인 '내러티브 작법(narrative writing)'을 근간으로 한다. 소설이나 희곡에서 많이 쓰이는 작법이 피처 기사에도 활용되는 것이다. 다만, 상상력을 기초로 한 소설이나 희곡과는 달리 피처 기사는 사실에 대한 철저한 취재를 바탕으로 글을 써나간다. 이를 위해서는 자세한 사실 묘사와 취재원의 생생한 증언 등이 필수적이다. 피처 뉴스의 내러티브 작법은 이와 같은 재료들을 극적 긴장감으로 연결해 표현한다. 앞서 기사를 세 가지 유형으로 구분한 멘처는 글 안 등장인물의 '행위'와 '증언'이 스스로 이야기를 전개하게 하는 것이 피처의 보도기법이라고 했다. 그리고 피처 기사는 도입부, 본문, 마무리 등 3개의 기본 단계로 이뤄진다고 설명했다. 이 중 도입부는 기사의 핵심 정보가 제일 먼저 개념화되어 소개되는 전통적인 역삼각형 보도기법과 달리, 사례, 사고, 또는 일화 등을 전달하며 기사 전체의 내용을 묘사하는 내용을 먼저 전개하는 예가 많다. 즉, '지연된 리드(delayed lead)'를 사용한다는 것이다. 본문에서는 추가적인 사례와 인용, 사고, 배경이 뉴스의 주제와 연결되어 소개되고, 마무리는 이들을 한꺼번에 묶어 절정으로 폭발시키며 틀어막는 식으로 문장을 전개한다. 일견하면 한국의 변형된 역삼각형 구도와 많이 닮았다. 하지만 멘처가 말하는 피처는 한국의 역삼각형 종류의 기사에 비해 아메바와 같은 무정형에 가깝다. 그러면서도 이 안에 정보가 있고 뉴스가 있다. 뉴스 전달이라는 면에서는 차이가 없고, 단지 그를 표현하는 기법이 다를 뿐이다. 피처 보도에 대한 멘처의 이 정리를 리치는 자신의 경험과 현장 기자들의 조언을 중심으로 조금 더 세분화해 다음과 같이 소개하고 있다.

① 주제를 명확히 하라

리치가 소개하는 '주제'는 보편적인 의미를 담고 있다. 일반적으로 한국 또는 일본 신문에서 '야마'라고 불리는 특정 기사의 핵심 또는 포인트보다 광범위하다. 여기서 주제는 기사의 의미를 살리는 개념으로, 죽음, 삶, 공포, 기쁨 등 일반인들이 자신을 연관시킬 수 있는 관점을 의미한다. 즉, 모든 사람이 공통으로 연관성을 느끼는 문제로, 일상생활에서 누구도 무시할 수 없는 내용이 주제가 된다. 기사가 즐거움을 주는 내용인지, 아니면 고통이나 슬픔을 주는 내용인지 정확히 방향을 제시해야 한다는 뜻이다.

이 과정에서 추가될 수 있는 것은 기사의 '톤(tone)'이다. 여기서 톤은 정치적 논조를 뜻하지 않는다. 이는 즐거움이나 슬픔, 미스터리, 흥분 등의 감성적 요소를 사용해 기사 내용의 전체 이미지를 조명하는 도구가 된다. 기사가 객관적이어야 한다는 내용과 일면 상치되게 보이기도 하지만, 보통 사람들이 공통으로 느끼는 부분을 자극함으로써 기사의 주제를 선명하게 드러내는 기능을 한다. 즉, 기사가 전달하고자 하는 내용을 강조해, 보편적인 가치를 더욱 고양하는 결과를 낼 수 있다. 그리고 이런 감성적 요소를 추가하더라도, 억지스러운 관형어를 사용해 강제로 기사의 주제를 드러내는 것이 아니라 취재된 사실을 그대로 보여주면서 주제가 스스로 드러나게 해야 한다. 이에 대해서는 묘사를 설명하는 과정에서 부연하겠다.

② 복선을 준비하라

기사 본문에 나올 내용을 도입부에 살짝 소개하라는 뜻이다. 이는 호기심을 자극함으로써 기사를 읽게 할 뿐 아니라 기승전결의 구도를 전개하기도 좋다. 이와 같은 기법은 멘처가 말하는 '지연된 리드'와 연동한다. 멘처는 도입부에 사례, 사고, 또는 일화 등을 사용해 기사 전체의 내용을 언급할 것을 권유했다. 이 언급은 하나의 힌트를 뜻하기도 한다. 사실 도입부에 소개되는 사례들은 이후 본문에 사용되는 사례들에 비해 특별한 내용을 담는다. 즉, 한 부분이면서도 전체를 소개하는 성격이 있어야 한다는 것이다. 전체 글의 앞부분이라는 리드는, 앞으로 독자가 읽을 내용이 무엇인지를 정확하게 알려주거나 암시하는 성격을 지닌다. 미국식 피처 기사의 리드는 글의 핵심을 확정적으로 전달하지 않고 암시하는 기능을 하는 경우가 많다. 이런 리드를 사용할 때, 나중에 나올 내용과 연계되는 단어를 사용하면 글을 읽어나가는 독자들은 단어와 단어, 문장과 문장, 단락과 단락 사이의 긴장감을 느끼게 된다. 결국, 기사를 다 읽고 나서 긴 여운이 남게 되는 것이다.

사실, 암시하든 확정적으로 알려주든, 리드는 독자로 하여금 앞으로 해당 기사를 더 읽을지 말지 여부를 결정하게 하는 구실을 한다. 그만큼 중요한 기능을 하는 것이다. 피처 기사에서 리드가 복선을 담고 있다면 이는 기사에 대한 집중도를 높이게 되고, 기사 본문에서 복선에 연결되는 사례들이 나타나면, 독자는 글을 즐겁게 읽는 경험을 하게 된다.

③ 묘사를 세밀하게 하라

기사에서 묘사(description)는 치장(decoration)을 위해 쓰는 것이 아니다.

기자의 지식을 뽐내려고 사용해서는 더더욱 안 된다. 어느 정도의 묘사가 적절한지 불명확하다면, 기사에 나타난 표현을 통해 독자가 스스로 자신의 머릿속에 있는 관련 정보를 끌어낼 수 있을 정도를 생각해보라고 리치는 권한다. 즉, 부족한 묘사로 전달 정보의 의미를 상실하지 않도록 해야 하며, 과다한 묘사로 기자의 가치를 억지로 부여하거나 글의 흐름을 끊는 실수를 하지 말라는 뜻이다. 이를 달리 표현하면, 묘사는 기사가 전하려는 내용을 정확하게 보조할 수 있을 때만 사용되어야 한다는 것이다.

구체적인 방법의 하나로 필요한 관형어만 사용하는 것이 있다. 예를 들어, '예쁘고 아름다운 여성'이라는 표현에서 '예쁘고 아름다운'은 중첩된 묘사다. 여성의 미모를 강조하기 위한 표현이라도 구차하게 느껴질 수 있다. 결국 필요 없는 묘사를 제거하는 것이 중요하다. 필요성은 앞에서처럼 중첩되었는지 여부로도 판단될 수 있지만, 더 중요한 판단 기준은 그 묘사가 과연 기사의 핵심을 지향하는지 여부다. 예를 들어, 어떤 사람의 외모가 기사와 상관없는데도 그 외모를 지나치게 묘사하면 독자가 기사의 핵심 내용을 따라가기 어렵다. 1년간의 주식 시장을 평가하는 기사에서 특정 주가의 등락 폭을 설명하는 전문가의 외모를 묘사한다면, 이는 기사의 초점을 흐리는 결과만 낳는다. 하지만 그의 외모가 기사의 핵심과 연결되는 경우라면, 그에 대한 묘사는 필수적이다.

"오른쪽 어깨를 일곱 번이나 기운 양복. ㅇㅇ일 공항에 나타난 박ㅇㅇ교수(51 · ㅇㅇ대 ㅇㅇ과)의 외투에서 히말라야 동굴 속 홀로 보낸 지난 6년의 세월이 느껴졌다. 바늘땀들은 ㅇㅇ 분야 최초로 현지 생활을 직접 연구해 국제ㅇㅇ학회에 발표한 ㅇㅇ논문의 밑거름이었다."

앞의 예에 나타난 외모는 기사의 핵심을 지향하는 구도를 가진다. 시간이나 공간 등의 상황 설정도 마찬가지다. 이처럼 묘사나 상황 설정은 모두 기사의 주제나 핵심과 관련되어 있을 때 사용해야 한다는 뜻이다.

사실, 기사에서는 되도록 관형어의 사용을 피하는 것이 좋다. 리치는 그 이유로, 관형어의 속성을 들었다. 관형어 자체가 표현하는 사람의 주관을 반영하기 때문이다. 피처 기사를 포함한 모든 종류의 기사가 사실적 관계를 불편부당하게 전달하는 것을 목적으로 하는데, 관형어가 많이 사용되면 정보의 보편성을 상실하기 쉽다는 것이 리치의 지적이다. 그렇기에 묘사를 할 때, 관련된 상황 설명은 관형어보다는 주어와 술어로 또는 명사와 동사로 전달하는 것을 권유한다. 하지만 여기서도 기자의 주관적인 묘사에서 그치면 안 된다. 이는 '말하지 말고 보이라(Do not tell but show)'는 기사의 일반적 묘사 기법과도 일치한다. '시청 앞 분수가 아름답다'는 것을 기사로 쓸 때, 기자가 그냥 "아름다웠다"라고 '말하면(tell)', 일반 독자가 보기에도 그렇게 아름다울지 어떨지 알 수 없다. 독자가 마치 현장에서 해당 장면을 느끼는 것처럼, '보여주는(show)' 기사를 써야 한다는 것이다. 구체적인 사례를 들면 다음과 같다.

"7가지 색깔의 형광 색종이가 가로세로 5cm의 크기의 나비 모양으로 잘라져 지름 60cm, 높이 5m의 비닐 원기둥 8개에 달라붙었다. 플라자 호텔과 서울시청 사이 한가운데 약 5m 간격으로 늘어선 이 원기둥을 바닥에 붙은 조명 장치(지름 2m)가 비췄다. 그 사이로 얕게는 3m, 높게는 5m까지 분수가 오르내렸다. 가족과 함께 서울시 ○○축제 현장을 찾은 시민 이○○(43 · 회사원)씨는 '마치 살아 있는 나비가 물기둥을 뚫고 날아오르는 것 같다'고 말했다."

이런 표현 기법을 쓰면 아름답다는 기자의 평가가 구체적인 사실을 통해 전달되면서 독자가 스스로 아름다운 광경을 머릿속에서 끌어내게 된다.

리치는 술어 또는 동사를 사용할 때 능동형을 쓸 것을 권유한다. 사실 이 제안은 영어 표현에 해당하는 내용이다. 수동형을 쓸 때 동사의 활동성이 줄어들기 때문이다. '누가 무엇을 했다(Who did what)'가 '무엇이 누구에 의해 행해졌다(What was done by whom)'보다 더 상황을 역동적으로 표현하게 된다고 보는 것이다. 하지만 이 제안은 한국에서도 적용할 수 있다. 다만 조금 다른 차원에서 해석해야 한다. 한국 기사에서 '드러났다', '밝혀졌다', '알려졌다' 등의 수동형 술어는 누가 이를 알렸는지에 대한 내용이 적시되지 않는다. 즉, 주어가 생략되는 경우가 많은 한국어의 특성상 취재원의 신원이 불명확해지는 것이다. 이렇게 되면 정보의 신뢰도가 떨어진다. 그렇기 때문에 능동형 술어를 쓰는 것이 기사 전체의 질을 위해서 중요하게 여겨진다. 하지만 이는 활동성 때문에 능동형 술어를 쓰는 것을 권하는 미국식 기사와는 다른 맥락이다. 특히 한국 기사에서 능동형 술어 사용은 취재원 적시라는 언론 윤리적 측면과 연동하는 것이 특징이다. 비록 한국과 미국 기사에서의 능동형 동사를 사용해야 하는 까닭에 차이가 있기는 하지만, 양쪽 모두 기사의 수준을 높이는 차원에서 고려해볼 만한 내용이다.

또 다른 묘사의 방법은 비유를 활용하는 것이다. 이때도 마찬가지로 사실적 표현을 해야 한다. '뚱뚱하다'라는 표현은 너무 막연하다. 또 '코끼리만 하다'는 표현도 지나친 과장이다. 정확한 표현 중 하나는 '키 ㅇㅇcm에 몸무게 ㅇㅇkg'이라는 설명을 하는 것이다. 하지만 이런 표현은 가끔 너무 딱딱하게 느껴질 수 있다. 이때 전체적인 글의 흐름을 살리기 위해 비유를 사용할 수 있다. 예를 들어, '700리터급 가정용 대형 냉장고 크기'라는 표현을 보자. 독자는 해당 표현을 보고, 자신의 집이나 사무실에 있는 냉장고를 상상하거나 확인할 것이다. 이를 확인한 사람에게는 기사의 사실성이 그대로 전해진다. 이때 중요한 것은 일반적으로 사람들이 알고 있을 만한 평범한 내용을 비유로 사용하는 것이다.

리치는 이 밖에도 기사에서 성적 편견이나 인종주의적 표현은 절대 피하라고 권한다. 이는 모든 종류의 편견에서 벗어나라는 뜻을 함축적으로 정리한 말이다. 정보의 대상을 부각하기 위해 사용하는 표현이 자칫 그 대상과 무관한 사람에게 상처로 다가갈 수 있다. 비록 성적 평등에 대한 견해가 점차 늘어가고 있어서 이에 대한 경계심이 전에 비해 높아졌다고 평가할 수도 있겠지만, 아직도 남성 위주의 문화가 완전히 가시지 않은 상황에서 무심결에 적은 묘사는 역풍을 불러온다. 이는 인종주의적 편견으로 느껴질 수 있는 표현에 대해서도 마찬가지로 적용된다. 특히 오랫동안 단일민족주의를 주장하다가 여러 민족이 한데 어울려 사는 다문화주의를 지향하는 2000년대 한국에서도 필요한 경계 요소다.

2) 윌리엄 블런델의 피처 기사 보도 기법

≪월 스트리트 저널≫은 미국 경제지의 대표 주자다. 미국 금융자본의 심장부인 뉴욕 맨해튼 월 스트리트를 중심으로 하는 신문답게, 미국식 자본주의를 적극적으로 옹호한다. 이 때문에 미국의 대표적인 보수 신문으로 불리기도 한다. 하지만 이 밖에 또 다른 특징은 이 신문이 피처 기사의 전형을 소개하는 매체로 인정받는다는 점이다. 과거에 지면을 일괄적인 칼럼으로 나눠 딱딱한 편집 형태를 보이면서 경제 뉴스 이외에는 읽을거리가 없을 것이라는 편견이 생겼고, 이를 극복하는 과정에서 피처 형태의 기사를 발굴해 전달하는 경향이 생겨났다는 분석도 나온다. 어쨌든 이 신문에서도 대표적인 피처 기사 작성자로 꼽히는 사람 중 한 명이 윌리엄 블런델(William Blundell)

이다. 앞서 소개한 리치가 저서에서 여러 차례 거론하기도 한 블런델은 피처 기사의 작법을 단계별로 그리고 내용별로 분류해 설명한다.

① 독자를 피처 기사 내용으로 끌어들이는 방법

1단계는 '가렵게 하기(teasing)'다. 직접적으로 건드리지 않고 에둘러 표현하면서 기사가 전달하려는 내용이 무엇인지 궁금하게 만든다. 기사의 도입부인 리드에 사용되는 것으로, 앞서 리치가 제시한 복선, 멘처의 지연된 리드와 같은 맥락이다. 역삼각형 글쓰기가 자주 사용되는 스트레이트 기사에서는 이와 같은 기법을 확인하기 어렵다. 스트레이트 기사의 리드에는 기사의 핵심 내용이 무엇인지를 보여주는 정보가 직접적으로 들어가기 때문이다. 하지만 블런델이 소개하는 피처의 리드에는 궁금증을 유발하는 내용이 들어간다. 이때 포함되어야 할 것이 전달하고자 하는 큰 주제다. 즉, 큰 주제를 담으면서 독자들의 호기심을 건드리는 것이 1단계다. 하지만 1단계의 기법을 기사 본문에서 지속적으로 사용하면 문제가 생긴다. 정확한 정보가 전달되지 않기 때문이다.

결국 2단계는 '기사의 핵심 내용을 알리기(telling what the story is about)'가 된다. 리드 다음 본문의 앞 대목에 해당하는 부분으로, 여기서는 리드에서 유발된 호기심이 무엇인지 적시하는 경우가 많다. 대부분 이 부분에 기사의 핵심 내용이 나온다. 한국 기사에서 '야마'로 불리는 것이다. 앞서도 설명했지만, 야마는 주제와 차이가 있다. 주제는 삶, 죽음 등 보통 사람들이 공유하는 일반적 문제라는 큰 틀이고, 야마는 이를 보여주기 위해 기사가 집중하는 특정 토픽 또는 이슈다. 핵심 이슈가 전달되면 왜 이 내용이 현재 이 시점에 논의될 가치가 있는지, 즉 이것이 왜 기삿거리가 되는지를 보여줘야 한다.

'증명(proving)'이라는 3단계가 바로 그런 역할을 한다. 여기서는 주제와 핵심 내용을 각종 증거를 통해 연결하며, 전달 내용이 기사로서의 가치가 있다는 점을 확실히 만든다. 이때 사용되는 증거는 취재된 현상, 문건, 인터뷰 등을 통해 얻은 사실적 정보다.

마지막 4단계는 '기억하게 만들기(remembering)'다. 이 부분도 역시 역삼각형 글쓰기와 구별이 된다. 2단계와 3단계는 스트레이트 기사에서도 많이 활용된다. 하지만 전체 정보를 마무리하면서 기사 내용을 다시 한 번 확인하게 하고, 전반적인 정보를 독자들의 기억 속에 남기는 4단계는 피처 기사의 특징이다. 이 부분에 사실적 내용을 담은 취재원의 코멘트가 사용되기도 하지만 현상을 스케치하는 형태도 사용된다. 즉, 다양한 시도를 통해 극적인 결말을 맺는다는 뜻이다.

사실, 피처 기사도 일단 핵심 이슈가 소개되면, 스트레이트 기사와 같이 그다음부터는 해당 이슈를 설명하는 내용이 정보의 중요도 순서에 따라 배치되는 것이 일반적이다. 하지만 여기서 정보의 중요도는 스트레이트처럼 인식적 수준에 따라서만 결정되지 않고, 감성적 무게도 고려된다. 또 스트레이트 기사가 맨 마지막 문장에 가장 덜 중요한 정보를 싣는 것과는 달리, 피처 기사는 마지막 부분에서 앞서 거론한 이성적 · 감성적 정보를 종합해서 전달한다. 그렇기 때문에 스트레이트 기사는 뒷부분을 그냥 잘라버려도 정보가 잘 전달되지만, 피처 기사는 기사 길이가 길어 조정이 필요하더라도 맨 뒷부분을 잘라내지 않는다. 차라리 앞선 증명 단계에 나온 내용 중 덜 중요한 요소를 제거하고, 4단계 마무리 부분은 살리는 게 일반적이다. 바로 이 마무리 단계에서 피처의 특성이 다시 한 번 확인된다고 블런델은 주장한다.

② 피처에 들어가는 내용

블런델은 이와 같은 4단계에 8개의 요소가 스며들어 간다고 설명한다. 주제(focus), 기사의 포인트(lead and nut graph), 사안의 역사(history), 사안의 범위(scope), 사안의 이유(reasoning), 영향력(impact), 사안에 대한 찬성과 반대(moves and countermoves), 미래(future)가 그 요소들이다. 주제는 기사를 관통하는 큰 흐름이다. 앞에 설명한 것처럼 삶, 죽음, 기쁨, 슬픔, 희망, 절망 등 사람들이 살아가면서 보편적으로 부대끼는 문제를 다룬다. 사람들의 호기심을 자극하는 문장이나 단락으로 기사 앞부분에 나타날 수 있지만, 기본적으로 그 내용은 기사 전반에 녹아 있다. 기사의 포인트는 말 그대로 핵심이다. 주제를 보여줄 수 있는 특정 사안을 뜻한다. 주제를 보여주기 때문에, 기사의 도입부인 리드에도 사용되고, 멘처가 말한 대로 기사 도입부 한두 단락 뒤에 지연된 리드 형태로 소개되기도 한다. 사안의 역사는 기사가 다루는 내용 또는 문제가 지금까지 어떻게 전개되었는지를 보여주는 것이다. 시간적인 내용을 다루는 것으로 종적 분석이라고 할 수 있다. 사안의 범위는 이에 비해 횡적 분석이다. 지금 이 시점에 해당 문제가 어디까지 확산했는지를 보여준다. 사안의 이유는 왜 이 내용이 지금 이 시점에 문제가 되었는지를 보여주는 것으로, 결국 뉴스 가치가 되는 배경을 설명하는 것을 뜻한다. 그리고 영향력은 해당 문제로 누가 어떻게 영향을 받는지에 대한 분석이다. 만약 어떤 사안이 있는데 별로 영향을 받는 사람이 없고, 그 정도도 미약하다면 기사로 독자들에게 소개될 가치가 없을 것이다. 기사 안에서 이 내용을 반드시 설명해야 한다고 블런델은 주장한다. 대체로 기사가 되는 내용은 마찰과 갈등이 있는 경우가 많다. 이때 누가 해당 사안에 대해 찬성하고, 누가 반대하는지를 보여주는 것이 사안에 대한 찬성과 반대 요소다. 또한 그 이유도 함께 소개된다. 마지막으로 앞서 소개된 내용 때문에 해당 사안이 앞으로 어떻게 전개되고 확산될 수 있는지, 그 전망을 보여주는 것이 미래라는 요소다.

블런델은 이 8개의 요소를 기사에 배치할 때 반드시 소개된 순서를 따를 필요는 없다고 한다. 하지만 일반적으로 이 8개 요소가 소개된 순서에 따라 전개되곤 한다. 그러나 만약 순서의 도치를 통해 기사 정보를 더 정확하게 전달할 수 있다면, 순서와 형식은 언제든 변화할 수 있다. 피처 기사는 역삼각형 글쓰기에 비해 정형성의 틀이 훨씬 자유롭기 때문이다. 블런델은 이와 관련해, 기자가 단순히 사실의 전달자가 되는 것만이 아니라 이야기를 전달하는 '이야기꾼'이 되어야 한다고 말한다. 이와 같은 책임감을 확보하지 못하면 기사는 읽히지 않을 것이라고 그는 경고했다. 바로 이것이 피처 기사에서 내러티브 글쓰기를 활용하는 이유다.

한국의 기획기사에도 미국식 피처 기법이 도입되어 있다. 특히 기사의 리드 부분에 호기심을 자극하는 스케치 정보를 전달하고, 그다음에 기사의 핵심 내용을 적고, 이후 추가 정보를 전개하는 기획기사 작성 방식은 블런델의 피처 기사 작성 방법과 많이 닮았다. 멘처가 설명한 지연된 리드는 한국형 기획기사의 변형된 역삼각형 형태를 이끄는 도구가 되기도 한다. 변형된 역삼각형은 가장 중요한 정보를 기사 리드에 적는 역삼각형 형태를 살짝 바꿔, 리드에 스케치 등을 넣고, 그다음에 가장 중요한 정보를 핵심 이슈로 정리해 전달한 뒤, 이어지는 정보를 중요도의 순서에 따라 전개하는 방식이다. 하지만 기사의 작성법이 기술의 발달과 더불어, 또는 사회 변화에 따라 달라져 왔듯, 앞으로 기획기사나 피처 기사 작성법도 변화할 가능성이 있다. 블런델의 피처 기사 작성법과 피처에 대한 개념 등은 1980년대와 1990년대에 정리된 내용이다. 인터넷의 발달로 하이퍼텍스트(hypertext)와 동영상을 연계한 '비선형 글쓰기(non-linear writing)'를 중심으로 한 웹 기사 작성법이 주목을 받는 등, 2000년대에 들어서면서 또 다른 변화가 시도된다. 또 200자 원고지로 환산했을 때 약 20매씩 쓰는 서구식 피처에 비해 6매에서 8매, 또는 아무리 길어야 10매 내외로 작성되는 한국의 기획기사는 지면 구성이나 가독성 등의 이유로 한국적인 틀을 유지하면서, 서구식 피처와 똑같은 방식을 구사하지는 않는다. 하지만 공간에 따라 기사를 전달하는 방식이 차이를 보이고 시간에 따라 그 방법이 변화를 거듭하면서도, 기사를 통해 정보를 전달한다는 의미는 변하지 않는다. 그 때문에, 기사 작성법이 약간씩 틀을 바꿔 가더라도 급격하게 변하지는 않는 것으로 보인다. 앞에 소개한 리치의 피처 기사 작성법도 멘처나 블런델의 개념과 정의를 활용해 2000년대에 소개된 것이다. 앞으로도 기획기사 글쓰기는 조금씩 진화해나갈 것이다.

참고문헌

남재일 · 박재영. 2007. 『한국 기획기사와 미국 피처스토리 비교분석』. 서울: 한국언론재단.

이건호 · 정완규. 2009. 「취재 영역 및 보도 형태별 뉴스 심층성 연구: 한 · 미 신문 1면 기사에 나타난 튜명 취재원, 복합 관점, 이해 당사자 비교를 중심으로」. ≪사회과학연구논총≫, 21, 5~47쪽.

임영호. 2005. 『신문원론』. 서울: 한나래.

Blundell, W. 1988. *The Art and Craft of Feature Writing: Based on The Wall Street Journal Guide*. New York: Penguin Books.

Mencher, M. 1991. *News Reporting and Writing*, 5th ed. Dubuque, IA.: Wm. C. Brown Publishers.

Rich, C. 2003. *Writing and Reporting News: A Coaching Method*, 4th ed. Australia: Thomson Wadsworth.

이 책의 핵심이라고 할 수 있는 실전 기사 첨삭이 제3부에서 소개된다. 필자가 언론사 입사 준비생들을 대상으로 교육한 내용이다. 준비생들이 작성한 11개의 기사 원문, 해당 원문들에 대한 필자의 평가 및 첨삭 내용, 그리고 이들 지적을 바탕으로 한 수정 기사의 순으로 정리했다. 앞서 언급한 기획기사의 정의 및 정체성을 고민하고, 개별 기사에 적용된 피드백 내용을 읽으면서, 독자들이 언론 글쓰기 작법을 발전시키기를 기대한다.

제3부_ 기획기사 실전 첨삭

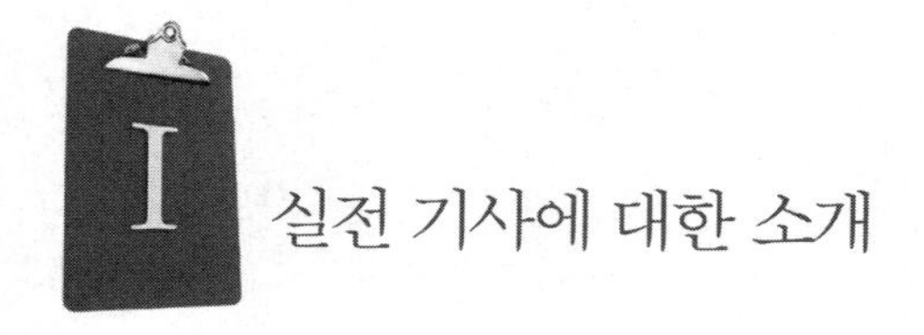

I 실전 기사에 대한 소개

여기에 소개되는 글들은 필자가 2006년부터 2009년까지 4년간 한국언론재단(현 한국언론진흥재단) 예비 언론인 과정 수강생들을 지도하면서 정리한 내용이다. 4기부터 7기까지 한국언론재단에서 매년 약 30명의 언론사 입사 준비생들을 가르쳤으니, 그동안 120명가량이 필자의 수업을 들었다. 이들 중 2006년 수강한 4기생들은 약 90%가 현재 중앙 및 지역 신문사와 방송사 등에 입사해 현장 언론인으로 활동 중이고, 그 이후 기수들은 시간적 차이 때문에 아직 4기 수준에는 못 미치지만 도전을 계속하며 꾸준히 언론사 입사 소식을 전해오고 있다. 5~7기의 제자들도 4기 또는 그들의 선배들 못지않은 활약을 할 것이라 기대한다. 이번 책을 통해 공개되는 글은 이들이 수업 과정에서 필자에게 제출하고 첨삭을 받은 것들이다. 즉, 현재 언론인이 되어 있거나 또는 될 가능성이 큰 사람들이 현장에 들어가기 전 작성한 기사 형식의 글들을 중심으로 이뤄졌다는 뜻이다. 그동안 한국언론재단 등에서 인터뷰 기사, 논술, 기획기사 작성 등을 강의했지만, 이번 책에서는 특히 한국언론재단 예비 언론인들에게 강의한 기획기사 수업 과정에만 집중해 해당 내용을 소개하기로 한다.

약 10대 1의 경쟁률을 뚫고 예비 언론인 과정에 들어온 이들은 대부분 이미 일정 기간 언론사 입사 준비를 해온 사람들로, 처음 관련 공부를 시작하는 사람들에 비해 어느 정도 경쟁력을 더 갖췄다고 볼 수 있다. 하지만 이들이 수업 과정에 작성해 제출한 글은 매일 전쟁같이 치열한 취재 경쟁 속에서

몸으로 부닥치며 기사 작성법을 익혀가는 기자들의 글에 비해 부족한 구석이 많다. 일단 취재 과정을 보면, 아직 학생 수준의 시각으로 사회 현상을 단순화해 바라본다는 한계가 느껴진다. 자기 주변 이외에 더 넓은 세상이 존재한다는 것을 쉽게 망각한다는 것이다. 즉, 사안을 자신의 경험에만 비춰 자기중심적으로 해석하면서, 그 이외의 시간과 공간까지 아우르는 시야를 확보하지 못했기에, 자신과 다른 경험을 가진 일반 수용자들이 공감할 만한 내용을 글에 담아내기 어려웠던 경우들이 있다. 또 보도의 시각 면에서도 기사 형식의 글에 대한 고민이 많지 않은 점이 뚜렷하게 나타나기도 한다. 기사가 전달하려는 핵심 정보를 전체 글의 흐름 중 어디에 위치시켜야 할지를 잘 이해하지 못하는 사례들이 눈에 띈다. 그리고 기사 형식의 글에 걸맞지 않게 문장이 너무 길거나 주어와 술어가 정확하게 연동하지 않는 경우도 있었다. 또 현장을 자세히 묘사해야 하는 부분에서도 글쓴이의 주관이 개입된 관형어 한두 마디로 정리하고 말아, 궁금증만 유발하고 설명이 없는 정보도 많았다. 언론사 입사 공부 초기 단계의 준비생들에 비해 오래 공부를 했기 때문에 경쟁력이 더 있다고 여겨지는 한국언론재단 예비 언론인 과정 학생들이라고 하더라도, 그들이 작성한 이런 글은 언론사 입사 전형에서 좋은 점수를 받기 어렵다.

언론사는 학사 학위를 받은 지 얼마 안 된 대학 졸업 이상의 준비생 또는 대학 졸업반을 대상으로 입사 전형을 치른다. 하지만 언론 현장의 기자들은 그 또래의 일반적이고 평범한 사람들을 자신들의 후배 또는 미래의 동료로 선택하고 싶어 하지 않는다. 젊음의 패기와 진취성 등은 다른 직장에서도 필요한 덕목이다. 그러나 언론인이 되려면 그 이상이 필요하다. 건전한 상식에 기초한 통찰력, 평균적인 인재들보다 더 멀리 미래를 내다보는 안목, 주변의 이슈들을 점검해 일반 수용자들이 필요하다고 느끼는 정보를 선별하고, 이를 효과적으로 전달하는 능력 등이 요구된다. 즉, 언론사는 대학생 또는 그 또래 평균적인 수준의 사람을 뽑는 것이 아니라 언론인이 될 자질을 가진 프로를 선택하려 한다. 진정한 프로는 현장에서 여러 경험을 거쳐 발전한 모습으로 거듭나겠지만, 애초에 그런 자질이 있는가를 판단하는 것이 언론사 전형이다.

필자는 이와 같은 내용을 이해시키는 강의를 통해 한국언론재단 예비 언론인 과정 수강생들의 기자 자질을 배양할 수 있도록 독려했다. 강의에서는 앞서 설명한 취재와 보도의 일반적 성격, 기획기사의 정의, 탐사보도의 유형, 컴퓨터 활용 취재보도의 방법, 한국식 기획기사에 대입할 수 있는 피처 기사 작성법 등을 설명했다. 그리고 강의와 연결된 실전 기사 작성 및 첨삭을 통해 실질적인 도움을 주고자 노력했다. 실제 기획기사 작성을 위한 교육은 두 가지 방식으로 진행되었다. 하나는 스스로 기획기사의 아이디어를 발굴해 이를 보도하는 방식이고, 다른 하나는 일방적으로 갑자기 주어진 제시어를 중심으로 기사를 작성하는 것이었다. 전자는 약 30명의 학생을 4~5개 조로 나눠, 최근 일어난 사건, 사고, 이벤트 등을 대상으로, '기획'이라는 이름으로 묶일 수 있는, 즉 경향성을 가진 사회 현상으로 대두할 수 있는 이슈를 발굴하는 능력을 키우는 작업이었다. 학생들은 개별적으로 기존 뉴스에 보도된 사안, 또는 인터넷 등에서 거론되는 주요 정보를 일주일 동안 추적해 이슈가 될 만한 주제를 선정하고, 회의를 통해 조별로 기사화할 내용을 결정했다. 확정된 주제는 각 조에 따라 달랐으며, 이들은 해당 주제를 심층 취재해 그 내용을 기사 형식으로 만들어 필자에게 제출했다. '기획회의'라는 방식을 통해 아이디어를 잡아 취재하는 언론 현장 기자들의 방법을 활용한 것이다. 후자, 즉 일방적으로 제시된 주제어로 기사를 작성하는 방식은 최근 언론사 입사 전형을 유사하게 적용해본 것이다. 다시 말해, 갑자기 던

져진 주제를 제한된 시간 안에 어떻게 기사 형태의 글로 발전시켜 나가는지를 확인하는 과정이었다. 제시어는 평소 뉴스에서 자주 거론하거나 일상생활에서 사회 현상으로 발현할 가능성이 있는 내용 중에서 선정했다. 현장 언론사 시험과 차별화되는 점이라면, 제시어를 준 다음에 취재 및 기사 작성에 쓸 시간을 약 5일에서 일주일간 줬다는 것이다. 현장 시험에서는 당일 반나절 정도의 시간 안에 기사를 작성하라고 하는 경우가 많다. 현장 시험보다 취재와 보도에 투자하는 시간을 많이 줬지만, 후자의 교육 방식은 학생들이 기사 작성에 들어가는 시간과 공간의 한계를 직접 느끼고 현장 시험에서 그에 대비하는 능력을 키우라는 의도가 있었다. 전자와 후자 모두 입사 전형의 방법과 비슷하게 글의 길이는 200자 원고지 8매, 약 1,600자 정도로 제한했다. 글을 읽는 사람은 전국의 독자로 가정했다. 즉, 자신이 서울에 본부를 둔 중앙지 기자라고 생각하고, 그 기자들이 전달하는 메시지를 작성하라고 한 것이다.

제출된 글은 필자가 개별적으로 모두 첨삭을 했다. 일부 취재가 덜 된 부분 중 표현이 이상하거나 사실 관계에 대한 설명이 부족할 경우, 필자가 글에 등장한 취재원에게 직접 전화를 걸어 확인하거나, 앞에 소개한 컴퓨터 활용 취재 방식에 따라 온라인상에 나타난 정보를 찾아 보완하기도 했다. 그리고 이 과정에서 왜 이렇게 글이 고쳐졌는지, 무엇이 부족했는지 등 첨삭의 이유와 배경을 설명해 전달했다. 앞서도 언급한 것처럼, 이들이 제출한 글은 기사로서 내용이 많이 부족했다. 당장 언론사 입사 전형에서 탁월한 점수를 받기 어려운 수준인 글이 대부분이었다. 이 글을 쓴 제자들은 수업을 통해 위와 같은 방식으로 취재 및 보도에 드러난 단점을 지적받고, 이 지적을 바탕으로 이후 진행된 추가 기획기사 결과물들을 교환해 학생들 스스로 크로스데스킹(cross-desking, 타인의 글을 평가하면서 직접 글을 고치는 작업)하면서 글쓰기를 발전시켜나갔다. 예비 언론인들은 태어나서 한 번도 자신들이 쓴 기사 형식의 글에 대해 이와 같은 식으로 첨삭을 받아본 경험이 없다고 했다. 저널리즘을 가르치는 대학 등에서도 단어, 문장, 단락 그리고 전체 흐름을 일일이 지적하는 방식의 교육 과정을 거의 진행하지 않기 때문이다. 한국언론재단 과정을 통해 언론 현장에 들어간 제자들은 수업에서 받은 기획기사 강의가 입사 전형에 많은 도움이 되었다는 말을 들려줬다. 이들을 가르친 선생으로서 무척 고맙고 보람된 일이다. 앞으로 소개할 내용은 언론사 입사를 준비하는 학생은 물론, 막 기자 생활을 시작하는 사람, 그리고 올바른 정보를 전달하는 글을 고민하는 여러 분야의 사람에게 도움이 될 것이라 믿는다.

II 첨삭을 읽는 요령

예비 언론인들의 기사와 필자의 피드백은 그들이 작성한 원문, 필자의 평가 및 첨삭, 원문과 첨삭 내용을 근거로 한 수정 기사의 순으로 이곳에 실었다. 원문을 확인하고, 어떤 식으로 수정이 이뤄졌는지를 파악하며, 이 첨삭을 통해 원래 기사가 어떻게 바뀌어야 정보가 효과적으로 전달될 수 있는지를 보여주기 위해서다. 하지만 독자들은 원문, 수정 기사, 평가 및 첨삭 내용의 순으로 글을 읽기 바란다. 그래야 이 책을 통해 얻을 수 있는 영역이 넓어질 수 있다고 생각되기 때문이다.

우선 예비 언론인들이 작성한 원문을 읽으면서 그 내용이 과연 기존의 대중매체들이 전국의 독자들을 대상으로 전달하고자 하는 정보의 수준에 달했는지를 판단해보기를 권한다. 고개를 끄덕일 만한 글도 있겠지만, 아마도 대부분은 기존 대중매체의 지면에서 만났다면 그 신문의 정보 전달 능력은 물론이고 언론사 조직 자체의 수준을 의심하게 하는 요소를 더 많이 담고 있을 것이다. 그 뒤 평가 및 첨삭 내용을 건너뛰고 먼저 수정 기사를 확인해보는 것이 좋다. 결점이 어떻게 보완되었는지를 보면서 독자가 스스로 왜 이런 식으로 고쳐졌을까를 고민해보는 학습이 될 것이다. 그다음 평가 및 첨삭 내용을 보면서 자신의 고민을 견주어보길 바란다. 글에 대한 자신의 상상력과 실제 언론 현장에서 글이 쓰이는 방법에 대한 유사성과 차이점을 파악해보면서, 언론 글쓰기를 더 심층적으로 고찰해볼 수 있을 것이다.

만약 수정 기사를 보기 전에 평가 및 첨삭 내용을 읽는다면, 원문의 부족한 부분을 질타한 필자의 비판을 먼저 만나게 될 것이다. 그리고 대부분 그 지적에 동의하게 될 것으로 믿는다. 하지만 이는 이 책을 읽는 좋은 방법이 아니다. 필자의 지적에 먼저 동의하게 되면, 독자들은 글에 대한 상상력을 잃게 될 것이다. 필자의 제안보다 더 나은 방향의 글쓰기도 가능하기 때문이다. 어쩌면 독자들의 상상력이 더 좋은 글을 만들 수도 있다. 다만 필자의 제안은 현장에서 많이 활용되는 방식을 근거로 한다고 생각하는 선에서 받아들여 주기를 바란다. 만약 원문에 대한 필자의 비판을 먼저 읽고 거기에 동의한다면, 그리고 그 선에서 만족한다면, 거기에 매몰될 수 있다. 즉, 원문에 대한 비판 능력을 스스로 제한해 글에 대한 자신의 생각을 확인하기 어려울 것이다. 이는 자신의 상상력을 막는 동시에, 어쩌면 가지고 있을 글에 대한 자신의 편견이 무엇인지를 알아내기 어렵게 만들 것이다. 기사 형식의 글에 대한 자신의 생각을 확인하고, 자신의 상상력이 지닌 장단점을 파악하는 능력을 키우기 위해 이와 같은 읽기 방법을 권한다.

앞서 얘기했듯이 이들 예비 언론인들의 글은 완벽하지 않다. 하지만 처음 언론사 입사를 준비하는 과정의 학생들에 비해 어느 정도 경쟁력은 갖췄다고 판단된다. 이들이 약 1~2개월 동안의 짧은 기획기사 작성 수업을 듣고 언론사에 입사하는 것을 보면 그런 생각이 강해진다. 똑같은 조건을 주고 과제를 제시한다고 가정하면, 이들은 기사 형식의 글에 대해 고민을 많이 하지 못한 사람이나 언론사 입사를 이제 막 고려하기 시작한 사람보다 더 수준 높은 글을 썼을 것이다. 이는 대학 등에서 기사 작성법을 가르쳐 온 경험 속에서 확신하는 바다. 그러나 예비 언론인들의 글에 대한 첨삭 과정을 통해 느낀 바는, 이들의 글에 역시 부족한 부분이 많다는 것이다. 물론, 첨삭 과정을 통해 수정된 기사도 깔끔하지 않을 수 있다. 직접 필자가 처음부터 취재한 내용이 아니고 짧은 시간에 부족한 부분을 보완한 사례가 많기 때문이다.

게다가 정확하게 확인하기 어려운 부분은 가정을 통해 기술했다. 하지만 해당 이슈에 대해 직접 취재 및 보도를 하지 않은 사람이라도 첨삭 과정을 설명한 내용을 읽게 되면 전반적인 기사 작성이 어떻게 이뤄지는지를 이해할 수 있도록 최대한 노력을 기울였다.

이와 같은 한국언론재단 예비 언론인 과정 4기에서 7기까지의 기획기사 내용은 이 책에서 시기별 역순(逆順)으로 소개한다. 즉, 2009년에 교육받은 7기의 글과 그를 첨삭한 내용, 그리고 그 수정 기사를 먼저 소개하고, 그다음에 2008년 6기, 2007년 5기, 2006년 4기 글의 순으로 소개한다. 책이 출판되는 시점에서 더 가까운 쪽의 내용을 먼저 전달해, 독자들이 더 친숙한 이슈를 통해 전체적인 기사 완성 과정을 편하게 이해하게 하려 했다. 그리고 전달되는 정보가 뉴스라는 특성상, 개별 기사들이 작성된 시점, 즉 연도(年度)를 공개해, 왜 당시 그런 기사들이 쓰였는지를 독자들이 이해할 수 있도록 했다. 소개하는 기사는 모두 11개 소재로 구성되었다. 기사의 수도 역시 11개(2009년 5개, 2008년 2개, 2007년 3개, 2006년 1개)다. 원래 더 많은 첨삭이 있으나 같은 소재의 내용을 반복하면 독자들의 집중력이 떨어질 것을 우려했다. 선택된 11개 기사는 기획기사에 대한 이해를 돕는다는 저술의 목적에 맞는 최적의 대상으로 여긴 것들이다.

이번 저술 과정에서 예비 언론인들의 원문은 되도록 그대로 공개하고자 한다. 오탈자도 그대로 뒀다. 첨삭 때 비판을 위해서다. 하지만 기사에 등장하는 정보의 특성상 어쩔 수 없이 몇 가지를 수정했다. 먼저 형식 면에서 단락별로 ①, ②, ③, …… 등의 숫자를 원문 글에 첨가했다. 예비 언론인들이 쓴 글에는 이런 숫자가 없다. 하지만 이후 첨삭에 대한 설명이 몇 번째 단락에 있는지 확인하기 쉽게 하기 위해서 이처럼 표시했다. 내용 면에서는 명예훼손 등의 가능성을 최소화하기 위해 기사에 등장하는 취재원은 대부분

실명을 감추었다. 예비 언론인은 자신들의 심화학습 과정을 위해, 가능한 한 취재원의 실명을 명기해야 한다는 저널리즘의 원칙을 따르고자 했다. 하지만 이 책에서는 취재원이 원치 않는 바가 일반에 공개될 우려가 있어, 예비 언론인의 기사에 실명으로 거론한 취재원을 익명으로 처리했다. 원래 실명으로 처리된 취재원은 이번 책에서 '김○○' 등으로 표현했다. 원문에서부터 익명으로 처리한 경우는 '김모씨' 등으로 구분했다. 일부 정부 부처나 기관 등도 예비언론인의 취재 미숙 등의 이유 때문에 곤란을 겪을 염려가 있는 경우, 이들을 역시 '△△부' 또는 '▽▽단체' 등으로 표현했다. 하지만 다른 정보들은 사실적 의미를 살리기 위해 예비 언론인의 취재 및 보도 내용을 그대로 활용하기도 했다. 이 경우, 학생들의 취재 미숙 등의 이유로 잘못된 사실이 여과 없이 전달될 수도 있다. 이처럼 예상치 못한 피해를 최소화하기 위해 노력했지만, 이곳에 소개되는 정보와 연관된 취재원이 환영하지 못할 만한 내용도 등장할 수도 있다는 뜻이다. 이에서 비롯되는 마찰을 줄이기 위해, 필자는 독자들에게 이곳에 전개되는 정보들이 모두 사실이 아닐 수 있음을 미리 밝혀두고자 한다. 하지만 우리의 머릿속에서 이 정보들을 사실로 가정하고 그에 기초한 글쓰기가 이뤄졌다고 받아들인다면, 기획기사 작성법을 익혀나가는 데 큰 무리가 없을 것으로 생각한다.

또 첨삭 설명에는 언론 현장에서 사용되는 일부 표현을 그대로 사용했다. 특히, 현장에서 한국말과 같이 자연스레 쓰이는 일본식 용어인 '야마'가 자주 등장할 것이다. 야마는 한국의 언론 현장에서 '기사의 핵심 내용'을 지칭하는 명사로 쓰인다. 일본어 '야마(やま)'는 산(山)을 뜻하며, 더불어 '절정' 또는 '핵심'이라는 뜻도 있다. 현장에서 "야마가 뭐냐?"라는 물음은 기사의 핵심이 무엇인지 묻는 말이다. 영문 기사의 '넛 그래프(nut graph)'와 같은 의미다. 글에 등장하는 정보가 두서없이 전개되어, 전달하고자 하는 내용이

정확하지 않을 때 자주 나오는 표현이다. 물론 '기사의 핵심이 뭐냐'고 물을 수도 있지만, 기자들은 이와 같은 그들만의 용어를 쓰면서 간편하게 의사소통을 한다.

한국뿐 아니라 서구에서도 기자들만의 용어가 있다. 예를 들어, '머그 숏(mug shot)'은 인물의 얼굴이나 상반신 윗부분만을 찍은 사진을 뜻한다. 손잡이가 있는 원통형 컵을 의미하는 '머그'가 사진의 '숏'과 합해져 작고 동그란, 또는 네모난 사진을 뜻하는 표현으로 굳어졌다. 속어지만 이제는 영어 사전에서 아예 용의자의 얼굴 사진을 뜻하는 표현으로 소개되기도 한다. 견과류의 열매를 뜻하는 '넛(nut)'은 이미 핵심을 뜻하는 일반적 정의로 널리 쓰인다. 그러나 여기에 붙은 '그래프(graph)'라는 표현은 도표나 그림의 뜻이 아니다. 원래 문장(paragraph)의 앞부분인 'para'를 떼어내고 뒷부분인 'graph'만을 살려 문장이라는 의미로 사용한다. 결국 '넛 그래프'는 핵심 문장을 뜻한다. 또 글의 제일 앞부분에 들어가는 도입부를 지칭하는 리드의 철자도 미국의 언론 현장에서는 달리 표기한다. 리드의 원래 영문 철자는 'lead'다. 하지만 현장에서는 이를 'lede'로 쓰는 경우가 많다. 원래 'lead'가 지닌 다른 뜻과 구별하며 글의 도입부를 가리키는 기자들만의 언어로 사용하면서, 그들 사이의 커뮤니케이션을 정확하게 하는 은어처럼 사용하는 것이다.

한국에 일본식 용어가 많은 것은 국내 신문사 중 오래된 기관이 일제강점기에 창립되어 초기부터 일본어가 사용되었고, 그 이후 일부 내용이 고착하면서 아예 고유명사 또는 일반명사처럼 남게 된 것이 큰 이유다. 많은 표현이 한국어로 전환되었으나 일부는 굳어져 한국 신문 또는 방송국의 편집국과 보도국에서 구전되고 있다. 이런 은어를 중심으로 구성된 언론 현장의 표현은 같은 한국 사람이라도 그 뜻을 이해하기 어려운 때도 있다. 예를 들어, "연통 봤어? 총리 관련 기사가 사회에 떴는데 야마가 당신 나와바리와 관련됐으니까 들여다보고, 우라까이해서 정치로 쏴줘. 너무 빨지는 말고"라는 표현은 일반인이 듣기에 아리송하다. 해석하자면, "연합뉴스(연통은 연합뉴스의 전신인 연합통신의 줄임말이다)를 확인했는가? 총리 관련 기사가 연합뉴스 사회 섹션에 소개됐는데, 관련 내용이 당신의 취재권역에 연루됐으니, 해당 기사를 확인하고 그 내용을 우리 회사 보도 스타일에 맞춰 정리해서 정치부로 기사를 전송하라. 너무 칭찬 일변도로 쓰지는 말고"라는 뜻이다. 이 책에서는 아주 일반화된 '야마' 정도의 표현을 그대로 사용하고 나머지는 일반적인 한국어로 바꾸어 기사 첨삭 내용을 설명해가겠다. 왜색이 짙다는 비난을 받을 수도 있고 다소 거칠게도 느껴지지만, 실제 한국 취재 과정에서의 용어를 그대로 전해 언론 현장의 분위기를 조금이나마 소개하려는 의도다.

또한 첨삭 내용이나 수정기사 중에는 간혹 통상적인 맞춤법 · 띄어쓰기와 다른 표기가 있는데, 이는 언론 기사에서 쓰이는, 이른바 '언론 맞춤법'에 따른 표기다. 이 또한 언론 글쓰기를 익히려는 독자들에게 현장감을 전하기 위한 것이다.

첨삭 내용에는 현장에서 데스크나 선배 기자가 후배 기자를 가르치면서 혼내는 내용도 들어가 있다. 출판을 준비하면서 많은 부분을 순화했지만, 때로는 공격적으로 느껴지는 부분도 있을 것이다. 실제 기사 작성의 과정을 재현해 보여주려는 뜻이 포함된 것이다. 하지만 더 큰 이유는 정확하게 사실을 전달해야 한다는 현장의 긴장감을 피력하고자 하는 것이다. 실제 언론 현장에서는 선배가 일일이 글로 적어 설명하는 경우는 거의 없다. 여기에 거론한 것보다 훨씬 더 거친 표현을 사용해 직접 말한다. 심한 욕설도 난무한다. 그러나 교육 목적상, 그리고 일반에 공개되는 저술의 품격을 고려해 여기서 그 내용을 다 담을 수는 없다. 굳이 설명하자면, 군대를 다녀온 독자는 군 생활 중 막돼먹은 선임 병사가 후임에게 소리쳤던 욕설을 기억해보고, 그런 경험이 없는 독자는 평생 들어본 적이 없는 기괴한 표현도 포함되었다고 생각하면 된다. 나머지는 독자 여러분의 상상력에 맡긴다. 이제 예비 언론인들의 글과 그에 대한 첨삭 내용을 소개한다.

실전 첨삭

사례 1
(2009년)

삶을 흔드는 인문학

① 수업시작 10분 전. 강의실이 꽉 찼다. 수강생 24명 중 20명이 벌써 와서 앉아있다. 자리가 없어 간의의자에 앉은 사람도 여럿 보였다. 학생들은 교재를 뒤적이며 커피로 목을 축인다. 두 시간짜리 철학 강의다. 1강 주제는 '철학이란 무엇인가?'였다. "강의계획서 준다고 했는데 왜 안줘요." 학생이 담당자에게 볼 멘 소리로 말했다. 몇 번의 농담을 주고받자 선생님이 왔다. "안녕하세요." 학생 모두가 인사했다. 이 수업은 노숙인을 대상으로 한 '희망의 인문학 과정'이다.

② 인문학이 우리의 삶을 흔들고 있다. 충정로 '구세군 브릿지센터'에서 진행하는 '희망의 인문학 과정'은 올해로 2년째다. 올 해는 노숙인에서 저소득층까지 대상을 넓혔다. 동국대는 교재와 강사섭외를 맡았다. 6개월 과정, 일주일 두 번 수업이다. 지난 4월 말에는 체험학습으로 뮤지컬 〈이순신〉을 봤다. 센터의 최영민 과장은 "작년 수강생을 보니 전보다 진취적으로 바뀐 것 같다"고 말했다. 그는 "수업을 통해 몇 몇 수강생의 음주량도 줄었다"며 "(인문학이)삶에 대한 의욕, 근로에 대한 의욕, 자존감을 올려주는 것 같다"고 말했다.

③ 삶을 흔드는 인문학은 여기저기 있다. 강남구는 지난해 '논어 · 맹자 읽기' 수업을 진행했다. 올해는 구민들 요청에 따라 '철학 · 예술'을 주제로 5월 6일

무료 인문학강좌를 열었다. 70명 정원인데 자리가 부족했다. 신림동 주민 센터는 4월부터 매주 수요일 저소득층 대상으로 인문학 강좌를 진행 중이다. 성공회대 강사가 수업을 맡았고 45명이 수강중이다. 동대문구 정보화 도서관은 요즘 '강○○의 고전 읽기'가 인기다. 목표는 10개월간 10권의 고전을 읽는 것. 지금은 단테의 〈신곡〉을 읽고 있다. 6월에는 〈군주론〉을 읽을 예정인데, 65명 정원에 90여명이 신청했다. 수강생은 10대부터 50대까지 다양하다. 도서관 담당자 임준씨는 이 같은 인기에 대해 "공공도서관에서 벌이는 사업이기에 꼭 필요하다 생각되는 것을 다양한 기획으로 넓혀간 결과"라고 밝혔다.

④ 대학생도 인문학에 주목했다. 고려대 총학생회는 5월 8일부터 3일간 '제 1회 인문학포럼'을 열었다. 이○○ 포럼기획단장은 "학교는 학문을 위한 공간이 돼야하는데 실용주의로 변해가는 것 같다"며 "인문학적 가치를 대중화함으로써 신자유주의 패러다임에 맞서야 한다"는 포럼 취지를 밝혔다. 이번 포럼은 여러 대학에서 약 500명의 학생이 참여했다.

⑤ 이처럼 활발하고 다양한 인문학의 관심을 어떻게 봐야 할까. 철학아카데미 김진영 대표는 "위기의식 앞에서 누구나 문제를 본질적으로 이해하려 한다"며 "이때 필요한 것이 인문학적 소양"이라고 말했다. 도서평론가 이권우씨는 "물신숭배의 결과 과연 우리는 지금 이곳에서 행복의 성채를 쌓았는가? 아마 이런 질문에 부정적인 답변을 할 수밖에 없을 것"이라며 "이 같은 반성이 인문학이라는 구명조끼의 가치를 높였다"고 덧붙였다.

⑥ 그날 밤, 한 노숙인이 펼쳤던 철학 교재에는 "우리는 어떤 사회를 지향해야 하는가?"라는 물음이 적혀있었다. 우리의 삶을 흔들만한 물음이다.

평가 및 첨삭

[총론]

- 야마가 비교적 선명하다. 표현은 약간 이상하지만, 야마의 위치도 좋다.
- 하지만 정보의 구체적 적시성이 떨어지고, 엉뚱한 묘사들이 눈에 띈다.
- 한 단락이 길다. A4 용지 기준으로 한 문단은 최대 4행이다. 짧은 문장은 플러스 요인.
- 멋 부리려는 표현들은 거슬린다. 점잖고 진중하게 사실로 가야 감동이 진하다. "사실보다 아름다운 것은 없다(Nothing is more beautiful than facts)." 기사를 쓸 때 늘 기억하자. 각론으로 간다.

[각론]

① 전반적인 흐름이 비교적 나쁘지 않다. 그렇다고 문제가 없는 것은 아니다. 첫 문장에서부터 잘못된 점이 눈에 띈다. 기획기사는 뉴스를 담는다. 뉴스의 특성 중 중요한 게 시의성이다. 언제 어디에 갔는지, 가장 기본적인 사실(fact)이 빠졌다. 그리고 독자가 두 번째 단락(②)의 정보까지 가는 동안 궁금증은 이미 식는다. 직접 들어간다. '지난 ○○일 서울 서대문구 충정로 구세군 브릿지센터 ○○층 ○○호실 ○○시 ○○분' 하는 식으로.

한 가지 더. 충정로는 마산시에 있는가? 광역자치단체 이름을 왜 빼는가? 전국지에서 그런 기사를 본 적이 있는가?

묘사도 특이하다. "자리가 없어 간이의자에 앉았다"라는 표현은 얼핏 말이 되는 것 같지만, 전체 정보의 구도로 보면 이상하다. 노숙자나 저소득층 대상 인문학 강좌를 '자발적으로' 운영하고 있는 단체에서 강의실조차 제대로 준비하지 못했다는 뜻으로 들린다. 정말 그렇다면, 이 묘사를 책임지는 정보(예를 들어 '비록 시작은 했지만 아직도 시설은 부족하다'와 같은)가 기사 어딘가에 나와야 하는데, 그렇지도 않다. 즉, 별로 편치 않은 정보라는 얘기다.

그 뒤로 가면 문제가 더 심각해진다. '커피로 목을 축인다'라는 정보는 전체 기사 야마와 어떤 관계를 갖는가? 아무렇게나 묘사하면 되는 것이 아니다. 모든 정보는 야마를 지향하는 긴장 구도를 형성해야 한다. 그래야 독자가 읽는다. 강의 계획서를 달라는 말은 또 뭔가? 농담으로 시작해서 농담으로 끝낼 셈인가? 그리고 진짜 볼멘소리였는지? 또 누구에게 물어본 것인지? 선생은 나중에 들어왔나? 강의 계획서를 달라고 글쓴이에게 물어보았는가? 그 사람이 정신 나간 것도 아니고, 처음 보는 사람에게 강의계획서를 가져다 달라고 했겠나. 이어 나오는 "안녕하세요"는 더 황당하다. 그게 인문학 과정과 무슨 상관인가? 수강생들은 인사하는 법도 잊어버렸던 사람들인가? 인문학과 관련된 내용을 적어야 한다. 틀어 바꾼다.

[지난 ○○일 ○○시○○분 서울 서대문구 충정로 구세군 브릿지센터 ○○층 ○○호실. 노숙자 등을 위해 마련된 철학 강의실이다. 수업 10분 전 강의실에는 수강생 20명이 벌써 자리를 잡았다. 교재는 '쉽게 읽는 철학 이야기'. ○○○강사의 수업이 시작되자마자 한 학생이 손을 든다. "철학의 '철' 자가 무슨 뜻입니까?"]

어떤가, 원문의 도입부와 다른 게 보이는가? 사실(fact)로만 쓴 거다. 학생 질문이 없었다고? 그러면 그런 정황을 확인하고 난 뒤 유사한 정보를 넣어야 했다. 여기에 쓴 글은 내가 지어낸 장면이지만, 분명히 그런 정보가 있었을 게다. 아니라면 글쓴이의 야마는 거짓이고, 전체 기사는 오보가 된다.

원문 ①의 끝에 나오는 '인문학'이 원문 ②의 첫 단어와 중첩되면서 지루해진다. 그래서 수정 기사에서는 들어냈다.

② 야마 내용은 좋다. 티저(teaser) 다음에 곧장 이어지니 위치도 좋다. 그

런데 표현이 어색하다. "삶을 흔들다"라니? '흔들다'는 이중적 의미를 지닐 수 있다. 글쓴이가 의도한 대로, 좋은 방향으로 아니면 나쁜 방향으로. 일반적으로는 후자의 의미다. 그래서 어색하다는 거다. 또 원문 ①에 나온 '희망의 인문학 과정'이 다시 여기서 그대로 나온다. 둘 중의 하나를 바꿔야 한다. 지루하니까. 나는 원문 ①에서 해당 문구를 뺐다. "올해는 …… 넓혔다"도 이상하다. 지난해와의 비교를 강조하기 위해서는 '올해부터는'이 낫다. 갑자기 뮤지컬을 봤다니 흐름이 거북해진다. 이 정보는 이 단락 뒤로 돌린다.

그리고 '작년 수강생을 보니 전보다 진취적'이라는 표현이 옳다고 생각하는가? 그렇게 생각했으니 그런 식으로 썼겠지? '억지로' 노력을 하면 '적당히' 이해는 된다. 하지만 그렇게 독자 고생시키는 게 기자의 일은 아니다. 쉽게 이해하도록 풀어줘야 한다. '작년 수료생들은 수강 이전보다 진취적인 모습으로 인사를 온다'라는 식이 전달하려는 의미가 아니었는가? 인문학 강의의 효과를 보여주고 싶었던 것 아니냐는 얘기다. 글쓴이의 원문은 올해를 작년으로 잘못 쓴 거 아닌가 하는 오해를 부른다. 즉, 작년보다 올해 수강생이 더 낫다는 표현을 하려고 했는데, 올해를 쓰려고 했던 자리에 작년을 잘못 적은 거 아닌가 하는 오해 말이다. 물론 그런 뜻을 전달하려고 한 건 아니겠지? 내용을 기사로 정리하자.

[인문학이 실생활로 파고든다. 일반인은 물론, 사회 소외계층을 대상으로 한 무료 강좌가 활기를 띠고 있다. '브릿지센터'가 진행하는 '희망의 인문학 과정'은 올해로 2년째다. 노숙자 대상의 강좌는 올해부터 저소득층까지 저변을 넓혔다. 교재와 강사 섭외는 동국대 지원을 받는다. 6개월 과정, 주 2회 수업이다. 센터의 최영민 과장은 "수업을 통해 몇몇 수강생의 음주량도 줄고, 삶이나 근로에 대한 의욕, 자존감이 상승하는 것 같다"며 "작년 수료생들은 수강 이전보다 진취적인 모습으로 인사를 온다"고 말했다. 이 센터는 강의실을 벗어난 수업도 진행한다. 지난 4월에는 체험학

습으로 뮤지컬 〈이순신〉을 봤다.]

바뀐 내용의 단어를 하나하나 씹어보자. 원문과 어떤 차이가 있는지.

③ 여기서도 삶을 흔든다. 흔든다는 표현을 남발했다. 거기다가 다시 '미국 뉴욕시 강남구'를 쓴 것 같다. '서울'이다. 광역단체 명칭은 반드시 넣는다. 강남구의 사례는 조금 이상하다. 작년에는 얼마 동안이나 진행했는가? 하루만 했는가? 그래서 올해도 5월 6일에만 강좌를 열었나? 아니면 작년에는 오래 했는데, 올해는 하루만 했나? 왜 그랬나? 또 70명 정원에 몇 명이 와서 얼마나 자리가 부족했는가? 궁금한 것투성이다. 그래서 정보를 정확하게 넣으라는 얘기다. 그리고 일반인 대상으로 얘기가 전환되니 관련 전환 정보를 적는 게 좋다. 뒤의 신림동 센터는 노숙자와 자치단체가 함께 등장하니, 위의 브릿지센터 소외계층과 다른 지자체 활동을 잇는 편안한 고리가 된다. 그걸 먼저 올리자. 어떻게? 이렇게.

[인문학 강좌는 비영리 단체만 개설하는 것이 아니다. 서울 관악구 신림동 주민센터는 지난 4월부터 매주 수요일 저소득층을 대상으로 인문학 강좌를 진행 중이다. 성공회대 강사가 수업을 맡았고 45명이 수강 중이다. 지자체의 인문학 강의는 일반인 대상으로 범위를 넓혀간다. 서울 강남구도 지난해 6개월 동안 개설한 '논어・맹자 읽기' 수업에 이어, 올해는 5월부터 '철학・예술' 주제의 무료 인문학 강좌를 열었다. 70명 정원에 ㅇㅇ명이 몰려, 강의실까지 옮겨야 했다. 서울 동대문구 정보화도서관은 지난 2월 시작된 '고전 읽기'가 인기다. 목표는 10개월간 10권의 고전을 읽는 것. 5월은 단테의 〈신곡〉을 읽고 있다. 6월 예정된 〈군주론〉 강의는 65명 정원에 10대부터 50대까지 90여 명이 신청했다. 도서관 담당자 임준씨는 "공공도서관에서 벌이는 사업이기에 꼭 필요하다 생각되는 것을 여러 기획으로 넓혀가면서 수강생 성격도 다양해졌다"고 말했다.]

강○○은 누구인가? 아예 빼든지, '인터넷에서 서평을 게재하는 회사원 출신 철학자' 정도로 소개를 하든지 해야 한다. 야마를 위해 별로 중요하지 않다면, 아예 빼자. 여기서는 기사량 조절을 위해 뺐다. 또 '요즘', '지금' 하는 식의 표현은 피하자. 시간이 지나 나중에 독자들이 보면 이해가 안 될 수 있다. 그래서 신문에서는 어제, 오늘, 내일 등의 표현을 피한다. 한 가지 더. '밝혔다'와 '말했다'의 뉘앙스가 다르다. '밝혔다'는 숨어 있던 사실, 또는 취재원이 적극적으로 나서서 전달하는 사실을 전할 때 쓴다. '말했다'는 그냥 불편부당한 표현이다. 특별한 배경이 없다면 되도록 '말했다'라는 술어를 사용하라. 그리고 서울의 경우만 갖고 일반화하기는 어려우니, 이쯤에서 전체적인 그림을 설명하는 게 좋겠다. 취재가 더 필요했다는 지적이다. 다음과 같은 정보를 사용해보자.

[▽▽▽▽▽▽부에 따르면 2008년 말 현재 전국적으로 지방자치단체가 개설한 인문학 강좌 수는 총 ○○○개. IMF 이후 지식층이 인문학의 위기를 강조하기 시작한 ○○년에 비해 ○○배가 늘었다. 여기에 비영리재단이 운영 중인 강좌 수 ○○개와 올해 1사분기 신청 추세까지 합하면 실생활에서 만나는 관련 강좌는 더 늘어난다.]

④ 이제 내용의 폭이 더 확대된다. 원문에서는 "대학생도"에서 '도'라는 표현을 써서 전환을 부드럽게 했다. 하지만 여기에 적절한 정보를 넣으면 의미는 더욱 강화된다.

[같은 기간 정규 수강 과목 중 인문학 관련 과정 폐강(閉講)률이 ○○%를 기록한 4년제 대학(△△△△△△부 2008년 통계) 중 일부에서도 학생회 중심으로 특강 형식의 인문학 강좌를 열고 있다. 지난 8일부터 3일간 '제1회 인문학포럼'을 개최한 고려대 총학생회 이○○ 포럼기획단장은 "학교는 학문을 위한 공간이 돼야 하는데 실용

주의로 변해가는 것 같다"며 "인문학적 가치를 대중화함으로써 신자유주의 패러다임에 맞서기 위해 포럼을 열었다"고 말했다. 포럼에는 여러 대학에서 약 500명의 학생이 참여했다.]

사실 이 정보는 전체 야마(실생활의 인문학 붐)를 위해 빼도 된다. 일단 지면이 허가하는지를 확인하고서 정리 여부를 결정하자.

⑤ "어떻게 봐야 할까"와 같은 의문형 표현은 되도록 피한다. 현장 언론들이 최근 많이 사용하는 추세지만, 나는 개인적으로 환영하지 않는다. 공연히 지면만 잡아먹는 경우가 많기 때문이다. 이 경우가 그렇다. 빼고 가도 말이 이어진다. 그리 보니, 이 글은 각 문장 도입부가 말썽이다. 조금 더 고민해보자. 그리고 철학아카데미는 동네 논술학원인가? 일반인들에게 잘 알려질 정도로 유명한 곳인가? 유명한 종로학원이나 대성학원 앞에도 처음 소개할 때는 '대입 전문,' 또는 '입시 전문 기관인 ㅇㅇ학원' 등으로 설명이 일차적으로 붙는다. 철학아카데미는 그걸 능가하나? 조심하자. 그리고 야마를 지향하는 정보는 이권우 씨의 멘트가 더 적절해 보인다. 그걸 먼저 쓰자.

[도서평론가 이권우씨는 "IMF 경제를 맞으면서 물신 숭배의 늪에 더 깊게 빠져든 국민들이 과연 스스로 행복한가에 대한 회의에 빠지기 시작했다"며 "이 같은 반성이 인문학이라는 구명조끼의 가치를 높였다"고 말했다. 2000년부터 일반인 대상 인문학 강좌 500여 회를 개최한 철학아카데미 김진영 대표도 "최근의 인문학 붐은 경제적 위기의식에 대한 원천적 해법을 찾으려는 노력에서 나온다"고 덧붙였다.]

⑥ 이제 마무리. 또 한 번 '흔든다'를 남발했다. 그리고 '그날 밤'이라니? '지난 ㅇㅇ일'이 나온 첫 단락에서 마지막 단락까지가 너무 멀다. 그날 밤이 ㅇㅇ일 밤이라는 사실을 기억하기 어렵다는 거다. 다시 '지난 ㅇㅇ일 밤'이

라고 적는 게 차라리 낫다. 사실, 아예 날릴 수도 있지만, 그렇게 원한다면 한번 해당 정보를 활용해보자. 물론 '흔든다'는 뺀다.

[ㅇㅇ일 밤 브릿지센터의 노숙자 수강생 교재에는 "우리는 어떤 사회를 지향해야 하는가?"라는 물음이 적혀 있었다.]

수정 기사 1

※ 첨삭의 수정 내용을 모두 넣으면 9.1매다. 대학 관련 부분을 빼고 줄여서 7.6매 분량으로 마무리했다.

지난 ㅇㅇ일 ㅇㅇ시 ㅇㅇ분 서울 서대문구 충정로 구세군 브릿지센터 ㅇㅇ층 ㅇㅇ호실. 노숙자 등을 위해 마련된 철학 강의실이다. 수업 10분 전 강의실에는 수강생 20명이 벌써 자리를 잡았다. 교재는 '쉽게 읽는 철학 이야기'. ㅇㅇㅇ 강사의 수업이 시작되자마자 한 학생이 손을 든다. "철학의 '철'자가 무슨 뜻입니까?"

인문학이 실생활로 파고든다. 일반인은 물론, 사회 소외계층을 대상으로 한 무료 강좌가 활기를 띠고 있다. '브릿지센터'가 진행하는 '희망의 인문학 과정'은 올해로 2년째다. 노숙자 대상의 강좌는 올해부터 저소득층까지 저변을 넓혔다. 교재와 강사 섭외는 동국대 지원을 받는다. 6개월 과정, 주 2회 수업이다.

센터의 최영민 과장은 "수업을 통해 몇몇 수강생의 음주량도 줄고, 삶이나 근로에 대한 의욕, 자존감이 상승하는 것 같다"며 "작년 수료생들은 수강 이전보다 진취적인 모습으로 인사를 온다"고 말했다. 이 센터는 강의실을 벗어난 수업도 진행한다. 지난 4월에는 체험학습으로 뮤지컬 〈이순신〉을 봤다.

인문학 강좌는 비영리 단체만 개설하는 것이 아니다. 서울 관악구 신림동 주민센터는 지난 4월부터 매주 수요일 저소득층을 대상으로 인문학 강좌를 진행 중이다. 성공회대 강사가 수업을 맡았고 45명이 수강 중이다.

지자체의 인문학 강의는 일반인 대상으로 범위를 넓혀간다. 서울 강남구는 지난해 6개월 동안 개설한 '논어 · 맹자 읽기'수업에 이어, 올해는 5월부터 '철학 · 예술' 주제의 무료 인문학 강좌를 개설했다. 70명 정원에 ○○명이 몰려, 강의실까지 옮겨야 했다.

서울 동대문구 정보화 도서관은 지난 2월 시작된 '고전 읽기'가 인기다. 목표는 10개월간 10권의 고전을 읽는 것. 5월은 단테의 〈신곡〉을 읽고 있다. 6월 예정된 〈군주론〉 강의는 65명 정원에 10대부터 50대까지 90여 명이 신청했다.

도서관 담당자 임준씨는 "공공도서관에서 벌이는 사업이기에 꼭 필요하다 생각되는 것을 여러 기획으로 넓혀가면서 수강생 성격도 다양해졌다"고 말했다.

▽▽▽▽▽▽부에 따르면 2008년 말 현재 전국적으로 지방자치단체가 개설한 인문학 강좌 수는 총 ○○○개. IMF 이후 지식층이 인문학의 위기를 강조하기 시작한 ○○년에 비해 ○○배가 늘었다. 여기에 비영리재단이 운영 중인 강좌 수 ○○개와 올해 1사분기 신청 추세까지 합하면 실생활에서 만나는 관련 강좌는 더 늘어난다.

도서평론가 이권우씨는 "IMF 경제를 맞으면서 물신 숭배의 늪에 더 깊게 빠져든 국민들이 과연 스스로 행복한가에 대한 회의에 빠지기 시작했다"며 "이 같은 반성이 인문학이라는 구명조끼의 가치를 높였다"고 말했다.

2000년부터 일반인 대상 인문학 강좌 500여 회를 개최한 철학아카데미 김진영 대표도 "최근의 인문학 붐은 경제적 위기의식에 대한 원천적 해법을 찾으려는 노력에서 나온다"고 덧붙였다.

○○일 밤 브릿지센터의 노숙자 수강생 교재에는 "우리는 어떤 사회를 지향해야 하는가?"라는 물음이 적혀 있었다.

사례 2
(2009년)

멀게만 느껴지던 아랍,
오감 충족 '문화'로 한국을 두드리다

① "만져보지도 않고 어떻게 제대로 알 수 있겠어요?"

② 이○○(22, 여)씨는 국립극장 문화광장에 마련된 전시관을 걸으며 호기심 가득한 표정으로 아랍의상과 생활품을 만져가며 구경했다. 우연히 광고를 보고 찾아왔다는 이씨는 아랍문화를 접하는 건 처음이지만, 생소한 만큼 더욱 흥미롭다고 말했다.

③ 제2회 아랍문화축전(Arab Culture Festival)이 지난 18일부터 3일간 국립극장에서 열렸다. 한 - 아랍소사이어티가 주최하고 외교통상부가 후원하는 이번 축전은 문화교류를 통해 한국과 아랍의 상호이해를 돕고 협력관계를 단단히 하는 데 목표를 뒀다. 한 - 아랍소사이어티 강근형 사무국장은 "아랍과 한국의 경제교류는 상당하다. 문화교류 수준도 그만큼 끌어올려야 한다."며 "아랍은 그들 문화에 대한 한국의 관심이 인색하다고 생각한다. 이번 행사로 우리 노력을 보여주는 효과를 기대해본다."고 말했다.

④ 1회 축전이 규모가 작았다는 지적을 받아들여 올해부터 국립극장과 더불어 이화여대 ECC 극장, 아트하우스 모모로 공간을 넓혔다. 프로그램도 공연 중심에서 벗어나 캘리그래피(아랍문양), 헤나문신, 음식체험, 전통결혼식 체험 등으로 참여를 확대했다. 또 세계영화제가 인정한 아랍영화 대표작 7편이 상영됐다. 이슬람중앙회 ㅈ씨는 "작년엔 단편적이고 전통적인 것만 부각해서 아쉬웠다."며 "실질적 문화 알리기를 위해 오늘날에 맞는 방식으로 변화해야 한다. 그런 점에서 2회는 발전했다고 본다."고 말했다. 시민들의 반응도 뜨거웠다. 국립극장 전 공연 630석 모두 매진됐고, 3일간 반복 상영되는 영화들도 모두 조기 매진됐다. 이△△(31, 여)씨는 "헤나에 사람이 많아서 30분정도 기

다리는 동안 음식을 먹거나 돌아다니면서 구경했다."며 "직접 경험 해보니 아랍이 더 가깝게 느껴진다."고 말했다. 아랍현지의 관심도 컸다. 한-아랍소사이어티 강근형 사무국장은 "오만은 주요일간지에 모두 보도될 정도로 의미 있게 다뤘고, 튀니지 대사의 경우 매일 나와서 구경하고 간다."며 "그들도 한국에게 문화적으로 알려지는 데 관심이 크다."고 말했다. Gulf Times기자 Mohamad는 "정부차원에서 문화를 한국에 알리려고 신경 쓴다."며 "외교, 경제, 무역보다 문화를 더 중요하게 여기는 것은 무엇을 입고, 먹고, 생각하는지를 말해주기 때문이다."라고 말했다.

⑤ 한국외대 통번역 대학원장 이인섭 교수는 "아랍은 외교적으로 큰 의미를 갖는다."며 "반기문 유엔사무총장 당선도 김종명 카타르 대사가 외교력을 발휘해 아랍 20개국으로부터 무더기표를 얻었기 때문에 가능했다."라고 말했다. 그는 또 "외교를 할 때는 한 채널에선 실제적 관계를 맺고 다른 채널에서 다양한 연구를 꾸준히 해줘야 한다."며 "우리는 후자가 없었다."고 안타까워했다. 이번 문화축전과 더불어 부산, 전구 영화제에 아랍영화를 소개하는 등의 노력으로 할리우드 영화와 이스라엘의 선전으로 생겨난 아랍에 대한 편견이 사라지길 기대한다고 말했다.

⑥ 음식체험관에서 나오는 이ㅇㅇ씨는 만족스러운 표정을 보였다. "아랍요리 처음 먹어봤어요. 향신료가 강할 줄 알았는데 괜찮네요." 그녀는 문화축전을 통해 테러로만 그려지던 아랍에 대한 부정적 인식을 버릴 수 있게 됐다며, 관심을 갖고 아랍문화를 더 알아보고 싶다고 말했다. "아랍국들이 옷이나 음식 같은 고유문화를 대중화, 세계화해서 앞으로 소통의 폭이 좀 더 넓어졌으면 좋겠어요." 그녀는 마지막 바람을 남기고 공연을 보기 위해 국립극장 안으로 향했다.

평가 및 첨삭

[총론]

- 기획이 맞나? 그냥 하나의 이벤트를 중심으로 쓴 것 같다. 그동안의 역사도 부족하고. 결국 야마는 이벤트를 둘러싼 한 - 아랍 관계 부흥인가?
- 기획이라면 이벤트를 독자의 눈길을 끌기 위한 뉴스 훅(news hook, 뉴스 고리)으로 사용하고, 한 - 아랍의 관계를 조망하는 내용에 방점을 찍는 것이 더 좋다. 입사 시험에서도 이런 식의 스케치 문제가 나오는 때가 있기 때문에, 일단은 일반 기사를 평가하는 수준에서 첨삭하겠다.
- 한두 군데 괜찮은 곳도 있지만, 전반적으로 글의 탄력이 떨어진다. 전달하고자 하는 내용들이 구체적 정보로 지원을 받지 못해, 무슨 얘기를 하려는지 정확성이 모자라게 느껴진다.
- 한 단락이 너무 긴 것들이 있다. 일반 기사에서 A4 용지 기준 한 단락은 최대 4행이다.

[각론]

① 말이 될 것 같기도 하고 안 될 것 같기도 하고, 도입부가 애매하다. 아예 다른 말로 바꾸든지, 기사의 마무리에서 이를 보완할 정보를 주면 글이 쫄깃해질 수 있겠다. 일단은 살려보겠다. 기사의 정보를 최대한 활용하는 수준에서 원문의 도입부를 복선 구조로 사용하고, 기사 끝을 조정하는 방법을 택하겠다는 얘기다. 나중에 전체 기사를 읽어보자. 일단 통과.

["만져보지도 않고 어떻게 제대로 알 수 있겠어요?"]

② 이○ ○에 대한 기본 정보가 하나 정도 더 있었으면 좋겠다. 그래야 다

양한 사람들이 관심을 가진다는 것을 보여줄 수 있으니까. 글쓴이의 야마를 지향하는 정보로 더 의미 있게 느껴질 수 있다는 뜻이다. 국립극장은 어디에 있나? 평양에 있는 건가? '서울 중구 (장충동) 국립극장'이라고 써야 한다. 적어도 광역자치단체 명칭은 반드시 필요하다. 전국지에서는 특히.

사실 원문 ②의 초반부에 나타난 정보가 구체적이지 않아, 기사 전체의 도입부가 맥이 빠지는 점도 있다. 원문 ③의 축전 얘기가 없기 때문이다. 또 원문 ①에서 '만지다'라는 표현이 나온 뒤 또 '만지다'라는 얘기가 동어 반복되니 지루해진다.

취재원이 우연히 광고를 보고 '그냥' 왔다고 했나? 그리고 대체 '어떤' 아랍 의상이기에 취재원이 좋아하던가? 글쓴이가 별다른 설명 없이 대강 써도 독자가 그 내용을 의미 있게 받아들일 것이라고 생각하는가? 마지막 문장도 막연하다. 바꾼다.

[지난 18일 오전 ㅇㅇ시 서울 중구 국립극장 문화광장 1층 전시장. 제2회 아랍문화축전(Arab Culture Festival) 첫날 ㅇㅇ번째 입장객 이ㅇㅇ(22 · 대학생 · 여)씨가 사우디아라비아의 전통 의상 '쑵(주로 모직으로 짜인 겨울 외투)'의 깃털을 손목에 감았다. "한국 직물과 다르지만 부드러워요. 국민성도 이렇게 편안할까요?"]

원문과 비교해보자. 그런 얘기 안 했다고? 그렇다면 취재를 덜 한 거다. 구체적으로 물어봤어야 했다. 이런 멘트가 나올 때까지.

③ 여기서는 이씨의 정보를 조금 더 활용하면서 원문의 내용을 이어가자. 이씨가 일단 독자들의 시선을 잡는 뉴스 훅으로 사용됐으니까. 물론 엉성한 정보는 조금 더 튼실하게 짠다.

[이씨의 반응에 옆에 섰던 축전 주최 기구 한 - 아랍소사이어티(해당 국가 정치 · 경제 · 문화계 등 다양한 인사들의 모임) 강근형 사무국장의 얼굴에 미소가 번진다.

"서로 더 자세히 알아가는 것. 그것이 축전의 목적입니다."]

다음으로, 앞에서 쓰지 않았던 원문의 내용을 사용해보자. 그런데 도대체 경제규모가 얼마이기에 상당한가? 글쓴이에게만 상당한 것 아닌가? 취재원이 그 정도로만 얘기했더라도 구체적으로 물어 독자들이 스스로 상당하다고 느끼도록 더 물어 취재해야 하지 않겠나. 말하지 말고 보여주라(Do not tell but show)!

[아랍문화축전이 지난 18일 시작됐다. 축전은 한국과 아랍의 상호이해와 협력을 증진하는 문화 가교다. 무역 규모 ㅇㅇ달러로 한국의 교역 대상 지역 중 ㅇㅇ위인 아랍권에 대해 이해가 부족하다는 지적에 따라 지난해 처음 열렸다. 강 사무국장은 "교역 규모에 비해 우리 국민은 상대방을 너무 모르고, 아랍권 국민들도 그에 대한 실망을 표시하고 있다"며 "불신 극복과 상호 번영을 위한 노력이 필요하다"고 말했다.]

그리고 뭘 어떻게 기대하는가? 원문에 사용한 인용이 너무 막연하지 않은가? 다음 단락으로 가자.

④ 지적을 받아들였다고 했는데, 그러면 늘린 건가? 어디까지는 있는데 어디서부터가 없다. 단편적이고 전통적인 건 뭔가? 도대체가 설명이 없다. 이화여대는 그렇다고 치더라도 아트하우스 모모는 뭐고 어디에 있는 건가? 그냥 붓 가는 대로 막 쓰나? 왜 ㅈ씨라고 썼는가? 취재원이 부끄럽다고 하나? 정보를 보면 특별히 익명 처리할 사유가 아닌 것 같은데. 만약 그 자신이 실명을 밝히기 어렵다고 하면 그 이유까지 기사에 적어주든지, 아니면 비슷한 말을 하며 실명을 댈 수 있는 다른 사람을 찾아 물어봐야 한다. 그런 정보 정도로 취재원이 익명을 요구한다는 것 자체가 이상하지 않겠는가? 공연히 기사 꼴만 우스워졌다.

또 단편은 뭐고 전통은 뭔가? 캘리그라피(calligraphy)는 아랍 문양이라고 만 볼 수 없다. 일반적으로는 능서(能書), 달필 등의 뜻이고, 조금 세밀화하면 손으로 쓴 그림문자 정도가 된다. 그걸 아랍문자라고 설명하면 나중에 웃음거리 된다. 취재원이 준다고 확인도 하지 않은 채 그냥 쓸 텐가? 헤나 문신은 또 뭔가? 글쓴이는 그게 뭔지 아는가? 설명도 없이 주면 독자는 알겠는가? 우스운 걸 넘어 이제 무책임해진다. 조기매진은 언제 매진된 걸 말하는가? 국립극장에서는 무슨 공연이 있고? 이○○과 마찬가지로 이△△도 정보가 더 필요하다. 그리고 어떻게 느꼈기에 가깝다고 생각하는가?

한국 신문에 영문 스펠링을 그대로 쓰는 것을 보았는가? Gulf Times는 뭔가? Mohamad는? 독자가 못 읽어서 속상해하면 책임질 텐가? 기본적으로 한글로 풀어야 한다. '걸프 타임스', '모하마드'다. 그런데 걸프 타임스는 어느 나라 신문인가? 도대체 한 단락에서 발견되는 빈구석이 얼마나 많은지. 정말로 반성해야 한다.

[그래서 3일간 진행된 올해 축전은 지난해보다 그 규모를 늘렸다. 우선 행사장소를 국립극장뿐 아니라 서울 서대문구 이화여대의 복합단지 교내 극장 아트하우스 모모까지 확대했다. 전체 22개 아랍국가 중 7개만 참가했던 1차에 비해 올해는 2배 가까운 13개국이 동참했다. 국내 유일의 이슬람 선교기구인 이슬람중앙회 이맘(종교 지도자) 이▽▽(43)씨는 "작년엔 라크 샤르키(이집트식 벨리댄스) 무용 등 단편적이고 전통적인 공연 위주의 프로그램만 있어 아쉬웠다"고 했다. 올해는 세계영화제에 출품됐던 ○○ 등 현대 아랍영화 7편이 상영, 아랍식 그림문자, 결혼 축하와 다산을 기원하는 헤나 문신 전시 등 현대와 과거를 잇는 프로그램이 이어진다. 달걀, 파슬리, 참치 등을 넣어 만든 튀니지 전통 음식 브릭(Brik) 시식은 입으로 느끼는 아랍 문화다. 다양한 프로그램만큼 시민 관심도 높다. 630개 좌석의 국립극장에서 진행되는 ○○ 등 ○○개의 공연은 연일 매진됐고, 아트하우스 모모 등에서 3일간 반복 상

영된 영화 7편 모두 홍보가 시작된 ○○일 이후 ○○일 만에 사전 예매로 매진됐다. 이날 두 자녀와 함께 국립극장을 찾은 이△△(31 · 여)씨는 "태양을 팔에 새기는 헤나 체험을 30분 동안 기다려 겨우 했다"며 "두 살배기 막내가 '헤나'라는 말을 하며 신기해했다"고 말했다. 관심은 아랍 현지에서도 높다. 오만은 주요 일간지에 모두 이 내용을 보도했고, 튀니지 대사는 매일 들러보고 본국에 보고를 한다는 것이 강 사무국장의 설명이다. ○○의 걸프 타임스 모하마드 기자는 "첫날 ○○를 중심으로 한 면의 절반가량을 할애해 하루 만에 ○○명이 축전을 찾은 한국민들의 관심을 보도했다"고 말했다.]

⑤ 이제 마무리 단계로 전문가의 해석을 넣는다. 이인섭 교수의 멘트는 적절한 위치다. 첫 번째 코멘트 다음에 이어지는 정보가 괜찮다. 이렇게 써야 탄력을 받는다. 즉, 일반론을 썼으면 반드시 구체적인 정보가 붙어야 한다는 얘기다. (할 줄 알면서 왜 앞에서는 안 했나!) 그래도 역시 정보를 더 줄일 수 있다. 한번 해보자.

[한국외대 통번역 대학원장 이인섭 교수는 "반기문 유엔사무총장도 아랍 20개국으로부터 무더기 표를 얻었기 때문에 당선이 가능했다"며 "이익에 따라 동지와 적이 수시로 변하는 국제무대에서, 국민들 간 끈끈한 정을 이어주는 문화축전은 아랍 국가를 진정한 동지로 만드는 계기가 될 것"이라고 말했다.]

짧지만 전달하려는 의미가 정리됐지 않은가?

⑥ 이제 진짜 마무리다. 아까 도입부에 말했던 복선 구조의 끝을 보자.

[18일 오후 ○○시. ○○시간 동안 아랍 문화를 체험한 이○○씨가 튀니지 관에서 나왔다. "브릭 맛이요? 새콤해요. 우리나라 ○○ 같아요. 쑵에서는 촉감으로, 브릭에서는 미각으로 아랍을 느껴요. 이제 눈과 마음으로 만나러 가요." 이씨는 ○○ 공연

을 보러 ○○로 향했다.]

온몸으로 체험하는 한국인의 모습이 그려지는지?

수정 기사 2

※ 첨삭의 지적 내용을 다 넣으면 8.7매. 더 줄여서 8.0매로 마무리했다.

"만져보지도 않고 어떻게 제대로 알 수 있겠어요?"

지난 18일 오전 ○○시 서울 중구 국립극장 문화광장 1층 전시장. 제2회 아랍문화축전(Arab Culture Festival) 첫날 ○○번째 입장객 이○○(22·대학생·여)씨가 사우디아라비아 전통 의상 '쏩(모직으로 짜인 겨울 외투)'의 깃털을 손목에 감았다. "한국 직물과 다르지만 부드러워요. 국민성도 이렇게 편안할까요?"

이씨의 반응에 축전 주최 기구 한-아랍소사이어티(해당 국가 정치·경제·문화계 등 다양한 인사들의 모임) 강근형 사무국장의 얼굴에 미소가 번진다. "서로 더 자세히 알아가는 것이 축전 목적입니다."

아랍문화축전이 지난 18일 열렸다. 무역 규모 ○○달러, 교역 대상 지역 중 ○○위인 아랍에 대한 이해 증진을 위해 지난해 처음 시작됐다. 강 사무국장은 "교역 규모에 비해 우리 국민은 상대방을 너무 모르고, 아랍권 국민들도 그에 대해 실망하고 있다"며 "불신 극복과 상호 번영을 위한 노력이 필요하다"고 말했다.

3일간 진행된 올해 축전은 지난해보다 규모를 늘렸다. 우선 행사장소를 국립극장뿐 아니라 서울 이화여대 교내 복합단지 극장 아트하우스 모모까지 확대했다. 전체 22개 아랍국가 중 7개만 참가했던 1차에 비해 올해는 2배 가까운 13개국이 동참했다.

국내 이슬람 선교기구인 이슬람중앙회 이맘(종교 지도자) 이△△(43)씨는 "작년엔 라크 샤르키(이집트식 벨리댄스) 무용 등 단편적이고 전통적인 공연 위주의 프로그램만 있어 아쉬웠다"고 했다.

올해는 세계영화제에 출품됐던 ○○ 등 현대 아랍영화 7편 상영, 아랍 식 그림문자, 결혼 축하와 다산을 기원하는 헤나 문신 전시 등 현대와 과거를 잇는 프로그램이 이어진다. 달걀, 파슬리, 참치 등으로 만든 튀니지 전통 음식 브릭(Brik) 시식은 입으로 느끼는 아랍 문화다.

다양한 프로그램만큼 시민 관심도 높다. 630개 좌석 국립극장의 ○○개 공연은 연일 매진됐고, 아트하우스 모모에서 3일간 반복 상영된 영화 7편 모두 사전 예매로 매진됐다.

이날 두 자녀와 함께 국립극장을 찾은 이△△(31 · 여)씨는 "태양을 팔에 새기는 헤나 체험을 30분 동안 기다려 했다"며 "두 살배기 막내가 '헤나'라는 말을 하며 신기해했다"고 말했다.

관심은 아랍 현지에서도 뜨겁다. 오만은 주요 일간지에 축전을 보도했고, 튀니지 대사는 매일 들러 본국에 보고한다는 것이 강 사무국장의 설명이다. ○○의 걸프 타임스 모하마드 기자는 "첫날 ○○를 중심으로 한 면의 절반가량을 할애해 하루 만에 ○○명이 축전을 찾은 한국민들의 관심을 보도했다"고 말했다.

한국외대 통번역 대학원장 이인섭 교수는 "반기문 유엔사무총장도 아랍 20개국으로부터 무더기 표를 얻었기 때문에 당선이 가능했다"며 "문화축전은 아랍 국가를 진정한 동지로 만드는 계기가 될 것"이라고 말했다.

18일 오후 ○○시. ○○시간 동안 아랍 문화를 체험한 이○○씨가 튀니지관에서 나왔다. "브릭 맛이요? 새콤해요. 숍에서는 촉감으로, 브릭에서는 미각으로 아랍을 느껴요. 이제 눈과 마음으로 만나러 가요." 이씨는 ○○ 공연을 보러 ○○로 향했다.

사례 3
(2009년)

'명예훼손' 분쟁에서 비켜가는 포털

① "갑자기 제 게시물이 통보도 없이 사라졌어요" 올 1월 말 정○○(24, 고려대학교 사회학과 4학년)씨는 자신의 글이 블로그에서 사라진 것을 발견했다. 정씨는 올 초 태안기름유출사건 피해주민들이 서울역 광장에서 개최한 삼성중공업 규탄집회에 참석 한 뒤 자신의 네이버 블로그 게시판에 현장사진 10장과 사진설명을 올렸다. 며칠 뒤 포털측에서 아무런 통지 없이 글을 삭제했다. 그는 "나중에 내 글이 '임시조치(이해 당사자의 요구로 포털측이 30일 동안 블라인드 처리)'당했다는 것을 알았고 권력이 나의 표현의 자유를 침해했다는 것에 기분이 나빴다"고 말했다.

② 환경운동가인 최○○목사도 비슷한 일을 겪었다. 최목사는 작년 7월 국내 시멘트 업체를 비판한 글을 자신의 다음 블로그 게시판에 올렸지만 삭제됐다. 한국◇◇◇◇협회에서 명예훼손을 이유로 포털 측에 '임시조치'를 요구한 것이다. 최목사는 "신고자의 말만 믿고 포털측에서 일방적으로 차단하는 것은 표현의 자유에 대한 본질적 침해"라고 주장했다.

③ 인터넷 게시물로 인해 명예가 훼손됐다며 포털측에 접근 차단을 요구하는 경우가 크게 늘어나고 있다. 2007년 하반기에만 네이버 측에 명예훼손 관련 '임시조치' 요구 건수가 25,529건이었고 2008년 상반기에는 39.2%가 증가한 35,442건이 접수됐다. 현재도 접수 중이다. 미디어다음에 접수된 신고 역시 같은 기간 4344건에서 6509건으로 늘어나 50% 증가했다. 삭제율에는 차이를 보였다. 네이버측은 2007년 명예훼손 관련 임시조치 요구 신고건수 27324건 가운데 26353건을 삭제해 95%의 삭제율을 보인데 반해 미디어다음측은 같은 기간 신고된 12047건 가운데 5256건을 삭제해 삭제율이 50% 정도에 그친 것으로 나타났다.

④ 문제의 발단은 2007년 1월 26일 개정된 '정보통신망법' 때문이라는 분석이다. 정보통신망법 44조 2항은 이해 당사자가 자신의 명예가 훼손됐다며 '임시조치'를 요구할 경우 포털측이 '지체없이' 차단해야 한다고 규정하고 있다. 권리침해 여부를 판단하기 어렵거나 이해 당사자 간 다툼이 예상될 경우에도 30일 이내에 블라인드 조치를 취할 수 있다고 규정하고 있다. 30일 내로 차단 요구자가 방송통신위원회에 소명자료를 낼 수 있고 방송통신심의위원회는 포털측에 '삭제' 권고를 내릴 수 있다. 정치인이나 기업들의 경우 '임시조치' 신청 한 번으로 자신에게 불리한 게시물을 내릴 수 있고 30일 뒤에 복구 되더라도 타격이 크기 않기 때문에 악용 소지가 있는 것이다. 고려대학교 법학대학 박○○ 교수는 "게시자의 권리가 전혀 반영이 안 된 법안" 이라며 " 임시조치를 악용하는 사례가 없도록 단서 조항이 필요하다" 고 말했다.

⑤ 국회에서도 제도 개선안을 마련 중이다. 민주당 문화체육관광방송통신위원회 이종걸 의원은 이달 13일 신고 접수 후 포털이 24시간 이내 반드시 방송통신심의위원회에 심의 요청을 하고 72시간 내에 결과를 통보 받을 수 있게 하고 포털이 '권리침해'가 명확할 경우에만 접근을 차단할 수 있도록 하는 '정보통신법' 개정안을 발의했다. 한나라당 나경원 의원은 방송통신심의위원회의 명예훼손분쟁조정부의 권한을 강화하고 전문가들을 확충하는 개정안을 마련 중이다. 인터넷 상의 표현의 자유와 직결되는 '임시조치' 개정안이 해당 상임위에서 뜨거운 쟁점이 될 것으로 보인다.

평가 및 첨삭

[총론]

- 다른 이들에 비해 글의 흐름이 좋다. 8.2매로 주어진 길이를 적당히 맞췄다. 하지만 야마가 조금 더 선명했으면 좋겠다.
- 정보들이 비교적 구체적으로 정리됐다. 수치의 사용도 눈에 띈다. 그러나 일부 표현들이 신문용으로 일반적이지 않다. 또 약한 표현도 보인다. 각을 세울 필요가 있을 때도 슬그머니 꽁무니를 뺐다. 조심하는 것은 좋지만, 정보가 확실하다면 야마를 위해 그 내용을 강조하는 것이 좋다.
- 한 단락이 길다. 한 단락의 길이는 A4 용지를 기준으로 할 때 4행 이내여야 한다.

[각론]

① 사례는 나쁘지 않다. 하지만 표현이 일반적이지 않거나 약한 부분이 있다. 우선 '고려대학교'가 아니고 '고려대'다. 보통 우리나라 신문들은 4년제 대학은 'ㅇㅇ대,' 전문대학은 'ㅇㅇ대학'이라고 쓴다. 그리고 취재원이 고려대 사회학과 4학년이라는 게 과연 중요한지 고민해볼 필요가 있다. 구체적인 상황을 적시하기 위해 자세한 소속을 적어줄 필요는 있다. 하지만 여기서는 그냥 대학생이라고 써도 무방하다. 야마를 전달하는 데 무리가 없기 때문이다. 조금이라도 줄여가면서 기사의 핵심 정보를 전달하는 것, 그리고 정확한 소속을 대는 이유 등에 대한 고민은 현장에서도 늘 나타난다. 이 고민에 대한 해답은 야마를 지향하는 정보를 사용하는 것에서 나온다. 한번 숙고해보자. 여기서는 조금이라도 글자 수를 줄이기 위해 '대학생'으로 고쳐봤다. 그리고 인용으로 된 첫 문장에 '사라졌어요'가 나오고 그다음

문장에 다시 '사라진'이라는 표현이 나온다. 같은 어근으로 무척 지루하게 느껴진다.

블라인드 처리는 뭔가? 왜 이렇게 책임감 없이 글을 쓰나? 무슨 말인지 대충은 알겠지만, 기사는 대충 쓰는 게 아니다. 풀어주자. 그런데, '기분이 나빴다'고 썼다. 한 대학생이 기분이 나쁜 정도의 얘기가 기사 정보로 타당할까? 그것도 첫 단락에서? 아예 빼보자. 그래야 글의 표상이 더 명확해진다.

["갑자기 제 게시물이 통보도 없이 없어졌어요." 올 1월 말 정○○(24 · 대학생)씨는 자신의 글이 블로그에서 사라진 것을 발견했다. 그는 올 초 태안기름유출사건 피해주민들이 서울역 광장에서 개최한 삼성중공업 규탄집회에 참석한 뒤 자신의 '네이버' 블로그 게시판에 현장사진 10장과 사진설명을 올렸다. 며칠 뒤 포털 측에서 아무런 통지 없이 글을 삭제했다. 정씨는 "나중에 내 글이 '임시조치(이해 당사자의 요구로 포털 측이 30일 동안 게재 내용을 삭제하는 것)' 당했다는 것을 알았다"며 "권력이 내 표현의 자유를 침해했다"고 말했다.]

② 두 번째 사례도 괜찮다. 문제는 기사가 보도되는 시점에서 이미 많이 알려진 내용이라는 데에 있다. 물론 앞에 비교적 새로운 내용이 배치되면서, 많이 알려진 두 번째 사례를 간단히 정리한 시도는 나쁘지 않다. 더 새로운 내용이 있으면 좋을 걸 그랬다. 간단하게 손보고 간다.

[환경운동가 최○○목사도 비슷한 일을 겪었다. 최목사는 작년 7월 국내시멘트업체를 비판한 글을 자신의 '다음' 블로그 게시판에 올렸지만 삭제됐다. 한국◇◇◇◇협회에서 명예훼손을 이유로 포털 측에 '임시조치'를 요구한 것이다. 최목사는 "신고자의 말만 믿고 포털 측에서 일방적으로 접근을 차단하는 것은 표현의 자유에 대한 본질적 침해"라고 주장했다.]

③ 야마 단락의 위치가 괜찮다. 하지만 더 선명했으면 한다. 첫 문장의 내용을 명쾌하게 하고 다음에 다른 문장을 추가해 의미를 강화하자.

[인터넷 게시물로 인해 명예가 훼손됐다며 포털 측에 해당 내용에 대한 네티즌들의 접근 차단을 요구하는 경우가 크게 늘어나고 있다. 이 조치가 인권 보호라는 측면에서 긍정적인 요소도 있지만, 남용으로 인한 표현 자유 침해 가능성도 증가한다는 지적이다.]

이렇게 고친 이유는 원문에서 늘어나는 것만 얘기를 하고 그쳤기 때문이다. 즉, 그 내용만으로는 야마가 강해 보이지 않는다는 뜻이다. 수정문의 두 번째 문장이 제시되면 앞뒤의 정보들과 연계도 되고 야마의 의미가 더 강해진다.

그런데 이어지는 문장에서 일부 표현이 어색하다. "2007년 하반기에만 네이버 측에 명예훼손 관련 '임시조치' 요구 건수가……"라는 식이 문장이 이상하지 않은가? 안 이상하다고? 그럼 이 문장은 어떤가? "2007년 하반기에만 네이버 측에 요구된 명예훼손 관련 '임시조치' 건수가……." 이처럼 단어의 위치만 살짝 바꿔도 글을 읽기 편해진다. 어떻게 써야 할지 고민하라. 살짝 고치면서 이어가자.

앞에서는 '다음'이라고 했고, 여기서는 '미디어 다음'이라고 적었다. 무엇이 맞는가? 둘 다 맞더라도 기사 안에서는 일관성을 유지해야 한다. 수정 기사에서는 그냥 '다음'으로 간다. 작은따옴표를 쓰는 이유는 이 포털 이름 때문이다. 기사에서 작은따옴표 없이 쓰면, '나중'이라는 뜻의 다음과 헷갈릴 수 있어서다. 할 수 없이 일관성 유지라는 차원에서 네이버에도 작은따옴표를 사용했다.

[2007년 하반기에만 '네이버' 측에 요구된 명예훼손 관련 '임시조치' 건수가 25,529건이었고 2008년 상반기에는 39.2%가 증가한 35,442건이 접수됐다. 5월 현

재도 접수 중이다. '다음'에 접수된 신고 역시 같은 기간 4,344건에서 6,509건으로 늘어나 50% 증가했다.]

그런데 삭제율을 설명하는 방식이 어색하다. 그냥 둘 사이에 차이가 있다고 했기 때문이다. 따지고 보면 앞에 제기된 증가율이나 접수 건수도 차이가 있다. 그런데 글쓴이는 원문에 '삭제율에는 차이를 보였다'고 적어 마치 삭제율에만 차이가 있는 것처럼 기술했다. 이상하지 않은가? 전달하고자 하는 의미는 아마도, '완전 삭제율'로 보인다. 30일이 지난 뒤에도 복원을 하지 않는 것 말이다.

그리고 궁금한 점이 생긴다. 앞의 정보에서 네이버의 2007년 '하반기' 임시조치 건수는 25,529건이고 뒤의 정보는 같은 해 '전체' 건수다. (또 글쓴이는 '2007년 명예훼손 관련 임시조치 요구 신고건수 27324건'이라고 적었다. 먼저 여기는 왜 27,324라고 반점을 쓰지 않았는지? 그건 간단하게 찍으면 되니 일단 넘어가자. 그렇다고 하더라도 일관성을 유지하는 데 신경을 쓰지 않는다는 느낌이 오기 시작한다.) 문제는 '상반기' 건수가 1,795밖에 되지 않는다는 점이다. 왜 그런가? 왜 하반기에 이렇게 늘었는가? 별것 아닌 듯하지만, 궁금한 요소다. 현장 데스크에게 걸리면 꼼짝없이 이유를 설명하라는 요구를 받을 게다. 독자 중에 이런 내용에 의혹을 제기하는 사람이 분명히 있기 때문이다. 그래서 기사는 완벽해야 한다. 글쓴이가 앞의 것은 임시조치 건수, 뒤의 것은 임시조치 요구 건수라고 표현했기에 궁금증은 더 커진다. 앞의 정보는 조치가 이뤄진 것이고, 나중 것은 조치 이전의 요청 건수이기 때문이다. 여기에 대해 답을 구하는 것이 가장 좋은 방법이다. 차선책은 앞에 일단 구체적인 수치를 제시했으니, 여기서는 %만 쓰면서 뭉개고 나가는 거다. (취재가 안 됐으니 할 수 없다. 현장에서는 모든 수치를 확인해서 써야 한다.) 앞에 수치를 제시했으니, 이게 가능하다. 물론 정확도는 떨어지지만, 궁금증을 유발하는 것보다는 낫다. 고쳐보자.

[30일이 지나도 복원이 안 되는 완전 삭제율도 차이가 있다. '네이버'는 2007년 명예훼손 관련 임시조치 요구 건수 중 95%가 완전 삭제된 데 비해 '다음'은 같은 기간 50%의 완전 삭제율을 보였다.

이는 각 포털의 임시조치 처리 방법에 차이가 있기 때문이다. 네이버는 네티즌의 재(再)게재 요구가 없으면 영구 삭제, 다음은 그런 요구가 없더라도 소송이나 벌금 지불의 위험이 없으면 자동 복구를 원칙으로 삼는다. 결국 헌법에 보장된 표현 자유는 사기업의 기준에 따라 달리 적용된다.]

어떤가? 비록 앞에는 상반기와 하반기로 나누고 여기서는 그냥 2007년 전체를 사용해도, 일단은 궁금증이 덜하고, 기사의 의미도 조금 더 살아나지 않는가? 취재가 덜 됐다는 비난을 피하기 어렵지만, 마감을 앞둔 상황이라고 가정하고 이와 같이 제안했다. 즉, 부족한 정보지만 이를 어떻게 활용해야 기사의 내용을 더 선명하게 할 수 있는지를 보여준 것이다. 취재와 보도의 부분을 더 적극적으로 고민해보자.

④ 이제 원문을 조금씩 고치면서 전진한다. 나머지 정보는 전반적으로 좋아 보인다.

[문제의 발단은 2007년 1월 26일 개정된 '정보통신망법' 때문이라는 지적이다. 이 법 44조 2항은 이해 당사자가 자신의 명예가 훼손됐다며 '임시조치'를 요구할 경우 포털 측이 '지체 없이' 차단해야 한다고 규정하고 있다. 권리침해 여부를 판단하기 어렵거나 이해 당사자 간 다툼이 예상될 경우에도 30일 이내에 해당 정보에 대한 네티즌들의 접근 차단 조치를 취할 수 있다.

또 30일 내로 차단 요구자가 방송통신위원회에 소명자료를 내면, 방송통신심의위원회는 심사를 거쳐 포털 측에 '완전 삭제' 권고를 내릴 수 있다. 그러나 이 법은 피해자의 인권을 보호할 수도 있지만, 정치인이나 기업들의 경우 '임시조치' 신청 한 번으로 자신에게 불리한 게시물을 내릴 수 있기 때문에 악용될 여지도 크다.

고려대 박○○ 교수(법학)는 "임시조치 요구만으로도 특별한 검증 없이 인터넷상의 글을 삭제할 수 있게 만든 이 법에는 게시자의 권리가 전혀 반영이 안 됐다"며 "임시조치를 악용하는 사례가 없도록 하는 단서 조항이 필요하다"고 말했다.]

원본과 무슨 차이가 있는지 자세히 살펴보라. 정보를 명확히 해주면서 진행한 결과다.

⑤ 역시 마찬가지. 원본을 살짝 손보면서 기사를 마무리한다. 지적할 내용은 원문 ⑤의 두 번째 문장이 길게 늘어져 읽기 거북하다는 점이다. 살짝만 끊어 가도 훨씬 수월해진다. 어떻게 조정했는지 수정 기사를 참고하라.

[국회에서도 대책을 마련 중이다. 민주당 문화체육관광방송통신위원회 이종걸 의원은 지난 13일 임시조치 개선을 위한 '정보통신법' 개정안을 발의했다. 개정안에 따르면, 임시조치 신고 접수 후 포털은 24시간 이내 방송통신심의위원회에 심의 요청을 하고 이후 72시간 내에 결과를 통보받을 수 있으며, '권리침해'가 명확할 경우에만 접근을 차단할 수 있다.

한나라당 나경원 의원도 방송통신심의위원회의 명예훼손분쟁조정부의 권한을 강화하고 전문가들을 확충하는 개정안을 마련 중이다. 인터넷상의 표현의 자유와 직결되는 '임시조치' 개정안이 해당 상임위에서 뜨거운 쟁점이 될 것으로 보인다.]

※ 지적 내용을 모두 반영하면 9.7매이고, 더 과감하게 줄여서 8.0매로 마무리했다.

올 1월 말 정○○(24 · 대학생)씨는 자신의 글이 블로그에서 사라진 것을 발견했다. 그는 올 초 태안기름유출사건 피해주민들이 서울역 광장에서 개최한 삼성중공업 규탄집회에 참석한 뒤 자신의 '네이버' 블로그 게시판에 현장 사진 10장과 사진설명을 올렸다. 며칠 뒤 포털 측에서 아무런 통지 없이 글을 삭제했다.

정씨는 "나중에 내 글이 '임시조치(이해 당사자의 요구로 포털 측이 30일 동안 게재 내용을 삭제하는 것)'당했다는 것을 알았다"며 "권력이 내 표현의 자유를 침해했다"고 말했다.

인터넷 게시물로 인해 명예가 훼손됐다며 포털 측에 해당 내용에 대한 네티즌들의 접근 차단을 요구하는 경우가 크게 늘어나고 있다. 이 조치가 인권 보호 측면에서 긍정적인 요소도 있지만, 남용으로 인한 표현 자유 침해 가능성도 증가한다는 지적이다.

2007년 하반기에만 '네이버' 측에 요구된 명예훼손 관련 '임시조치' 건수가 25,529건이었고 2008년 상반기에는 39.2%가 증가한 35,442건이 접수됐다. 5월 현재도 접수 중이다. '다음'에 접수된 신고 역시 같은 기간 4,344건에서 6,509건으로 늘어나 50% 증가했다.

30일이 지나도 복원이 안 되는 완전 삭제율도 차이가 있다. '네이버'는 2007년 명예훼손 관련 임시조치 요구 건수 중 95%가 완전 삭제된 데 비해 '다음'은 같은 기간 50%의 완전 삭제율을 보였다.

이는 각 포털의 임시조치 처리 방법에 차이가 있기 때문이다. 네이버는 네티즌의 재(再)게재 요구가 없으면 영구 삭제, 다음은 그런 요구가 없더라도 소송이나 벌금 지불의 위험이 없으면 자동 복구를 원칙으로 삼는다. 결국 헌법에 보장된 표현 자유는 사기업의 기준에 따라 달리 적용된다.

문제의 발단은 2007년 1월 26일 개정된 '정보통신망법' 때문이라는 지적이다. 이 법 44조 2항은 이해 당사자가 명예훼손을 이유로 '임시조치'를 요구하면 포털은 '지체 없이' 해당 게재 내용을 차단해야 한다고 규정하고 있다.

권리침해 여부를 판단하기 어렵거나 이해 당사자 간 다툼이 예상될 경우에도 30일 이내에 해당 정보에 대한 네티즌들의 접근 차단 조치를 취할 수 있다. 또 30일 내로 차단 요구자가 방송통신위원회에 소명자료를 내면, 방송통신심의위원회는 심사를 거쳐 포털 측에 '완전 삭제' 권고를 내릴 수 있다.

고려대 박○○ 교수(법학)는 "임시조치 요구만으로도 특별한 검증 없이 인터넷상의 글을 삭제할 수 있게 만든 이 법에는 게시자의 권리가 전혀 반영이 안 됐다"며 "임시조치를 악용하는 사례가 없도록 하는 단서 조항이 필요하다"고 말했다.

국회에서도 대책을 마련 중이다. 민주당 이종걸 의원은 지난 13일 임시조치 개선을 위한 '정보통신법' 개정안을 발의했다. 개정안에 따르면, 임시조치 신고 접수 후 포털은 24시간 이내 방송통신심의위원회에 심의 요청을 하고 이후 72시간 내에 결과를 통보받을 수 있으며, '권리침해'가 명확할 경우에만 접근을 차단할 수 있다.

한나라당 나경원 의원도 방송통신심의위원회의 명예훼손분쟁조정부의 권한을 강화하고 전문가들을 확충하는 개정안을 마련 중이다. 인터넷상의 표현의 자유와 직결되는 '임시조치' 개정안이 해당 상임위에서 뜨거운 쟁점이 될 것으로 보인다.

사례 4
(2009년)

하숙·원룸의 잠 못 드는 날들
– 횡간 소음 규제 없어 옆집 소음에 무방비

① "집은 잠자고 쉬는 곳이잖아요. 잠도 못 자고 쉴 수 없다면 더 이상 집이라고 보기 힘들죠." 학원 강사 정○○(25)씨는 지난 2005년부터 2년여간 원치않는 이사를 두 번이나 해야 했다. 얇은 벽 너머에서 들려오는 소음 때문이었다.

② 지난해 김상희 의원이 발의한 '소음진동규제법 일부개정법률안'은 공동주택의 층간 소음,진동으로 인한 분쟁이 점차 심각해지고 있지만, 이를 규제하는 법적 장치가 마련되어 있지 않다고 지적하고 있다. 하지만 옆 세대 간의 소음, 즉 '횡간 소음' 규제에 관한 문제 제기는 전무한 실정이다. 관련 규제가 없어 가장 큰 피해를 보는 이들은 하숙집이나 원룸에서 사는 사람들이다. 횡간 소음 규제가 없는 것은 어느 주거형태에나 마찬가지지만 이들 주거형태가 상대적으로 방음 시설이 더욱 열악하기 때문이다.

③ 정씨는 2005년 7월에 성북구 삼선동에 있는 집에 하숙을 들었다. 학교와 가까웠고, 무엇보다 보증금이 없다는 점이 매력적이었다. 하지만 이때부터 그녀의 '잠 못드는 날들'이 시작됐다. "전화 통화소리, 음악소리는 아무것도 아니었어요. 옆 방 여학생이 남자친구를 데려오기라도 하는 날엔, 안에서 무슨 일을 하고 있는지 다 알 수 있을 만큼 소음이 생생했어요." 안이 비어 있는 7~8cm 정도의 임시 가벽은 옆 방에서 들려오는 소리를 막기에는 역부족이었던 것이다. 정씨는 결국 1년 여만에 그 집을 나왔다. 그리고 인근에 보증금 500만원에 월세 45만원 짜리 원룸을 얻었다. 하지만 거기서도 옆 방 소음으로 시달리다 6개월만에 다시 이사해야 했다.

④ 이△△ 건축 사무소의 이○○ 실장은 "횡간 소음은 법적 규제가 따로 마련된 것이 없다"고 말했다. 또 이 실장은 "대학교 주변 원룸이나 하숙집들이 방

을 늘리기 위해 만든 석고보드나 가벽은 전혀 소리를 차단하지 못한다"고 꼬집었다.

⑤ "내 방에서도 눈치봐야하는구나 하는 생각이 들곤해요" 숙명여대 근처 원룸에서 거주하는 대학생 김○○(23)씨의 말이다. 그는 가벽을 세워 방을 만든 하숙이 옆방 소음 때문에 살기 힘들다는 얘기를 자주 들었다. 그래서 일부러 원룸으로 들어왔지만 사정은 별반 다르지 않았다. 경계벽은 생각보다 얇았고, 옆방에서 전화 통화하는 소리나 말하는 소리가 들려 짜증이 났다. 하지만 자신이 내는 소리도 옆방에 들릴 거라고 생각하니, 외려 자신이 내는 소리에도 신경이 쓰여 불편했다. 내 방에서 내 마음대로 할 수 있는 일이 별로 없었던 것이다.

⑥ 현행 건축법은 하숙이나 원룸을 다가구주택으로 분류한다. 부천시청 환경지도팀에 근무하는 유○○씨는 "다가구주택은 아파트와 같은 다세대주택과는 달리 하나의 세대로 보기 때문에 동일건물 내의 소음은 규제대상으로 보기는 어렵다"며 "결국 각자 개인이 조심해야 하는 문제"라고 말했다.

⑦ 숙명여대 근처에서 6층짜리 원룸 건물을 운영하는 김모(64)씨도 비슷한 입장이다. 그는 "집 지을 때 솔직히 횡간 소음 문제는 신경쓰지 못했다"면서도 "결국 개인들이 좀 조심하면 될 일"이라고 말했다. 그는 또 "요즘 젊은이들이 너무 까탈스럽고 예민한 경향이 있는 듯 하다"고 덧붙였다.

⑧ 횡간 소음 때문에 두 번이나 이사해야 했던 정씨의 말은 다르다. 정씨는 "엄연히 여러 가구가 살고 있는 하숙이나 원룸이 어째서 하나의 세대로 인정되는지 이해되지 않는다"고 말했다. 그는 또 "하숙이나 원룸에 사는 사람들이 불편한 것은 고성방가를 못해서가 아니라, 전화통화조차 자유롭지 않은 데 있다"고 강조했다.

평가 및 첨삭

[총론]

• 정보 흐름이 비교적 부드럽다. 야마도 선명한 편이다. 원룸이나 하숙의 문제로 핵심을 한정해 자칫 뉴스 가치가 떨어질 수 있는 소재를 기사화하는 데 도움이 됐다. 그러나 야마 단락 안에서의 정보 위치가 집중도를 떨어뜨린다.

• 인용 정보에 너무 집착한 것이 흠이다. 그러다 보니 어떤 인용은 늘어지는 감마저 든다. (일부 인용은 외설적 상상력을 자극한다. 재미는 있는데, 꼭 그걸 써야 했을까?)

[각론]

① 인용구 안에 같은 내용(잠자고 쉬는 곳)이 두 차례 반복되면서 늘어지는 느낌이다. 아예 이 내용을 줄이고 다른 정보를 추가하면서 횡간(橫間) 소음의 고통을 보여주는 게 좋겠다. 원문 ③의 내용을 올려보자. 먼저 혼 좀 나자. 성북구는 미국에 있나? 왜 광역단체 명칭을 안 썼나? 전국지에서 그렇게 하는 것 봤나? 집에 하숙을 들었다? 표현이 껄끄럽다. '하숙했다'로 고쳐보자. 그리고 내용이 계속 반복되는 느낌이다. 간결하게 끊어 가자.

'보증금 500만 원에 월세 45만 원짜리 원룸'이 정보 자체로서 나쁘지는 않다. 취재는 열심히 했다. 그런데, 먼저 하숙집은 가격 정보가 없지 않았나? 싸다고만 했지. 원룸 가격 정보가 의미가 있으려면, 하숙집 가격도 적시해야 한다. 아쉽지만, 하숙집 가격이 없으니 일단 '더 비싼 원룸' 정도로 고치고 진행한다. 수정 내용을 보고 느낌을 생각해보자.

["집은 잠자고 쉬는 곳이잖아요. 안 그러면 집이라고 보기 힘들죠."

학원 강사 정○○(25)씨는 대학 시절인 2005년 7월, 서울 성북구 삼선동에서 하숙했다. 하지만 학교에서 가깝고 보증금 없이 싼 집이 '잠 못 드는 곳'이 될지 몰랐다.

"전화소리, 음악소리, 옆방 여학생과 그 남자친구의 웃음소리. 안이 텅 빈 7~8cm 두께의 나무 벽을 뚫고 온갖 소음이 건너왔어요."

정씨는 결국 1년여 만에 그 집을 나와, 인근에 조금 더 돈을 주고 원룸을 얻었다. 하지만 사정은 마찬가지였다. 6개월 만에 다시 나왔다. 얇은 벽 너머 소음 때문에 약 2년간 원치 않는 이사를 두 번 한 셈이다.]

수정된 도입부가 약간 길게 느껴지는 것도 사실이다. 하지만 원문 도입부는 너무 짧고, 그 안에서도 심각한 정도를 느끼기에는 정보 자체가 부실했다. 비슷한 표현이 이어지면서 긴장감이 떨어지고, 시끄럽다는 점이 고통스러울 정도라는 묘사가 부족했다는 거다. 비록 수정된 도입부가 길기는 해도, 원문에 비해 더 잘 읽힐 거라는 생각이다. 간결한 문장 구조 등에 정보의 중첩을 피하면서 전달하고자 하는 내용을 담았기 때문이다.

② 원문에는 야마가 비교적 선명하게 소개된다. 하지만, 횡간 소음을 전달해야 하는 데, 층간 소음 내용이 먼저 나오면서 고개가 약간 갸우뚱해진다. 바꿔보자.

[공동 건물 내 같은 층 독립 주거 단위 사이 소음이 문제가 되고 있다. 특히 방음 시설이 열악한 하숙집이나 원룸 입주자들이 이 횡간(橫間) 소음에 대한 고통 호소가 많다. 더 심각한 것은 이 문제에 대한 법적 규제 시도는 물론, 문제 해결을 위한 관심도 나타나지 않는다는 점이다.]

이 정도로 해놓고 김상희 발의는 약간 뒤로 뺀다. (사실 많다고 적어놓고도 얼마나 많은지 설명할 길이 없어 참 답답하다. 그런 정보가 추가됐으면 더 좋겠다.)

③ 원문 내용은 수정문 도입부에 활용했으니 통과.

④ 여기에 약간 새로운 정보를 추가해보자. 다른 곳에서 확인한 내용을 들여온다.

[△△청에 따르면 2008년 1인 가구 수는 전체의 20.1%다. 그러나 주민등록을 옮기지 않고 일시적으로 타지에서 생활하는 대학생이나 일용 근로자 등을 합하면 혼자 생활하는 사람들의 수는 더욱 늘어난다. 이들이 거주하는 곳은 주로 하숙집이나 원룸, 오피스텔 등이다.]

그런 뒤 원문의 정보를 잇는다.

[이△△ 건축 사무소의 이○○ 실장은 "엄격한 기준으로 세대 간 벽의 두께를 규제하는 아파트 등과 달리 대학교 주변 원룸이나 하숙집들이 방을 늘리기 위해 얇은 가벽을 쓰면서 전혀 소리를 차단하지 못한다"며 "하지만 이 주거 공간의 횡간 소음을 차단하기 위해 법적 규제가 따로 마련된 것이 없다"고 말했다.]

이제 김상희 발의안을 연결하자. 그런데 김상희 의원은 미국 공화당 사람인가? 왜 소속이 없는지? 게다가 해당 법률안은 2009년 2월 국회에 제출됐다. 그런데 글쓴이는 지난해에 발의됐다고 썼다. 더 최신 정보를 써야 하는 것 아닌가? 이래서는 오보를 낼 수도 있다. 그러면 용서가 안 된다.

[이웃 간의 불화 등으로 언론에 보도된 공동 주거 문제는 주로 공동주택 위·아래 층 사이의 '층간(層間) 소음'에 의한 것이었다. 이 갈등을 해소하기 위해 지난 2월 민주당 김상희 의원은 '소음진동규제법 일부개정법률안'을 국회에 제출했다.

하지만 옆 세대 간의 소음 문제는 이 법률안에 포함되지 않았다. 결국 문제 제기조차 제대로 이뤄지지 않고 있는 것이다. 횡간 소음 규제가 없는 것은 어느 주거형태에나 마찬가지지만, 전체 가구의 20% 이상을 차지하는 하숙집, 원룸 등은 석고보드나 가벽으로 세대를 구별하고 있어, 이곳 입주자들의 피해는 더욱 큰 실정이다.]

원문의 정보와 순서가 약간 바뀌었지만, 내가 보기에는 이 흐름이 기사 이해에 더 도움이 된다. 원문 ⑤에 사용한 김ㅇㅇ의 사례와도 연결이 편하고.

⑤ 피해를 다른 시각에서 접근한 것이 흥미롭다. 지루해질 수 있는 내용에 방향 전환을 줘서 새로운 정보 형태로 바꿨다. 좋아 보인다. 앞에서 이미 사용된 정보를 제거하면서 표현을 조금씩 바꿔 그대로 진행한다. (그런데 원문의 정보를 보면 김ㅇㅇ은 하숙 경험이 없다. 하숙이 나쁘다는 얘기를 '듣고서' 일부러 원룸으로 왔다고 했다. 그런데 어떻게 사정이 '다르지 않다'고 말할 수 있는가? 이 내용을 아예 뺀다.) 그리고 자꾸 똑같은 표현을 연달아 하는 버릇이 있다. 앞에서 한 번 지적했기에 여러 번 말하지 않고 지나왔는데, 여기서도 또 그런다. "자신이 내는 소리도 옆방에 들릴 거라고 생각하니, 외려 자신이 내는 소리에도"라는 표현을 보라. 지루하지 않나?

["내 방에서도 눈치 봐야 하는구나 하는 생각이 들어요."

숙명여대 근처 원룸에 거주하는 대학생 김ㅇㅇ(23)씨의 말이다. 그는 옆방 소음 때문에 하숙 생활이 힘들다는 얘기를 자주 듣고 일부러 원룸에 입주했다. 하지만 경계벽은 생각보다 얇았고, 옆방 대화소리, 웃음소리 등이 "짜증 날 정도로" 여과 없이 들려왔다.

하지만 자신의 소리도 옆방에 들릴 거라고 생각하니, 외려 스스로 내는 소리에도 신경이 쓰여 불편했다. 내 방에서 마음대로 할 수 있는 일이 별로 없었던 것이다.]

⑥ 왜 부천시청 사람을 썼는가? 이 기사를 읽는 독자가 되었다고 생각해 보자. 일반 주제와 관련해 전국지 기사를 쓰는데 갑자기 부천 공무원이 등장하면 이상하지 않은가? 부천에 한정된 일이 아니지 않은가? 일반적으로 중앙지 기사에는 누가 등장하나? 중앙정부 사람들이 나오지 않는가? 그러

면 그런 사람들에게 물었어야 한다. 정 안 되면 서울시청에 문의를 하든지. 글쓴이는 지금 서울 사람들 위주로 그 내용을 쓰고 있지 않은가? (사실 서울시청도 문제는 된다. 하지만 수도라는 대표성 때문에 정 안 되면 그 방법이라도 쓴다. 가장 좋은 방법은 국토해양부 담당관을 취재하는 거다.) 그리고 알아서 조심하라는 얘기는 너무 무책임하지 않은가? 어쩔 수 없는 상황이 무책임하다는 것이 아니라, 야마를 지향하는 정보로 별로 책임감이 없다는 얘기다. 그래서 말을 만들어 넣어봤다. 수정 내용을 참고해보자.

[하숙이나 원룸은 이와 같은 불편을 해소할 법적 규제 시도도 어려운 실정이다. 현행 건축법은 하숙이나 원룸을 다가구주택으로 분류하기 때문이다.

국토해양부 이○○(43) ▽▽주택과장은 "다가구주택은 아파트와 같은 다세대주택과는 달리 하나의 세대로 보기 때문에 동일건물 내의 소음은 규제대상으로 보기는 어렵다"며 "김 의원의 법률안이 통과된 뒤 수정을 거쳐 횡간 소음 내용이 포함돼도 다가구주택은 혜택을 보기 어렵다"고 말했다.]

그런데 이렇게 확인되지 않은 말을 써도 될까? 물론 절대로 안 된다. 지금 여기서 쓴 말은 원문의 정보에 근거해 사용 가능하다고 생각된 내용을 넣은 거다. 흐름을 보면, 담당자가 이런 말을 할 가능성이 크다. 그럴 때는 기사를 쓰다가 다시 취재원에게 전화를 걸어 '확인'한 뒤 정보를 추가할 수 있다.

⑦ 사실 이 앞에서 기사를 끝내도 된다. 원문 ⑦과 ⑧은 없어도 된다. 특히 ⑦의 경우 야마를 흐릴 우려가 있다. 하지만 ⑧은 야마와 맞고, 또 ⑦이 ⑧을 끌어내는 도구로 사용된 것으로 보여, 원문 내용을 인정하면서 살짝 고치고 마무리한다. (없어도 위의 수정 부분과 원문의 마무리가 연결되기 때문에 없애고 싶기는 하다.) 표현만 손을 본다.

[서울 용산구 남영동에서 6층짜리 원룸을 운영하는 김모(64)씨는 "집 지을 때 솔

직히 횡간 소음 문제는 신경 쓰지 못했다"면서도 "요즘 젊은이들이 너무 예민해서 그렇지 결국 개인들이 좀 조심하면 될 일 아니냐"고 반문했다.]

⑧ 여기도 손을 본다.

[하지만 횡간 소음 때문에 두 번이나 이사해야 했던 정씨는 "엄연히 여러 가구가 살고 있는 하숙이나 원룸이 어째서 하나의 세대로 인정되는지 이해가 안 된다"며 "하숙이나 원룸에 사는 사람들이 불편한 것은 고성방가를 못해서가 아니라, 전화통화조차 자유롭지 않은 데 있다"고 말했다.]

수정 기사 4

※ 원문은 8.6매, 각론에서 첨삭한 대로 수정하면 9.9매인 것을 다시 줄여서 7.8매로 마무리했다.

"집은 잠자고 쉬는 곳이잖아요. 안 그러면 집이라고 보기 힘들죠."

학원 강사 정○○(25)씨는 대학 시절인 2005년 7월, 서울 성북구 삼선동에서 하숙했다. 하지만 학교에서 가깝고 보증금 없이 싼 집이 '잠 못 드는 곳'이 될지 몰랐다.

"전화소리, 음악소리, 옆방 여학생과 그 남자친구의 웃음소리. 안이 텅 빈 7~8cm 두께의 나무 벽을 뚫고 온갖 소음이 건너왔어요."

정씨는 결국 1년여 만에 그 집을 나와, 인근에 조금 더 돈을 주고 원룸을 얻었다. 하지만 사정은 마찬가지였다. 6개월 만에 다시 나왔다. 얇은 벽 너머 소음 때문에 약 2년간 원치 않는 이사를 두 번 한 셈이다.

공동 건물 내 같은 층 독립 주거 단위 사이 소음이 문제가 되고 있다. 특히 방음시설이 열악한 하숙집이나 원룸 입주자들이 이 횡간(橫間) 소음에 대한 고통 호소가 많다. 더 심각한 것은 이 문제에 대한 법적 규제 시도조차 어렵다는 점이다.

이△△ 건축 사무소의 이○○ 실장은 "엄격한 기준으로 세대 간 벽의 두께를 규제하는 아파트 등과 달리 대학교 주변 원룸이나 하숙집들이 방을 늘리기 위해 얇은 가벽을 쓰면서 전혀 소리를 차단하지 못한다"며 "하지만 이 주거 공간의 횡간 소음 해결을 위한 법적 규제는 없다"고 말했다.

이웃 간 불화 등으로 언론에 보도된 공동 주거 문제는 주로 공동주택 위·아래 층 사이의 '층간(層間) 소음'에 의한 것이었다. 이 갈등을 해소하기 위해 지난 2월 민주당 김상희 의원은 '소음진동규제법 일부개정법률안'을 국회에 제출했다. 하지만 횡간 소음 문제는 이 법률안에 포함되지 않았다. 결국 문제 제기조차 이뤄지지 않고 있는 것이다.

횡간 소음 규제가 없는 것은 어느 주거형태에나 마찬가지지만, 전체 가구의 20% 이상을 차지하는 하숙집, 원룸 등(2008년 △△청 자료)은 석고보드나 가벽으로 세대를 구별하고 있어, 이곳 입주자들의 피해는 더욱 큰 실정이다.

"내 방에서도 눈치 봐야 하는구나 하는 생각이 들어요."

숙명여대 근처 원룸에 거주하는 대학생 김○○(23)씨는 "얇은 경계벽을 타고 옆방 대화소리, 웃음소리 등이 짜증 날 정도로 여과 없이 들려온다"며 "하지만 내 소리도 옆방에 들릴 거라고 생각하니, 외려 신경이 쓰여 불편하다"고 말했다. 내 방에서 마음대로 할 수 있는 일이 별로 없었던 것이다.

하숙이나 원룸은 이와 같은 불편을 해소할 법적 규제 시도도 어려운 실정이다. 현행 건축법은 하숙이나 원룸을 다가구주택으로 분류하기 때문이다.

국토해양부 이○○(43) ▽▽주택과장은 "다가구주택은 아파트와 같은 다세대주택과는 달리 하나의 세대로 보기 때문에 동일건물 내의 소음은 규제대상으로 보기는 어렵다"며 "김 의원의 법률안이 통과된 뒤 수정을 거쳐 횡간 소음 내용이 포함돼도 다가구주택은 혜택을 보기 어렵다"고 말했다.

하지만 횡간 소음 때문에 두 번이나 이사해야 했던 정씨는 "엄연히 여러 가구가 살고 있는 하숙이나 원룸이 어째서 하나의 세대로 인정되는지 이해가 안 된다"며 "하숙이나 원룸에 사는 사람들이 불편한 것은 고성방가를 못해서가 아니라, 전화통화조차 자유롭지 않은 데 있다"고 말했다.

사례 5
(2009년)

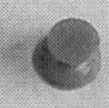

우측통행, 증폭되는 의혹에도 국토부는 묵묵부답 일방통행

① 지난 달 29일 국토해양부는 보행문화 개선 추진 방안을 내놓았다. 88년동안 고수해 왔던 좌측통행을 우측통행으로 바꾸겠다는 것이 그 골자다. 그러나 보고서는 일반인이 보기에도 미심쩍은 부분이 많을뿐더러 관련부처가 이를 적극적으로 해명하지 않고 있어 문제가 되고 있다.

② 국토해양부는 우측통행을 주장하는 결정적 근거로 '교통사고 감소'를 들고 있다. 보 · 차도 비분리 도로에서 보행자와 차가 대면 통행을 하면 교통사고를 20%감소시킬 수 있다는 연구결과가 있기 때문이다. 보고서에는 현재 비대면 통행시 교통사고 발생 건수(12,618)가 대면통행(8,656)보다 1.5% 높기 때문에 우측통행 전환시 교통사고 건수가 대면통행 수준으로 감소할 것이라고 되어 있다. 그러나 ◇◇대 교통▽▽과 이○ ○ 교수는 "이는 일방통행의 경우가 고려되지 않은 것 같고, 보 · 차 비분리 도로와 분리도로 비율의 가중치도 적용되지 않은 것 같다"고 말했다.

③ 국민 대다수가 오른손 잡이인 상황에서 우측통행이 자연스럽고, 스트레스도 적게 준다는 의견에 대해서도 학계의 의견이 분분했다. ◆◆대 의대 생리학과 나○ ○ 교수는 "사람이 보행할 때 뇌와 함께 척수가 관여하는데 뇌와 달리 척수에는 좌우가 없으므로 우측 보행이 오른손잡이에게 편하다는 주장은 과학적 근거가 희박하다" 고 말했다. 이○ ○ 교수도 "우측통행에 대한 과학적 근거가 있는 것은 아니다"라며 "하나의 약속이기 때문에 과학적이기 보다는 정책적으로 접근해야 할 것"이라고 말했다.

④ 보고서에 나온 생체실험 (좌측 통행이 인체에 주는 스트레스를 실험)의 결과만 갖고 좌측통행이 스트레스를 가중시킨다고 속단하기 어렵다는 의견도

있다. ◆◆대 심리학과 김○○교수는 "실험이 가상 상황인지 현장상황인지, 몇 명의 피실험자를 사용했는지, 통계적으로 유의한 결과인지에 대한 언급이 전혀 없어 어떤 해석도 내릴 수 없다"고 말했다.

⑤ 이렇듯 의혹이 증폭되고 있는데도 국토부는 해명을 꺼리고 있다. 국토부도, 용역을 맡은 한국▽▽▽▽연구원도 "대외비이기 때문에 공개할 수 없다"는 입장을 고수하고 있다. 국토부는 두 차례에 걸쳐 한국▽▽▽▽연구원에 좌측통행의 문제점을 밝히고 우측통행 주장의 근거를 마련코자 조사를 의뢰했다. 그러나 결론 유보판정이난 1차 조사는 물론이고 국토부 보고서의 근간이 된 2차 조사의 연구 보고서도 대외에 공개할 수 없다고 밝혔고 그 이유에 대해서는 이렇다할 대답을 내놓지 못했다.

⑥ 국토부 교통▽▽▽▽과 조○○씨의 말에 따르면 이번 정책을 추진하는 데 약 500~600억 정도가 든다고 한다. 88년간 굳어져온 관습을 바꾸는 데는 약 10년 정도가 걸린다고 전문가들은 말한다. 이렇듯 경제적, 시간적으로 많은 비용이 드는 정책을 추진하는데 그 필요성과 실효성에 대한 확신이 공유되지 않는다면 정책이 성공을 거두기는 힘들다. 특히나 이번 사안은 법개정과 캠페인이 함께 추진되어야 하기 때문에 더욱 그렇다. 연구보고서를 공개해 학계와 시민의 활발한 토론을 이끌어내고 실행여부를 결정하는 것이 필요하다.

평가 및 첨삭

[총론]

- 야마는 선명해 보인다. 첫 단락부터 치고 나갔기 때문에 앞으로 어떤 내용을 보일지 독자들에게 잘 전달해주고 있다.

- 문제는 정보의 수준이다. 일부는 비교적 세세하게 정리되는 듯했다. 그런데 엉터리다. 그리고 다른 것들은 보여주다 말았다. 더 문제가 되는 것은 정보에 대한 설명에 일관성이 없다는 점이다.
- 글이 처음에는 기사로 시작되더니 나중에는 사설로 끝난다. 아무리 야마를 통해 문제를 지적하더라도, 기사에서 대놓고 어떤 방향을 선언적으로 쓰는 것은 무리다. 칼럼이 아니라면, 내용을 보여주면서 독자가 스스로 판단하게 만들어야 한다. 그게 '기사'다.
- 한 단락이 너무 길다. 일반적으로 A4 용지를 기준으로 한 단락은 4행이 최대치다.

[각론]

① 첫 번째 두 문장은 비교적 깔끔하다. 88년 전에 왜 그런 결정이 나왔는지에 대한 간단한 설명이 배제된 것만 빼고. 1921년에 왜 좌측통행 결정을 했는지? 그 내용이 나왔으면 더 좋았겠다. (여기서는 억지로 설명을 붙이지 않겠다. 한번 '일제 강점기 문화통제의 일환으로 시작, 88년 동안 고수됐던'으로 정리해봤는데, 그러면 일제 잔재 청산 어쩌고 하는 문제를 또 부연해야 할 것 같아 해당 내용을 넣었다가 뺐다. 비록 수정 기사에도 그 배경을 추가하지 않았지만, 그래도 적절한 이유가 있는 게 더 좋다.)

하지만 마지막 문장은 어색하다. '일반인이 보기에도 미심쩍은 ……' 하는 부분은 글쓴이의 주관이다. 만약 일반인이 의심하는 내용이 구체적인 사실(fact)로 기사에 나왔다면 어느 정도 인정할 수 있겠지만, 기사 안에는 일반인 취재원이 전혀 등장하지 않는다. 글쓴이의 주관이라는 사실이 더욱 확실해진다. 기사에 전문가들은 나왔다. 그러면 전문가들을 활용해 야마를 정리한다. 그리고 이 내용이 무슨 의혹을 감추고(원문 ⑤에 그렇게 썼다.) 거기에 대해 적극적인 해명이 필요할 정도로 심각해 보이지는 않는다. 간단하게 사실로만 가자. 마지막은 한 문장으로 끊는다.

[지난달 29일 국토해양부는 보행문화 개선 추진 방안을 내놓았다. 88년 동안 고수됐던 좌측통행을 우측통행으로 바꾸는 것이 그 골자다. 그러나 추진 배경이 되는 과학적 근거에 대해 전문가들은 오류가 많다고 지적한다.]

② 앞에 국토해양부라고 썼으면 그다음부터는 국토부로 줄여 쓰는 것이 옳다. 수정 내용 ①의 마지막 문장에서 '근거'라는 단어를 썼으니, 첫 문장에서는 말을 바꿔보자. 그리고 앞에서도 우측, 좌측에 '통행'을 붙였으니 그것도 정리하자.

'보 · 차도'는 익숙하지 않은 표현이다. '인도와 차도'라고 풀어쓰고, 다른 내용을 줄이자. 그런데 대면 통행은 뭔가? 풀어서 설명을 해주든지, 적어도 '대면(對面)' 통행이라고 한자를 병기해야 하지 않을까? 그래야 독자가 편하게 이해할 수 있다. 기사 작성은 정보에 대한 독자의 이해를 돕는 서비스다. 그리고 도대체 무슨 보고서인가? 왜 아무 설명도 없이 적었는가? 슬슬 화가 나기 시작한다. '국토부가 정책 추진의 근거로 삼고 있는 한국▽▽▽▽연구원 용역 보고서에 따르면' 정도로 적어야 하지 않겠느냐는 말이다. 그리고 구체적 건수를 적시한 것은 좋아 보인다. 문제는 그게 연간이냐 월간이냐 하는 거다. 지난 88년 동안 그랬나?

그다음은 완전히 진짜 큰 오류다. 어떻게 12,618과 8,656의 차이가 1.5%인가? 분모를 무엇으로 하느냐에 따라 차이가 있겠지만, 적어도 45.77% 내지 31.40%다. 이렇게 쓰면 앞으로 독자는 기자는 물론이고, 데스크, 그리고 기자가 몸담은 언론사를 절대로 믿지 않을 거다. 왜 그랬을지 곰곰이 생각해봤는데, 혹시 약 1.5배를 1.5%로 쓴 거 아닌가? 그런 글로 독자를 대할 수 있겠는가? 거기다가 이렇게 차이가 나는데, 어떤 이유로 정부는 20% 정도 줄일 수 있을 거라고 하나? 비교를 위해 대면 통행 사고의 수를 우선 2로 곱하면, 즉 '8,656 + 8,656 (대면 + 대면) = 17,312'개다. 현행 '대면 + 비대면' 사고 경우는 21,274. 현행 통행을 모두 대면 통행으로 바꿀 경우(대면 + 대면)를 대입해 계산하면, 즉, '[(21,274 − 17,312) / 21,274] = 약 18.62%'다. 기사에서 설명한 20% 정도가 된다. 그런데 원문처럼 숫자만 대뜸 보여주면, 독자들이 왜 그렇게 나오는지 이해할까? 작은 지면에서 이것을 독자에게 일일이 설명하기는 어렵다. 그렇다고 하더라도, 즉 설명하기 어렵다고 해서, 아무 이유를 대지 않은 상태에서 마구 가져다 쓰나? 이 부분은 아예 확 정리하고 간다.

[국토부는 정책 추진의 이유로 '교통사고 감소'를 들고 있다. 특히 인도와 차도가 구분되지 않은 도로에서 보행자가 우측통행을 하면 마주 오는 차량을 확인하기 쉽기 때문에 사고를 줄일 수 있다는 주장이다.

국토부가 정책 추진 근거로 삼고 있는 한국▽▽▽▽연구원 용역 보고서에 따르면, 현재 차를 마주 보고 진행하는 대면(對面)통행 교통사고 건수(연간 8,656건)는 그렇지 않은 비대면(非對面)통행 사고(12,618건)의 약 68% 수준이다. 국토부 측은 보행자 우측통행을 통해 비대면통행 도로를 모두 대면 도로로 바꾸면, 산술 계산상 사고를 20% 줄일 수 있다고 했다.

하지만 ◇◇대 이○○(교통▽▽) 교수는 "정부의 계산은 전국도로 ○○%를 차지하는 일방통행의 경우가 빠졌고, 인도 - 차도 분리 및 비분리 도로의 비율을 고려하지 않았다"며 "과학적 검증이라고 볼 수 없다"고 지적했다. 즉, 도로 비율에 따라 가중치가 적용돼야 하는 공학적 계산법을 무시했다는 것이다.]

원문에서는 가중치 적용이라고 썼는데, 독자들이 과연 그 단어가 무슨 뜻인지 이해할까? 적어도 '공학적 계산법'에 그런 게 있다고 적으면, 이해는 못 하더라도 그런 게 있구나 하고 인정할 수 있지 않을까? 더 정확하게 하려면 이○ ○에게 다시 물어야 하지만, 내가 글쓴이를 위해 취재할 시간이 없어 이렇게 정리했다. 이것은 글쓴이의 일이라는 말이다. 이상한 표현들도 정리했다. 원문과 비교해보라.

③ 정보가 추상적이다. 국민 대다수라니? 다시 한 번 확인해야 했다. 원문 ③의 첫째 문장 자체는 의미가 나쁘지는 않지만, 앞의 내용과 자연스럽게 연결되지 않는 편이다. [국민 ○○%가 오른손잡이라 우측통행이 자연스럽다는 정부의 주장에 대해서도 전문가들은 반박했다. ◆◆대 의대 나○ ○(생리학) 교수는 "보행에 관여하는 척수는 좌 · 우 개념이 없는 것으로, 우측보행이 좌측보행에 비해 오른손잡이에 편하다는 주장은 비논리적"이라고 주장했다.]

이○ ○은 별로 필요 없는 말을 갖고 또 등장한다. 뺀다.

④ 생체실험이라는 표현은 주로 어디에 나오는 말로 알고 있는지? 일반적으로 살아 있는 사람을 대상으로 하는 의학실험 중 반인륜적 행태를 지적하는 말로 사용한다. 그런데 국토부가 그런 반인륜적인 행위를 했는가? 그렇다면 정말 큰일이다. 그리고 스트레스 차이는 얼마나 되는가? 구체적인 정보가 없다.

[국토부는 또 컴퓨터 시뮬레이션을 통해 우측과 좌측통행의 스트레스 상관관계를 실험한 결과 우측통행 시 스트레스가 약 13~18% 감소했다고 밝혔다. 하지만 실험 설정 성격과 통계적 과학성에 대한 비판이 있다. ◆◆대 김○ ○(심리학) 교수는 "앞서 가는 사람과의 거리에 따라 받는 보행자 스트레스 등 실제 상황이 고려되지 않았고, 피험자의 수가 과연 통계적 유의미성을 갖는지에 대한 언급이 없는 상태에서 과학적 판단이라고 단언하기 어렵다"고 말했다.]

원문과 수정 내용을 비교해보라.

⑤ 앞의 내용을 의혹이라고, 또 그것도 증폭된다고 할 수 있을까? '의혹 증폭'은 거창한 비리 등과 관련해 언론이 사용하는 말이다. 우측통행을 하자는 게 그렇게 큰 비리인가? 그냥 '이런 지적에 대해 별말이 없다'고 쓰는 게 합리적이지 않겠는가? 그리고 왜 밑도 끝도 없이 대외비인가? 뭔가 설명을 해주고서 그게 대외비라고 하는 게 맞지 않는가?

[이와 같은 지적에 대해 정부의 구체적 반론은 제기되지 않는다. 국토부는 우측통행 정책시행 유보를 제안했던 한국▽▽▽▽연구원의 1차 연구결과는 물론, 이번 국토부 추진안의 근거가 되는 2차 연구 결과도 공개하지 않고 있다. 국토부 측은 대외비라면서도 왜 우측통행과 관련한 연구결과가 비밀인지에 대해서도 함구했다.]

보라. 원문 기사가 얼마나 늘어지는지. 앞에서도 지적하려고 했지만, 원문을 줄인 단락은 A4 용지를 기준으로 4행도 안 된다. 원문은 약 5.5행이다. 어떻게 표현해야 할지 계속 고민해보자.

⑥ 원문 마지막 단락은 거의 사설로 갔다. 일부 정보는 기사로 활용할 수 있지만, 술어(힘들다, 더욱 그렇다, 필요하다) 등이 취재원 적시 없이 단정적으로 사용됐다. 여기서 가르치는 것은 논술이 아니다. 우리가 써야 할 과제는 기사다. 기사는 기자가 관련 정보를 가진 당사자나 전문가에게 듣고 공부해서 쓰는 글이다. 정 보여주고 싶으면, 취재 결과를 중심으로, 사실만 나열하면 된다. 바꾼다. 하지만 원문에서 사용한 정보는 거의 활용하기 힘들다. 추가 취재를 통해 확인될 만한 정보를 가정해 마무리를 정리하겠다.

[경제정의실천연합의 ○○○ 팀장은 "지난 2007년 ◇◇시 ▽▽구가 창의행정의 일환으로 우측통행 정책을 시범 실시했다"며 "표지판 구입, 캠페인 등으로 2,500만

원의 예산을 지출했지만 과학적 근거 미비, 정책 전환에 대한 홍보 부족 등으로 1년 만에 정책을 포기했다"고 말했다. 이와 비슷한 과정을 밟고 있는 국토부에 따르면, 이번 정책 추진에 약 500억~600억 원의 예산이 소요된다.]

수정 기사 5

※ 첨삭 내용을 적용하고 조정해서 7.1매로 마무리했다. 원문의 정보가 부족해 8매로 완성하기 어렵다.

지난달 29일 국토해양부는 보행문화 개선 추진 방안을 내놓았다. 88년 동안 고수됐던 좌측통행을 우측통행으로 바꾸는 것이 그 골자다. 그러나 추진 배경이 되는 과학적 근거에 대해 전문가들은 오류가 많다고 지적한다.

국토부는 정책 추진의 이유로 '교통사고 감소'를 들고 있다. 인도와 차도가 구분되지 않는 도로에서, 보행자가 우측통행을 하면 마주 오는 차량을 확인하기 쉽기 때문에 사고를 줄일 수 있다는 주장이다.

국토부가 정책 추진 근거로 삼고 있는 한국▽▽▽▽연구원 용역 보고서에 따르면, 현재 차를 마주 보고 진행하는 대면(對面)통행 교통사고 건수(연간 8,656건)는 그렇지 않은 비대면(非對面)통행 사고(12,618건)의 약 68% 수준이다. 국토부 측은 보행자 우측통행을 위해 비대면통행 도로를 모두 대면 도로로 바꾸면, 산술 계산상 사고를 20% 줄일 수 있다고 했다.

하지만 ◇◇대 이○○(교통공학) 교수는 "정부의 계산은 전국도로 ○○%를 차지하는 일방통행의 경우가 빠졌고, 인도-차도 분리 및 비분리 도로의 비율을 고려하지 않았다"며 "과학적 검증이라고 볼 수 없다"고 지적했다. 즉, 도로 비율에 따라 가중치가 적용돼야 하는 공학적 계산법을 무시했다는 것이다.

국민 ○○%가 오른손잡이라 우측통행이 자연스럽다는 정부의 주장에 대해서도 전문가들은 반박했다. ◆◆대 의대 나○○(생리학) 교수는 "보행에 관여하는 척수는 좌 · 우 개념이 없는 것으로, 우측보행이 좌측보행에 비해 오른손잡이에 편하다는 주장은 비논리적"이라고 주장했다.

국토부는 또 컴퓨터 시뮬레이션을 통해 우측과 좌측통행의 스트레스 상관관계를 실험한 결과 우측통행 시 스트레스가 약 13~18% 감소했다고 밝혔다. 하지만 실험 설정 성격과 통계적 과학성에 대한 비판이 있다.

◆◆대 김○○(심리학) 교수는 "앞서 가는 사람과의 거리에 따라 받는 보행자 스트레스 등 실제 상황이 고려되지 않았고, 피험자의 수가 과연 통계적 유의미성을 갖는지에 대한 언급이 없는 상태에서 과학적 판단이라고 단언하기 어렵다"고 말했다.

이와 같은 지적에 대해 정부의 구체적 반론은 제기되지 않는다. 국토부는 우측통행 정책시행 유보를 제안했던 한국▽▽▽▽연구원의 1차 연구결과는 물론, 이번 국토부 추진안의 근거가 되는 2차 연구 결과도 공개하지 않고 있다. 국토부 측은 대외비라면서도 왜 우측통행과 관련한 연구결과가 비밀인지에 대해서도 함구했다.

경제정의실천연합의 ○○○ 팀장은 "지난 2007년 ◇◇시 ▽▽구가 창의행정의 일환으로 우측통행 정책을 시범 실시했다"며 "표지판 구입, 캠페인 등으로 2,500만 원의 예산을 지출했지만 과학적 근거 미비, 정책 전환에 대한 홍보 부족 등 때문에 1년 만에 정책을 포기했다"고 말했다.

이와 비슷한 과정을 밟고 있는 국토부에 따르면, 이번 정책 추진에 약 500억~600억 원의 예산이 소요된다.

사례 6
(2008년)

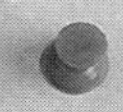

싱글맘 100만 시대, "먹고살기가 문제예요"

① 최근 미디어가 그리는 싱글맘은 '당당함' 그 자체다. 드라마 '온에어(SBS)' 서영은, '천하일색 박정금(MBC)'의 박정금, KBS '아빠 셋, 엄마 하나'의 주인공 송나영은 전문 직업인으로 가족의 지지를 받으며 당당하게 그들만의 인생을 펼친다. 미디어는 방송인 허수경과 탤런트 최진실과 같은 당당한 싱글맘의 삶을 집중 조명하기도 한다.

② 실제로 미디어에 비치는 싱글맘은 고학력, 고소득, 전문직 여성으로 사회적으로 성공한 사람들이다. 주변 사람들은 물질, 정신적으로 도와주며 끈끈한 관계를 유지한다. 하지만 현실 속 싱글맘의 상황은 다르다. "남편과 사별 후 시댁과 왕래가 없고, 돈 이야기가 나오면 하나 둘, 연락이 끊겨요." 10년차 싱글맘 권ㅇㅇ씨(42)의 말이다. 그녀는 식당일로 70만원을 벌고, 기초생활수급비로 13만원을 정부로부터 받아 두 아이를 기른다.

③ 2006년 ▽▽청 자료에 따르면 한부모 가정은 전국 1589가구의 8.9%인 137만 가구이며, 전국 가구의 79%인 108만 가구가 엄마와 자녀들로 구성된 '모자가정'으로 집계됐다. 남편과 사별 혹은 이혼, 비혼 후 홀로 아이를 기르는 싱글맘 백만 시대를 맞았지만 미디어가 덧씌워놓은 이미지 때문에 이들의 실질적 문제가 무엇인지 조차 밝혀지지 않고 있다.

④ 한국▽▽▽▽연구원의 2003년 보고서에 따르면 이와 같은 여성가구주 중, 21%는 최저생계비에 달하는 수입조차 없는 빈곤 가구인 것으로 드러났다. 싱글맘 담당 부서에 근무하는 김ㅇㅇ 사회복지사는 "이 수치는 절대적 빈곤 수치에 불과하고 현실적으로 80%의 싱글맘들이 최저생계비를 겨우 웃도는 수입을 얻고나 상대적 빈곤을 겪고 있다"고 말한다.

⑤ 싱글맘들은 남편과 이혼 후 가장 역할을 맡아 정신적, 육체적 부담을 진다.

이들이 기초생활수급자로 빈곤선에 머무는 이유는 저학력, 중년 여성이 할 수 있는 일이 많지 않기 때문이다. 헤어진 남편은 월급을 타인의 명의로 받는 편법 등으로, 양육비를 주지 않으려는 경우가 많다.

⑥ 13년 결혼 생활 후 이혼하고 3명의 자녀를 혼자 키우는 이○ ○(41)는 한달 100만원으로 월세, 공과금, 교육비와 식비를 감당하고 있다. 팔 수술과 허리디스크 수술 후, 일자리를 얻지 못한 이씨는 조건부 수급자로 선정돼 일주일에 네 번 정도 사회복지기관에 나가 일을 돕고 정부로 부터 돈을 받고 있다. 남편으로부터 양육비에 대한 기대는 떨친 지 오래다.

⑦ 너무 낮은 최저생계비 추정도 문제다. 한국▽▽▽▽연구원은 2007년 최저생계비 계측조사연구'에서 양부모가구에 비해 한부모가구가 물리적, 심리적 부양부담이 크기 때문에 최저생계비 추가비용 지급에 대한 사회적 합의가 필요하다고 밝혔다.

⑧ 이웃 일본에서는 모자가정에 '아동부양수당'(최대 4만 엔(38만4천원))을 따로 지급하고 있다. 140만 명의 싱글맘 중 99만 명이 이 혜택을 받고 있다. 도쿄시에서는 한부모 가정에게 따로 아동육성수당을 한 달에 1만 엔(9만6천원) 정도 지급하고 있는 실정이다. 2003년부터는 취업자립지원센터도 함께 운영 중이다.

⑨ 김○○ 성산◇◇◇◇복지관 가족△△팀장은 "여성 가장이 빈곤에서 벗어나기 위해서는 자립을 위한 체계적이고 지속적인 사회적 지원이 반드시 필요하고 이들이 어려움을 딛고 건강한 삶을 설계해가도록 체계적인 자립지원 정책과 제도적 뒷받침이 더욱 확대돼야 한다"고 강조했다.

평가 및 첨삭

[총론]

- 전반적으로 기사의 틀이 나쁘지 않다. 정보도 괜찮다. 다만 일부 뺄 내용도 눈에 띈다.
- 하지만 야마가 너무 늦게 드러난 느낌이다. 공식(적어도 세 번째 단락 — 전체 기사 중 도입부 1/5 또는 3/10 — 에는 핵심 내용을 전한다)대로 세 번째 단락에 야마를 세우기는 했어도, 앞의 서설에 힘이 떨어져, 야마의 집중력이 조명을 덜 받는다.
- 제목 빼고 8.9매. 제시된 매수를 맞추자. 줄인다.
- 숫자 계산이 잘못됐다. 변명의 여지가 없다. 독자는 이 한 방에 기자와 데스크와 언론사를 영원히 무시할 수도 있다.

[각론]

① 스케치로 시작되는 도입부가 나쁘지는 않다. 하지만 너무 늘어져 보인다. 간단하게 줄여보자.

[최근 미디어가 그리는 싱글맘은 당당하다. '온에어'(SBS) 서영은, '천하일색 박정금'(MBC)의 박정금 등 방송 드라마 속에서는 물론, 방송인 허수경과 탤런트 최진실 등 현실에서도 일부 남편 없이 아이를 홀로 키우는 당찬 여성들의 삶이 집중 조명된다.]

② 원문 ①이 A4 용지 4행 분량으로 늘어진 데다, 원문 ②의 첫 번째 단락이 같은 얘기를 또 하는 구조로 이어져 집중력이 떨어진다. 차라리 원문 ②의 세 번째 문장과 원문 ③, 그리고 원문 여기저기에 흩어진 정보를 이곳에

서 이어 야마를 부각시켜보자.

[그러나 현실 속 전반적인 싱글맘의 상황은 다르다. 전문가들은 100만 명을 넘는 싱글맘 중 80%가 빈곤에 시달리고 있다고 말한다. 이들의 실질적 문제가 미디어가 덧씌운 이미지에 가려 있다는 지적이다.]

③ 수정 기사 ②에 사용하지 않은 원문 ②와 ③의 내용을 담아 수정 내용 ②에 세운 야마를 보완한다. 그런데 수치가 왜 이런가? 우리나라 전국 가구 수가 1,589가구인가? 우리나라가 그렇게 소국(小國)인가? 게다가 1,589가구의 '79%'가 싱글맘 가정인가? 우리나라가 싱글맘 천국인가? 그리고 1,589가구의 '79%'가 108'만' 가구인가? '1,589가구'를 숫자 다음에 만(萬)자가 빠진 것이라고 치더라도, 1,589만 가구의 79%는 1,255만 가구다. 이 수치는 아예 없다. 108만 가구는 한 부모 가정(137만 가구) 중 79%다. 원문대로 써서야 독자가 어떻게 지적한 대로 이해할 수 있겠는가. 이런 기사를 데스크가 검증할 시간도 없이 마감에 밭게 보냈다가, 기사가 그냥 나가면 어떻게 되겠는가? 거기다가 야마를 강조하기 위해서 주어진 정보를 더 확실하게 사용할 수 있었는데 원문에서는 그냥 유야무야 써버렸다. 산수도 못 하고, 표현 방법도 모르는 것인가. 어떻게 고쳐지는지 보자.

[2006년 ▽▽청 자료에 따르면 전국 1589만(원문의 표기를 살리고 통일성만 더해서 반점 없이 간다) 가구 중 약 6.8%인 108만 가구가 엄마와 자녀들로 구성된 '모자가정'이다. 한 부모 가정 137만 가구의 약 80%로, 아이들이 아빠와 함께 사는 경우보다 엄마와 함께 사는 경우가 4배나 많다는 의미다. 특히 모자 가정 중 80%인 약 80만 가정이 실질적 빈곤에 허덕이고 있다.]

④ 원문 ④의 내용을 살짝 바꿔 연결한다. 원문 ④까지 오는 방법이 수정

문과 원문에 차이가 있다. 그 차이를 느껴보자. 짧은 스케치(수정 내용 ①), 정리된 야마(수정 내용 ②), 구체적이고 올바른 계산으로 야마 보완(수정 내용 ③) 등으로 이어진 내용을 늘어진 스케치(원문 ①), 중언부언에 어수선한 정보(원문 ②), 어설픈 야마에 결정적으로 잘못된 계산(원문 ③)과 비교해보라는 얘기다. 수정 내용 ① - ② - ③을 현장 시험에서 공식처럼 삼아보라. 그러면 도움이 될 거다. 이제 원문 ④를 잇는다. 2008년 작성된 기사에 2003년 자료가 등장하는 것이 아쉽지만, 여기서는 인용문을 활용해 그 내용을 업데이트해보자. (그런데 '싱글맘 담당 부서'라는 게 공식 명칭인가? 아무래도 이상하니 조금 손을 보자.)

[한국▽▽▽▽연구원의 2003년 보고서에 따르면 여성가구주 중 21%는 최저생계비에 달하는 수입조차 없다. 싱글맘 문제를 담당하는 김○○ 사회복지사는 "이 수치는 절대적 빈곤 수치에 불과하다"며 "2008년 현재 현실적으로 80%의 싱글맘들이 최저생계비를 겨우 웃도는 수입에 의존하고 있다"고 말했다.]

⑤ 여기에 원문 ②의 권○○ 사례를 넣는다. 이에 더해, 야마를 선명하게 부각시키기 위해 별도의 정보를 넣는다.

[실제로 10년 전 남편과 사별한 권○○(42)씨는 식당일로 한 달에 70만 원을 벌고 기초생활수급비로 13만 원을 정부에서 받아 두 아이를 기른다. 한 달 동안 쉬지 않고 일할 경우로 따지면 하루 평균 소득 2만 7667원으로 노동부 고시 최저 일급 3만 160원에도 못 미친다. "시댁과 왕래가 없고, 돈 이야기가 나오면서 하나 둘, 연락이 끊겨요."]

⑥ 원문 ⑤를 여기에 바로 잇는다. 그런데, 왜 '이혼'을 예로 들었는가? 너무 한정적이지 않은가? 이혼 말고 사별도 있고, 헤어지는 이유는 더 있는

데 말이다. 뒤의 표현을 보면 이혼이라는 게 더 큰 고통을 주는 것처럼 보이는데, 그렇다면 이혼을 더 부각시켜야 하지 않을까? 그렇지 않다면 그냥 '헤어진 뒤'라고 쓰는 게 무난하다. 일단 원문의 정보를 더 활용해보자. 앞의 정보(사별)와 연계하는 것도 잊지 말자. 야마를 살리기 위해 표현도 바꾼다.

[남편이 살아 있으면 정신적 고통이 더 심해지기도 한다. 배신감 때문이다. 헤어진 남편이 양육비를 주지 않기 위해, 월급을 타인의 명의로 받아 자식들에 대한 경제적 책임을 회피하기도 한다. 할 수 있는 일이 많지 않은 저학력, 중년 여성에게는 빈곤에 상실감이 보태진다.]

⑦ 원문 ⑥을 바로 앞의 사례로 제시한다. 원문의 순서대로다. 글의 흐름을 위해 표현을 약간 바꾼다. 그런데 이○○이 글쓴이의 친구인가? 이○○(41)은 뭔가? 이○○(41)씨라고 해야 한다. 그리고 언제 이혼했는가? 이 생활이 몇 년째냐는 거다.

[13년 결혼 생활 후 ○○년 이혼하고 3명의 자녀를 혼자 키우는 이○○(41)씨. ○○년 팔 수술과 허리디스크 수술 후 제대로 된 일자리도 얻지 못하고 있다. ○○년부터 조건부 수급자로 선정돼 사회복지기관의 일을 돕고 정부로부터 한 달에 100만원을 받는다. 이씨는 "남편의 양육비에 대한 기대는 잊었다"면서도 "월세, 공과금, 식비로 이 돈을 다 쓰고 아이들 교육비가 부족할 땐 너무 야속하다"고 했다.]

⑧ '한국▽▽▽▽연구원' 말고 다른 전문가를 찾아보는 게 어땠을까? 그들에게서 일단 정보를 확보한 뒤 거기에 동의하는 다른 전문가를 확보할 수 있었을 것이다. '한국▽▽▽▽연구원'에 다시 의존하다 보니 뭔가 치우친 느낌이 든다. 추가 취재원 확보의 경우를 가정하고 원문 ⑦을 이어간다.

[전문가들은 이들을 위해 최저생계비 산정을 달리해야 한다고 주장한다. ◇◇대

△△과 ○○○교수는 "양 부모 가구에 비해 한 부모 가구가 물리적, 심리적 부양부담이 크기 때문에 최저생계비 추가비용 지급에 대한 사회적 합의가 필요하다"고 말했다.]

⑨ 앞에서와 같이 쓰면, 한국▽▽▽▽연구원의 자료를 인용한 것으로 보이는 원문 ⑧의 내용을 다시 사용할 수 있다. 훨씬 부드럽게, 또 치우치는 느낌을 줄이면서.

[한국▽▽▽▽연구원의 '2007년 최저생계비 계측조사연구'에 따르면, 일본의 경우 모자가정에 '아동부양수당'(최대 4만 엔, 한화 약 38만 4000원)을 따로 지급하고 있다. 140만 명의 싱글맘 중 99만 명이 이 혜택을 받는다. 도쿄시에서는 한 부모 가정에게 한 달에 1만 엔(9만 6000원)의 아동육성수당을 따로 지급하고 있다. 2003년부터는 취업자립지원센터도 함께 운영 중이다.]

⑩ 원문 ⑨의 내용을 담는다. 인용문 앞과 뒤가 중언부언이기에 어색하다. 뒷부분에 조금 더 구체적인 내용이 필요하다. 일단 가정해서 넣어본다.

[김○○ 성산◇◇◇◇복지관 가족△△팀장은 "여성 가장이 빈곤에서 벗어나기 위해서는 자립을 위한 체계적이고 지속적인 사회적 지원이 필요하다"며 "○○년 전 수립된 '한 부모 가정 지원법' 내용을 현실에 맞게 고쳐, 지원금액도 조정하고, 현재 ○○명만 수용할 수 있는 ○○개의 직업 훈련소도 대폭 확장해야 한다"고 말했다.]

수정 기사 6

※ 수정 내용을 약간 조정해서 원고지 8매 분량으로 마무리했다.

최근 미디어가 그리는 싱글맘은 당당하다. '온에어'(SBS) 서영은, '천하일색 박정금'(MBC)의 박정금 등 방송 드라마 속에서는 물론, 방송인 허수경과 탤런트 최진실 등 현실에서도 일부 남편 없이 아이를 홀로 키우는 당찬 여성들의 삶이 집중 조명된다.

그러나 현실 속 전반적인 상황은 다르다. 전문가들은 100만 명을 넘는 싱글맘 중 80%가 빈곤에 시달리고 있다고 말한다. 이들의 실질적 문제가 미디어가 덧씌운 이미지에 가려 있다는 지적이다.

최근 공개된 2006년 ▽▽청 자료에 따르면 전국 1589만 가구 중 약 6.8%인 108만 가구가 엄마와 자녀들로 구성된 '모자가정'이다. 한 부모 가정 137만 가구의 약 80%로, 아이들이 아빠와 함께 사는 경우보다 엄마와 함께 사는 경우가 4배나 많다. 특히 모자 가정 중 80만 가구가 실질적 빈곤에 허덕이고 있다.

한국▽▽▽▽연구원의 2003년 보고서에 따르면 여성가구주 중 21%는 수입이 최저생계비에도 못 미친다. 싱글맘 문제를 담당하는 김○○ 사회복지사는 "이 수치는 절대적 빈곤 수치에 불과하다"며 "2008년 현재 현실적으로 80%의 싱글맘들이 최저생계비를 겨우 웃도는 수입에 의존하고 있다"고 말했다.

실제로 10년 전 남편과 사별한 권○○(42)씨는 식당일로 한 달에 70만 원을 벌고 기초생활수급비로 13만 원을 정부에서 받아 두 아이를 기른다. 한 달 동안 쉬지 않고 일할 경우 하루 평균 소득 2만 7667원으로 노동부 고시 최저 일급 3만 160원에도 못 미친다. "시댁과 왕래도 없고, 돈 이야기가 나오면서 하나 둘, 연락마저 끊겨요."

남편이 살아 있으면 정신적 고통이 더 심해지기도 한다. 배신감 때문이다. 헤어진 남편이 양육비를 주지 않기 위해, 월급을 타인 명의로 받아 자식들에 대한 경제적 책임을 회피하기도 한다. 할 수 있는 일이 많지 않은 저학력, 중년 여성에게는 빈곤에 상실감이 보태진다.

13년 결혼 생활 후 ○○년 이혼하고 3명의 자녀를 혼자 키우는 이○○(41)씨. ○○년 팔과 허리디스크 수술 후 제대로 된 일자리도 얻지 못하고 있다. ○○년부터 조건부 수급자로 선정돼 사회복지기관의 일을 돕고 정부로부터 한 달에 100만 원을 받는 이씨는 "남편의 양육비에 대한 기대는 잊었다"면서도 "월세, 공과금, 식비로 이 돈을 다 쓰고 아이들 교육비가 부족할 땐 너무 야속하다"고 했다.

전문가들은 이들을 위해 최저생계비 산정을 달리해야 한다고 주장한다. ◇◇대 △△과 ○○○교수는 "한 부모 가구의 물리적, 심리적 부양부담이 크기 때문에 최저생계비 추가비용 지급에 대한 사회적 합의가 필요하다"고 말했다.

한국▽▽▽▽연구원에 따르면, 일본은 매달 모자가정에 '아동부양수당'(최대 4만 엔, 한화 약 38만 4000원)을 지급한다. 도쿄시에서는 한 달에 1만 엔(9만 6000원)의 아동육성수당을 따로 준다. 2003년부터는 취업자립지원센터도 함께 운영 중이다.

김○○ 성산◇◇◇◇복지관 가족△△팀장은 "여성 가장이 빈곤에서 벗어나기 위해서는 체계적이고 지속적인 사회 지원이 필요하다"며 "○○년 전 수립된 '한 부모 가정 지원법' 내용을 현실에 맞게 조정하고, 현재 ○○명만 수용할 수 있는 ○○개의 직업 훈련소도 대폭 확장해야 한다"고 말했다.

사례 7
(2008년)

확인되지 않는 무허가 기부 단체

① # 대구의 한 식당에서 친구들과 술을 마시던 회사원 김모(33)씨에게 모 단체 회원이라고 소개한 30대 남성이 열쇠고리를 사라고 다가왔다. 옆에서 몇천 원씩 꺼내주던 사람들과 달리 김씨가 "어떤 단체인가" "(모금)허가 받았는가" 묻자 그 남자는 조용히 사라졌다.

② # 대학생 박모(27)씨는 지하철 3호선 종로3가역에서 목에 흰색 상자를 건 동남아 여성에게 5분간 붙잡혔다. 굶어 죽는 외국아이들에게 돈을 기부하라며 내민 사진첩을 본 박 씨는 "(사진 속) 아이들 모습이 안 돼 보였지만 사기가 아닐까 의심 들어 지나쳤다"고 했다.

③ 2006년 9월 정부가 '기부금품 모집 및 사용에 관한 법률'을 개정, 기준이 '허가제'에서 '등록제'로 완화됨에 따라 시민단체들의 소규모 기부금품 모집이 늘고 있다. 하지만 모금단체명이나 목적, 기간을 밝히지 않는 '정체불명' 단체들의 기부모금도 덩달아 늘고 있어 문제다. 피해가 고스란히 기부한 시민들에게 돌아가고, 기부문화에 악영향을 미칠 수 있기 때문이다.

④ 실제 정부의 기부금품 모집기준 완화 법 개정 이후 '가짜' 기부모금 피해 사례가 늘었다. 지난해 7월 대전에서 유령 장애인복지단체를 만들어 6천명에게 16억원의 기부금을 모은 김모(여 · 44)씨가 경찰에 붙잡혔다. 경찰에 따르면, 이 같은 가짜 장애인복지단체가 대전에만 10여 곳 이상이며, 장애인후원복지단체라는 말에 기부금 냈다가 피해 본 시민들은 전국에서 2만 5천명이 넘는다.

⑤ 이 같은 무허가 단체들은 지자체에 기부금품 모집 등록을 하지 않아 적발하거나 규제하기 힘들다. 행정안전부에 따르면, 전국의 기부금품 모집 등록단체 수는 2005년부터 3년간 평균 59건 남짓이다. 서울시에 등록한 단체가 한

해 평균 30건, 경기도는 평균 6건에 불과하다. 서울 강남? 명동? 인사동 일대 거리와 지하철 등 주변에서 빈번히 기부금을 모집하는 경우를 볼 수 있는 현실과는 대조적이다.

⑥ 이들 무허가단체는 기부금품 모집법을 어기지 않고서도 기부모금을 할 수 있다. 기부금품 모집법에 따르면, 1천만원 이상~10억 미만은 지자체에, 10억 이상은 행정안전부에 기부금품 모집을 등록하게 돼 있다. 즉, 1천만원 이하의 기부금품 모집은 등록할 필요가 없어, 무허가단체들이 법을 악용할 여지를 주고 있다.

⑦ 하지만 정부는 이 같은 무허가단체의 기부금품 모집을 관리할 길이 전혀 없다. 서울시청 기부금품모집 등록담당 안○ ○ 씨는 "(1천만원 이하를 모금하는 미등록 단체에) 사람들이 얼마나 기부하겠는가"라며 "(1천만원 이하의) 적은 금액의 기부모금은 법적장치 없이 자율에 맡긴다"고 말했다.

⑧ 하지만 모금단체들과 전문가들은 어떤식으로든 이들의 기부금품 모집까지도 관리할 필요가 있다고 지적한다. 방○ ○ 경북 사회△△△△모금회 사무처장은 "군소단체들이 우후죽순 모금에 나서면 국민은 성금요구에 시달리고 기부금이 원치 않는 목적에 쓰일 수 있다"며 "자치단체가 정기적으로 실태조사를 하고 모금목적, 기간, 단체명을 명시토록 해야 한다"고 말했다. 박○ ○ ◇◇대 경제학부 교수는 "많은 사람들이 기부한 돈이 어디에 어떻게 쓰이는지 몰라 기부하지 않는다"며 "기부금을 모으는 단체의 투명성과 책임성을 강화해야 한다"고 말했다.

평가 및 첨삭

[총론]

- 형식은 괜찮은데 내용이 부실하다.
- 형식 1: 전체 기사의 앞쪽 1/5이나 3/10 또는 세 번째 단락까지는 야마가 나와야 한다는 기본 공식을 잘 따랐다.
- 형식 2: 전체적인 짜임새 또는 글의 골격도 적당하다. 큰 무리가 없다. 특히 일반적 상황 설명, 또는 전체를 조망하는 보편적 현상 소개(경찰 자료에 따른 전체 피해 사례)가 적절한 곳, 즉 야마 단락 바로 다음에 위치했다. 그리고 개별적인 사례를 전달한 것도 부드러운 연결이다.
- 내용 1: 하지만 도입부 스케치가 별로 감동적이지 않다.
- 내용 2: 또 야마 단락 위치는 좋은데, 그 야마가 선명하지 않다. 이게 결정적인 약점이다. 글쓴이가 잡은 야마(정체불명의 기부모금이 늘어 건전한 기부 문화에 악영향을 끼침)와 기사 전체의 내용(액수가 얼마나 늘었는지 등에 대한 정보가 없고, 과거에 비해 얼마나 늘었는지에 대한 비교도 없음)이 정확하게 맞아떨어지지 않는다. 기부 문화 악영향은 맨 마지막 단락에 전문가 의견을 들어 적당히 마무리가 되고 있지만, 마무리로 가는 길이 너무 울퉁불퉁하다.
- 내용 3: 일부 표현도 정확성이 떨어지고, 주어 · 술어 관계가 약하다. 즉, 주어의 상태나 동작을 받는 술어 표현이 이상한 곳이 많다.
- 내용 4: 전국 상황이라도 갑자기 대구나 경북에 집착하고 부산과 호남은 제외한 채 살짝 대전을 보여준 이유는 독자에게 궁금증을 유발한다. 각론으로 간다.

[각론]

① 가끔 언론은 〈장면 1〉, 〈장면 2〉 하는 식으로 현장 스케치를 소개한다. 글쓴이가 사용한 '#'를 대신하는 것이다. '#' 자체가 잘못됐다는 건 아니다. 그냥 그렇게 쓴다는 걸 참고하라는 얘기다. 물론 언론사마다 표현 방법에 차이가 있다. 하나 더 부가하자면, 이런 식으로 〈장면 1〉 등의 표현을 써서 스케치를 할 때는 이런 표현이 없을 때보다 상황 설명이 조금 더 자세하고 길게 이어지기도 한다. 이런 차원에서는 '#'을 원문의 스케치에 붙이기는 조금 어색하다. 설명이 자세하지도 않고 그렇게 길지도 않기 때문이다. 자, 이제 비판한다.

언제 그런 일이 발생했는가? 날짜가 없다. 결국 시의성이 떨어진다. 또 뭔가가 빠진 느낌이다. 김씨는 왜 그런 질문을 던졌는가? 또한 열쇠고리를 왜 팔려고 하는지에 대한 설명도 없다. '이상한 기부'라는 야마에 적절한 정보가 없다는 얘기다. 별것 아닌 듯하지만 다른 사람과 달리 행동하는 김씨의 모습에 대한 설명, 어떤 연유에서 물건을 팔려고 하는지 등의 모습이 야마 정보를 지향하며 등장해야 한다. 그러면 석연치 않은 느낌을 벗어날 수 있다. 어쩌면 기자의 취재가 부족했을 수 있다. 묘사를 통해 야마를 보완한다. 수정 내용을 원문과 비교해보자.

[지난 13일 오후 8시, 대구의 한 식당. 회사원 김모(33)씨에게 30대 남성이 열쇠고리를 사라며 다가왔다. '중국 지진참사 피해자 지원 단체'라고 쓴 비닐 목걸이를 내밀었다. 단체 이름이 낯설었다. 주머니에서 몇천 원씩 꺼내는 친구들을 막으며 김씨가 물었다. "어디 소속 단체인가." "(모금) 허가받았는가." 남자는 돈도 받지 않고 조용히 사라졌다.]

② 앞의 지적에 이어 설명한다. 원문 ①과 ②는 '#'까지 사용하면서 각각

A4 용지 3행 분량으로 처리됐다. 하지만 둘 다 감동적이지 못하다. 야마를 지향하는 정보가 부족하거나, 너무 직접적이어서 투박하게 느껴진다. [물론 직접적인 것이 좋을 수도 있다. 하지만 스케치는 야마를 보여주는 현상을 정확하게 '묘사로 전달'하는 특징을 가진다. 원문에서는 적절한 묘사가 빠지면서 직접적인 인용 표현("사기가 아닐까 의심 들어 ……")이 갑작스럽고 투박해 보인다.] 일단 수정 내용 ①에서 원문 ①의 내용을 늘여가며 묘사했으니, 여기서는 더 길게 늘이지 않는다. 결국 그러다 보니 수정 내용 ①과 ②에서는 '#'을 없애게 됐다. ('#'에 대한 설명은 앞에서 했다. 조금 길게 묘사하는 성격이 있다는 것. 짧게 가니 그걸 없앤다는 얘기다.)

그 전에 지적 하나. 지하철 3호선 종로 3가역은 대구에 있나? 원문 ①에서 대구 얘기를 꺼내고 곧장 지하철 얘기가 나오면 대구로 오해하지 않겠는가? 적어도, "어! 대구에도 종로3가역이 있나?" 하는 사람이 나온다. 시간과 장소 정확하게 기술하자. 또, 왜 사기라고 의심했는지에 대한 설명이 없다. '사진 속 아이들 어쩌고' 하는 내용은 야마에 별로 도움이 되지 않는다. 수정 내용을 참조하라.

[대학생 박모(27)씨도 16일 비슷한 경험을 했다. 서울 지하철 3호선 종로3가역에서 목에 흰색 상자를 걸고 굶어 죽는 외국 아이들에게 돈을 기부하라는 동남아 여성에게 5분간 붙잡혔다. 하지만 결국 "왜, 외국 여성이 여기서"라는 석연치 않은 생각에 발길을 돌렸다.]

③ 야마 단락이다. 글쓴이가 선정한 야마를 여기서 보여주는 건 좋다. 형식적인 야마 단락의 위치를 잘 선택했다는 거다. 하지만 총론에서 지적했듯이, 야마의 내용이 뚜렷하지 않다. 정보가 부족하기 때문이다. 튼튼한 사실적 정보 없이 기자의 생각을 투영했다. 문장 하나하나가 모두 이상하다. 잘

못하면 형식은 일반 뉴스지만 내용은 사설이 되어버린다. 한번 보자. 첫 번째 문장에서 '2006년 9월 정부가 기부금품 모집 및 사용에 관한 법률을 개정'했다고 했다. 왜 이게 지금 뉴스인지? 벌써 19개월 전 얘기다. 무슨 자료가 나왔나? 아니면 이 정보가 현재 상황과 어떤 관계가 있는지 보여줘야 한다. 또 '기준이 허가제에서 등록제로 완화됐다'고 했는데, 무슨 기준인가? 자기만 아는 얘기를 쓰면 안 된다.

게다가 '시민단체들의 소규모 기부금품 모집이 늘고 있다'고 했는데, 얼마나 늘었는가? 표현은 액수 문제로 비치는데 거기에 대한 설명이 없다. 또 '정체불명 단체들의 기부모금도 덩달아 늘고 있다'고 했다. 역시 액수 문제로 받아들여질 수 있지만, 구체적 정보는 없다. 이어지는 다른 단락의 정보로 보면 액수라기보다는 늘어나는 단체의 문제가 더 크다. 아예 단체가 늘어난다고 적는 것이 더 정확하다. 더 낫게 하려면 액수와 단체의 수를 모두 보여주자. 일단 지적을 바탕으로 주어진 정보에 근거해 단락을 수정한다.

[2006년 9월 정부가 기부 문화 활성화를 위해 '기부금품 모집 및 사용에 관한 법률'을 개정, 시행에 들어간 지 20개월이 되어 간다. 하지만 모금 단체 활동 기준을 '허가제'에서 '등록제'로 완화한 개정법은 구체적 규정 부실로 정체불명 모금 단체들의 난립을 불러왔다. 기부 문화는 후퇴하고 피해는 시민들에게 돌아간다는 지적이 나오고 있다.]

차이가 보이는지?

④ 표현이 투박한 게 첫 문장에서부터 다시 걸린다. 어떻게 '기부금품 모집기준 완화 법 개정'인지? 구태여 쓰려면 '기부금품 모집기준법 완화'가 맞지 않나? 차라리 앞에서 이미 완화 내용이 설명됐으니, '기부금품 모집기준법 개정'이라고 쓰는 것이 좋겠다. 결정적으로 글쓴이는 '피해 사례가 늘었

다'라고 쓰면서, 얼마나 늘었는지를 보여주지 못하고 있다. '늘었다'는 식의 비교격 술어를 사용하려면 비교의 대상이 있어야 한다. 즉, 언제부터 언제까지 얼마나 늘었는지의 정보가 있어야 한다는 거다. 구체적으로는 2006년 9월 직전과 현재의 모습을 함께 보여줘야 한다. 그런데 지난해 7월 사례를 하나 들고, 어느 시점인지도 확실하지 않은 대전 지역 가짜 장애인 복지 단체의 수와 피해 시민의 숫자만 들이댔다. 지난해 7월의 사건이 가장 큰 규모라면 그걸 설명해주고, 아니라면 가장 최근의 사례를 보여주는 것이 좋다. 또 현재의 피해 상황이라는 걸 보이기 위해 '2008년 5월 말 현재' 등의 표현이 나와야 한다. 일단 뚜렷한 비교 정보가 없으니, 첫 문장은 날리고 시작한다. ('이 같은 가짜 장애인 복지 단체가'보다는 '……복지 단체는'이 더 낫다. 또 '기부금 냈다가'는 뭔가? '기부금을 냈다가'다.)

[지난해 7월 대전에서 유령 장애인복지단체를 만들어 6천 명에게 16억 원의 기부금을 받아 가로챈 김모(여 · 44)씨가 경찰에 붙잡혔다. 역대 최대 규모의 기부금 사기였다. 법 개정 이후 지금까지 경찰에 적발된 가짜 장애인복지단체는 2008년 5월 말 현재 전국적으로 ○○개며, 가짜 장애인단체에 기부금을 냈다가 피해 본 시민들은 전국에서 2만 5천 명이 넘는다. 불법 사례는 법 개정 이전보다 연간 ○○%, 피해자 ○○%, 피해 액수는 ○○% 늘었다.]

⑤ 원문 ⑤, ⑥, ⑦의 정보가 뚜렷하지 않거나 유기적으로 연결되지 않았다. 정보의 순서가 뒤엉켰기 때문이다. 우선 원문 ⑤ 첫 문장에서 '무허가 단체들'이라는 표현이 이상하다. 이미 법 개정으로 허가를 받을 필요가 없다. 그러면 무허가라는 말을 사용할 이유가 없다. '불법 단체'도 옳지 않다. 아래 정보를 보면 등록을 하지 않아도 되는 경우가 있기 때문이다. 불법 사례로 표현하는 것이 적절하겠다. (표현 하나하나가 얼마나 예민한지 보이는가?)

일단 수정 내용 ④의 마지막 문장에서 정황에 맞게 '불법 사례'라는 표현을 썼으니 여기서는 '불법'이라고 간단하게 가자. 그런 뒤 원문 ⑥의 정보(기부금품 모집법을 어기지 않고서도 기부모금을 할 수 있다)를 위로 올려 수정 내용 ⑤의 첫 단락에서 처리한다.

그리고 어떻게 '법을 어기지 않고서도 모금을 할 수 있다'라는 표현을 썼는가? 표현은 일견 일리가 있어 보이지만, 야마를 지향하는 구조로서는 마땅치 않다. 정확한 내용은 '등록 기준을 속여 모금을 할 수 있다'는 것 아닌가? 그러면 결국 불법이지 않은가? 즉, 허가제가 아닌 이상, 감시를 받지 않고, 달랑 등록을 하면서 눈속임으로 예상 액수를 줄이면, 얼마든지 자기 맘대로 할 수 있다는 것 아니냐는 얘기다. 실제로 공무원들은 등록 액수를 믿어 버리고, 소액 모금 단체에 대한 관리 능력도 없기 때문에 그런 불법이 횡행할 여지가 있다는 뜻이고. 원문과 같이 써서야 이 내용이 정확하게 전달되겠는가? 그냥 어영부영 넘어가는 것이 아닌가? '1천만 원~10억'은 또 뭔가? '1천만 원~10억 원' 또는 '1천만~10억 원'이 옳다. 바꾼다.

[이처럼 불법이 난무하는 것은 개정법이 안고 있는 결함 때문이다. 개정법에 따르면 모금을 원하는 단체는 모금 예상 액수에 따라 등록 여부를 결정할 수 있다. 1천만~10억 원 미만은 지자체에, 10억 원 이상은 행정안전부에 기부금품 모집을 등록하게 돼 있다. 즉, 1천만 원 미만은 등록할 필요가 없어, 법 악용의 우려가 있는 것이다.]

⑥ 원문 ⑥을 수정 내용 ⑤에다 썼으니 여기에는 원문 ⑤의 내용을 잇는다. 위치가 바뀌었으니 표현도 고친다. 역시 무허가라는 말은 뺀다.

고치기 전에 일단 지적. 원문 ⑥의 내용은 포장만 그럴듯했지 전혀 쓸 수 없는 정보다. 두 번째 문장부터 보자. 2006년 9월에 등록제가 시작됐는데,

왜 2005년부터 평균 등록 건수를 썼나? 아예 정부가 기부금 모집 관리를 시작한 때부터 2006년 9월 이전까지와 그 이후의 (허가 및) 등록 건수를 비교해 보여주면서, 그 내용을 정리해야 하는 것 아닌가? 또 행정안전부 등록은 10억 원 이상 단체라고 했는데, 우리가 문제 삼고 있는 건 1천만 원 미만의 소규모 단체들 아닌가? 거기다 서울과 경기도에만 집착한 이유는 또 뭔가? 전국 단위 뉴스라면 전국 통계에 집중해야 한다. 뒤에 지하철역 사례를 연결하려고? 적당히 '빈번하다'라고만 적어놓고, 그게 서울 · 경기 36건과 비교가 되겠는가? 도대체 뭘 쓰려고 했는지 모르겠다. 비교를 하려면 제대로 하고, 또 뭘 보여줘야 할지 야마에 맞춰야 할 것이 아닌가? 결국 등록 기록도 없는 우리의 야마 대상 1천만 원 이하의 정보와는 관계가 없으니, 해당 내용을 모두 날린다.

[하지만 불법 모금을 시도한다고 하더라도 이를 적발하거나 규제하기는 어렵다. 실제 1천만 원 미만 모금 단체의 등록 규정 자체가 없고, 액수도 적어 이에 대한 관리가 소홀하기 때문이다.]

⑦ 원문 ⑦의 앞부분을 수정 내용 ⑥에서 버무려 썼으니 여기는 간단하게 안ㅇㅇ의 인용으로 처리한다. 인용구 중 첫 부분은 의미가 없으니 날린다. 또 만약 행정안전부가 전체 등록을 총괄한다면 행안부 관계자를 인용하는 것이 더 좋다. 1천만 원 이하는 지자체도 등록을 받지 않는데 굳이 서울시 관계자를 사용하는 것도 이상하다. 차라리 어떤 특수한 관계를 보여주는 것이 낫다. 즉, 왜 이 사람을 취재원으로 사용했는지가 설명이 돼야 한다는 거다. 일단 그냥 간다.

[서울시청 기부금품 모집 등록담당 안ㅇㅇ씨는 "(1천만 원 미만의) 적은 금액 기부모금은 단체에 대한 추적이나 한도 액수를 관리하는 법적 장치 없이 자율에 맡긴

다"고 말했다.]

⑧ 앞의 정보를 잇는 전환 내용이 첫 문장에 나오는 것이 좋다. 하지만 '어떤 식으로든'은 너무 막연한 연결이다. 그리고 길게 늘어진 한 단락을 둘로 나눈다. 그런데 왜 하필 대구 사람인가? 그가 소속한 단체가 전국 최대 규모인가? 그 사람이 전체를 대표할 만한 취재원인가 하는 물음이다. 현장에서도 이렇게 특별한 설명 없이 쓰는 사례가 있지만, 별로 좋은 보도 방법은 아니다. '전국 모금협회 간사인 경북 사회△△△△모금회 방○○ 사무처장은'이라든지, 아니면 '전국 모금협회 방○○ 간사는'이라는 표현이 좋다는 뜻이다. 물론, 방○○가 그런 위치에 있어야 한다. 그런 사람이 더 좋은 취재원이 된다는 얘기다. 여기서는 지적만 하고 그냥 원문 그대로 간다.

다른 면에서 지적 하나 더. 방○○가 혹시 대규모 단체만의 입장을 대변하는 게 아닌가 하는 걱정도 든다. 인용구 첫 부분을 보면 그렇다. 잘못하면 두 종류 단체 간의 싸움질만 붙일 공산도 있다. 어차피 대의에 큰 차이가 없다면, 아마에 필요 없는 내용은 정리한다.

[하지만 불법으로 인한 기부 문화 후퇴를 염려하는 사람들은 소액 기부 단체에 대한 관리가 필요하다고 지적한다. 방○○ 경북 사회△△△△모금회 사무처장은 "액수 규모 불문, 모든 단체가 모금 목적, 기간, 단체명을 명시하고 자치단체가 실태 조사를 해야 국민들이 정체불명의 성금 요구에 시달리지 않는다"고 말했다.

박○○ ◇◇대 경제학부 교수도 "많은 사람들이 기부한 돈이 어디에 어떻게 쓰이는지 모르고 있다"며 "모금 단체의 투명성과 책임성을 강화해야 한다"고 말했다.]

수정 기사 7 

※ 완성한 수정 기사는 원고지 7.2매 분량이다.

지난 13일 오후 8시, 대구의 한 식당. 회사원 김모(33)씨에게 30대 남성이 열쇠고리를 사라며 다가왔다. '중국 지진참사 피해자 지원 단체'라고 쓴 비닐 목걸이를 내밀었다. 단체 이름이 낯설었다. 주머니에서 몇천 원씩 꺼내는 친구들을 막으며 김씨가 물었다. "어디 소속 단체인가." "(모금) 허가받았는가." 남자는 돈도 받지 않고 조용히 사라졌다.

대학생 박모(27)씨도 16일 비슷한 경험을 했다. 서울 지하철 3호선 종로3가역에서 목에 흰색 상자를 걸고 굶어 죽는 외국 아이들에게 돈을 기부하라는 동남아 여성에게 5분간 붙잡혔다. 하지만 결국 "왜, 외국 여성이 여기서"라는 석연치 않은 생각에 발길을 돌렸다.

2006년 9월 정부가 기부 문화 활성화를 위해 '기부금품 모집 및 사용에 관한 법률'을 개정, 시행에 들어간 지 20개월이 되어 간다. 하지만 모금 단체 활동 기준을 '허가제'에서 '등록제'로 완화한 개정법은 구체적 규정 부실로 정체불명 모금 단체들의 난립을 불러왔다. 기부 문화는 후퇴하고 피해는 시민들에게 돌아간다는 지적이 나오고 있다.

지난해 7월 대전에서 유령 장애인복지단체를 만들어 6천 명에게 16억 원의 기부금을 받아 가로챈 김모(여 · 44)씨가 경찰에 붙잡혔다. 역대 최대 규모의 기부금 사기였다. 법 개정 이후 지금까지 경찰에 적발된 가짜 장애인복지단체는 2008년 5월 말 현재 전국적으로 ㅇㅇ개며, 가짜 장애인단체에 기부금을 냈다가 피해 본 시민들은 전국에서 2만 5천 명이 넘는다. 불법 사례는 법 개정 이후보다 연간 ㅇㅇ%, 피해자 ㅇㅇ%, 피해 액수는 ㅇㅇ% 늘었다.

이처럼 불법이 난무하는 것은 개정법이 안고 있는 결함 때문이다. 개정법에 따르면 모금을 원하는 단체는 모금 예상 액수에 따라 등록 여부를 결정할 수 있다. 1천만~10억 원 미만은 지자체에, 10억 원 이상은 행정안전부에 기부금품 모집을 등록하게 돼 있다. 즉, 1천만 원 미만은 등록할 필요가 없어, 법 악용의 우려가 있는 것이다.

불법 모금을 시도한다고 하더라도 이를 적발하거나 규제하기도 어렵다. 실제 1천만 원 미만 모금 단체의 등록 규정 자체가 없고, 액수도 적어 이에 대한 관리가 소홀하기 때문이다. 서울시청 기부금품 모집 등록담당 안○○씨는 "(1천만 원 미만의) 적은 금액 기부모금은 단체에 대한 추적이나 한도 액수를 관리하는 법적 장치 없이 자율에 맡긴다"고 말했다.

하지만 불법으로 인한 기부 문화 후퇴를 염려하는 사람들은 소액 기부 단체에 대한 관리가 필요하다고 지적한다. 방○○성수 경북 사회△△△△모금회 사무처장은 "액수 규모 불문, 모든 단체가 모금 목적, 기간, 단체명을 명시하고 자치단체가 실태 조사를 해야 국민들이 정체불명의 성금 요구에 시달리지 않는다"고 말했다.

박○○ ◇◇대 경제학부 교수도 "많은 사람들이 기부한 돈이 어디에 어떻게 쓰이는지 모르고 있다"며 "모금 단체의 투명성과 책임성을 강화해야 한다"고 말했다.

사례 8
(2007년)

지하철, "일하는 노인들" 많아졌다

① # 1. 평일 아침마다 지하철 사당역 앞을 지키는 사람이 있다. 무가지 배포 도우미를 하고 있는 장○○(63) 할머니. 할머니는 매일 아침 대방에서 신림으로 '출근'하고 있다. 2007년 5월 10일 현재, 무가지 중 하나인 〈◇◇◇〉의 경우 무가지 배포 도우미를 하고 있는 사람들은 421명이다. 이 중에 60세 이상 노인은 217명. 〈◇◇◇〉 독자팀의 한 관계자는 창간 이후 고령층 비율이 꾸준히 늘어나고 있다고 밝혔다.

② # 2. 지하철 안에서도 '일하는 노인'들의 모습을 종종 볼 수 있다. 서울 관악시니어클럽에서 마련한 지하철 택배 일을 하고 있는 이○○(67) 할아버지. "한 달에 60만원 정도 벌고 있다"고 밝힌 이 할아버지는 "전에는 생계가 막막했는데 일자리가 생기니 안심이 된다."라고 말했다.

③ 지하철에서 일하는 노인들이 늘고 있다. 서울시청 노인△△과 관계자에 따르면, 지난 한 해 동안 서울에서는 지하철 도우미로만 250명이 채용되었다. 사기업에 채용된 노인까지 합치면 약 1000명에 달하는 60세 이상의 노인들이 지하철 관련 일자리를 얻었다. 이는 작년 한해 새로 일자리를 얻은 60세 이상 노인이 약 5400명이라는 데에 비춰 볼 때 매우 높은 비율이다.

④ 이○○ 관악 시니어 클럽 실장은 "노인 우대권을 이용하면 교통비가 들지 않는다는 점, 바깥에 비해 기온 등이 일정해 노인들이 일하기 좋다는 점 등이 강점이다."라며 "지하철 하차 도우미, 역 안내 도우미 등 지하철과 노인을 결합한 일자리는 계속 증가할 것." 이라고 말했다.

⑤ 한편, 많은 시민들이 이용하는 지하철에서 노인들의 '업무수행'이 다른 지하철 승객들과 충돌하는 경우도 많이 생긴다. 회사원 고○○(27)씨는 "바쁜 출근 시간에 지하철역에서 무가지를 들고 건네주려는 어르신들 때문에 역 앞

이 지나치게 혼잡스럽다." 면서 "그렇다고 나이가 많은 분들의 손길을 매몰차게 거절할 수도 없으니 난감하다."라고 말했다.

⑥ 대학생 우○○(25)씨는 최근 서울시가 '무가지를 수거해 파는 노인들을 단속하기로 결정한 것에 대해 "생계를 위해 일하시는 어르신들을 보면 안쓰럽긴 하지만, 지나치게 승객들에게 불편을 주는 경우가 많았던 것도 사실."이라고 말했다.

⑦ ◇◇대학교 사회복지학과 최○○(61) 교수는 "지하철은 국민의 세금으로 운영되는 공적 재산인 만큼, 이를 노인 복지의 측면에서 활용하는 것은 자연스러운 현상"이라고 말했다. 최근 무가지 수거 문제 등 다른 지하철 승객과의 갈등 문제에 대해서는 "어차피 시 입장에서도 무가지 수거에 대한 양성화가 필요하다"면서 "국가에서 정식 채용을 통해 직업 교육을 적극적으로 행한다면 많은 문제가 해결될 것." 이라고 말했다.

평가 및 첨삭

[총론]

- 야마가 괜찮다. 그런데 중언부언이다. 똑같은 얘기를 반복할 필요는 없다.
- 설명이 부족한 부분이 눈에 띈다. 잘못하면 글의 흐름이 무너질 수도 있다. 결국, 야마를 지탱하는 힘이 빠진다.
- 무가지 배포에서 무가지 수거로 넘어가는 정보 연결이 투박하다. 몇 번이고 다시 읽게 됐다. 결국 매끄럽지 못하다는 결론이다. 앞에서의 흐름도 둔탁하다.

[각론]

① 숫자(# 1, # 2)는 왜 넣었는지? 기사에서 〈장면 1〉, 〈장면 2〉 하는 방식을 시도하는 때도 있기는 하다. 그건 상호보완적으로 하나의 야마를 보여주기 위해 서로 구별되는 사례들을 나열하는 경우 그렇게 한다. 하지만 이 기사 원문의 ①, ②의 내용은 크게 차별적인 묘사라고 보기 어렵다. 일단 원문은 '현장 묘사'가 아니고, 누가 뭘 하고 있다는 '서술'이다. 그렇다면 굳이 숫자를 넣지 않아도 된다. 차라리 빼는 게 낫다. 그리고 사당역은 몇 호선인가? 별것 아닌 것 같아도 그게 몇 호선인지 모르는 사람들이 많다. 게다가 환승 구간 아닌가? 간단한 사실인 듯 보여도 일반적으로 시간, 장소 등은 중요하다.

[평일 아침마다 서울 지하철 2호선 사당역 앞을 지키는 사람이 있다. 무가지 배포도우미를 하고 있는 장○○(63) 할머니. 할머니는 매일 아침 ○○시 서울 영등포구 대방역에서 관악구 신림역으로 '출근'한다. 장 할머니는 10일 현재, 무가지 〈○○○〉 배포를 위해 고용된 60세 이상 노인 217명 중 한 명이다.]

일단 여기서 끊는다. 원문 첫 번째 단락이 길어, 독자가 야마를 찾아가는 길이 멀게 느껴진다. 나머지 정보는 뒤에 사용한다.

② 원문 ①에서 사용했으나 제언 부분에서 사용되지 않는 부분과 원문 ②의 내용을 연계해 뒤로 돌린다. 원문 ②의 내용 중 야마 단락으로 보이는 원문 ③의 주제 일부가 살짝 걸쳐졌지만, 원문 ②의 내용 자체에 힘이 없어, 야마 단락을 이끄는 티저 역할을 못할 뿐 아니라, 야마 단락의 김을 빼놓기만 한다. 그래서 수정 ① 다음에 원문 ③의 내용을 먼저 잇는다.

③ 첫 문장은 그대로 둔다. 서울시청 자료를 이용한 시도도 좋다. 하지만

이 단락의 문제는 '늘고 있다'는 비교어가 제시되었는데도 '얼마나'라는 사실적 정보가 없다는 점이다. 언제와 비교해서 얼마만큼 늘었다고 사실 정보가 주어졌어야 했다. 모르면, 그리고 취재가 안 됐다면, 늘고 있다는 말을 쓰면 절대로 안 된다. '되었다'는 '됐다'라고 하면 충분하다. 한 글자라도 줄인다. 앞으로는 여기에 대한 지적은 안 한다. 그리고 '서울에서는'이라고? 그러면 그다음 문장에 나오는 사기업 채용 노인은 부산 고용인가? '서울시에서는' 또는 '공기업 서울메트로에서는'이라는 표현이 맞지 않나? 높은 비율이라고? 어떻게 아는가? 뭐에 비해서 높은가? 비교가 안 되면 사실만 보여준다. 원문을 바꾼다.

[서울 지하철에서 일하는 노인들이 늘고 있다. 서울시청은 지하철 일대에서 일하는 60세 이상 노인이 2002년 ㅇㅇ명에서 2006년 ㅇㅇ명으로 지난 5년 사이 ㅇㅇ%가 증가한 것으로 파악했다.

10일 서울시청 노인△△과 관계자에 따르면, 지난 한 해 동안 서울시에는 지하철 도우미(그런데 무엇 하는 도우미지?)로만 250명이 채용됐다. 사기업에 채용된 노인까지 합치면 약 1000명에 달하는 60세 이상의 근로자들이 지하철 관련 일자리를 얻었다.

이는 같은 기간 서울에서 새로 일자리를 얻은 60세 이상 노인 약 5400명의 18.5%에 달하는 숫자다. 2002년 서울 지하철 60세 이상 근로자는 같은 연령대 전체 근로자의 ㅇㅇ%에도 못 미쳤다.]

어때 보이는지? 원문과 뭐가 다른지 알겠는가? 이다음에 원문 ①의 나머지와 원문 ②의 내용을 잇는다. 그리고 관악시니어클럽은 도대체 무엇하는 데인가? 왜 설명도 없이 갖다 썼나? 아무 설명 없이 '마포주니어센터'라고 쓰면 그게 뭔지 알겠는가?

[장 할머니를 고용한 〈ㅇㅇㅇ〉의 60세 이상 무가지 배포 근로자도 전체 421명

중 51.5%를 차지한다. 절반이 넘는 숫자다. 〈○○○〉 독자팀의 한 관계자는 창간 이후 고령층 비율이 꾸준히 늘어나고 있다고 밝혔다.

지하철 밖 무가지 배포만이 아니다. 노인 취업 알선 단체인 서울 관악시니어클럽 소개로 지하철 안에서 택배 일을 하는 이○○(67) 할아버지는 "한 달에 60만 원 정도 벌고 있다"며 "전에는 생계가 막막했는데 일자리가 생기니 안심이 된다"고 말했다.]

어떤가? 연결이 되는지?

④ 왜 앞에서는 '관악시니어클럽'이라고 다 붙여 썼고, 뒤에서는 '관악 시니어 클럽'이라고 띄어 썼나? 일관성을 유지하자.

이○○ 실장의 인용은 야마에 잘 어울린다. 좋은 내용이다.

[이○○ 관악시니어클럽 실장은 "노인 우대권을 이용하면 교통비가 들지 않는다는 점, 바깥에 비해 기온 등이 일정해 노인들이 일하기 좋다는 점 등이 강점이다"며 "지하철 하차 도우미, 역 안내 도우미 등 지하철과 노인을 결합한 일자리는 계속 증가할 것"이라고 말했다.]

⑤ '한편'으로 전환을 시도했는데, 없는 것보다 낫지만 연결어가 약해 보인다. 뒤에 '충돌'이라는 단어를 써서 더욱 그렇다. 전체적으로 단락이 전달하려는 이미지도 충돌에 가깝지 않은데. 차라리 '마찰' 또는 '불편' 정도가 좋지 않을까? '한편'을 유지하면서 살짝 바꿔보자.

[그러나 한편에서는 늘어난 노인들의 지하철 업무가 바쁜 출근 시간 지하철 승객들에 불편을 준다는 지적도 나온다. 회사원 고동욱(27)씨는 "출근 시간에 지하철역에서 무가지를 건네주려는 어르신들 때문에 역 앞이 지나치게 혼잡스럽다"며 "그렇다고 나이 드신 분들의 손길을 매몰차게 거절할 수도 없으니 난감하다"고 말했다.]

⑥ 여기 연결이 대단히 투박하다. 바로 앞까지는 무가지 '배포' 관련인데, 여기서는 무가지 '수거'다. 뭐가 이상한지 한참 들여다봤더니, 정보가 억지로 연결되고 있다. 뭔가 전환이 필요하다. 또 무가지 수거가 왜 불편을 주는지에 대한 정보도 없다. 앞에 쓰인 정보를 사용해본다.

[지하철 이용객들에 불편을 주면서까지 전달된 무가지는 수거 과정을 둘러싸고 또다시 승객들의 마음에 부담을 준다. 대학생 우○○(25)씨는 "자리에 앉은 승객들까지 비키라며 무가지를 수거하는 것에 눈살이 찌푸려졌다"면서도 "하지만 생계를 위해 일하시는 어르신들을 보면 안쓰러운 것도 사실"이라고 복잡한 심경을 전했다.]

쓰면서도 답답하다. 정보가 엉뚱하니 어떻게 연결해야 할지 난감하다. 수정 기사에 적은 말도 억지라는 것 안다. 그래도 원문의 억지보다는 나아 보인다. 그런데 이와 같이 적으면 '서울시는 최근 무가지를 수거해 파는 노인들을 단속하기로 결정했다'라는 정보를 어떻게 써야 할지 다시 곤란해진다. 원문의 마지막 단락과 연계해 이렇게 해보기로 하자. 일단 앞의 제언 바로 다음에, 줄을 바꿔 [서울시는 시민들의 불편 신고 접수에 따라, 지난 ○○일 무가지를 수거해 파는 노인들을 단속하기로 결정했다.]라고 적는다.

⑦ 서울시 결정과 관련해 문장을 이으려면, 원문 ⑦의 정보 순서를 바꿔본다. ◇◇대학교가 아니라 ◇◇대다.

[하지만 ◇◇대 사회복지학과 최○○(61) 교수는 서울시의 이 같은 단속 결정에 대해 "어차피 시 입장에서도 무가지 수거에 대한 양성화가 필요하다"면서 "국가에서 정식 채용을 통해 직업 교육을 적극적으로 행한다면 많은 문제가 해결될 것"이라고 반대 의견을 피력했다.

최 교수는 또 "지하철은 국민의 세금으로 운영되는 공적 재산인 만큼, 이를 노인복지의 측면에서 활용하는 것은 자연스러운 현상"이라며, 노인층의 적극적인 직업

활동이 더욱 독려되어야 한다고 지적했다.]

수정 기사 8

※ 원고지 8.1매 분량.

평일 아침마다 서울 지하철 2호선 사당역 앞을 지키는 사람이 있다. 무가지 배포 도우미를 하고 있는 장○○(63) 할머니. 할머니는 매일 아침 ○○시 서울 영등포구 대방역에서 관악구 신림역으로 '출근'한다. 장 할머니는 10일 현재, 무가지 〈○○○〉 배포를 위해 고용된 60세 이상 노인 217명 중 한 명이다.

서울 지하철에서 일하는 노인들이 늘고 있다. 서울시청은 지하철 일대에서 일하는 60세 이상 노인은 2002년 ○○명에서 2006년 ○○명으로 지난 5년 사이 ○○%가 증가한 것으로 파악했다.

10일 서울시청 노인복지과 관계자에 따르면, 지난 한 해 동안 서울시에는 지하철 도우미로만 250명이 채용됐다. 사기업에 채용된 노인까지 합치면 약 1000명에 달하는 60세 이상의 근로자들이 지하철 관련 일자리를 얻었다.

이는 같은 기간 서울에서 새로 일자리를 얻은 60세 이상 노인 약 5400명의 18.5%에 달하는 숫자다. 2002년 서울 지하철 60세 이상 근로자는 같은 연령대 전체 근로자의 ○○%에도 못 미쳤다.

장 할머니를 고용한 〈○○○〉의 60세 이상 무가지 배포 근로자도 전체 421명 중 51.5%를 차지한다. 절반이 넘는 숫자다. 〈○○○〉 독자팀의 한 관계자는 창간 이후 고령층 비율이 꾸준히 늘어나고 있다고 밝혔다.

지하철 밖 무가지 배포만이 아니다. 노인 취업 알선 단체인 서울 관악시니어클럽 소개로 지하철 안에서 택배 일을 하는 이○○(67) 할아버지는 "한 달에 60만 원 정도 벌고 있다"며 "전에는 생계가 막막했는데 일자리가 생기니 안심이 된다"라고 말했다.

이○○ 관악시니어클럽 실장은 "노인 우대권을 이용하면 교통비가 들지 않는다는 점, 바깥에 비해 기온 등이 일정해 노인들이 일하기 좋다는 점 등이 강점이다"며 "지하철 하차 도우미, 역 안내 도우미 등 지하철과 노인을 결합한 일자리는 계속 증가할 것"이라고 말했다.

그러나 한편에서는, 늘어난 노인들의 지하철 업무가 바쁜 출근 시간 지하철 승객들에 불편을 준다는 지적도 나온다. 회사원 고○○(27)씨는 "출근 시간에 지하철역에서 무가지를 건네주려는 어르신들 때문에 역 앞이 지나치게 혼잡스럽다"며 "그렇다고 나이 드신 분들의 손길을 매몰차게 거절할 수도 없으니 난감하다"고 말했다.

지하철 이용객들에 불편을 주면서까지 전달된 무가지는 수거 과정을 둘러싸고 또다시 승객들의 마음에 부담을 준다. 대학생 우○○(25)씨는 "자리에 앉은 승객들까지 비키라며 무가지를 수거하는 것에 눈살이 찌푸려졌다"면서도 "하지만 생계를 위해 일하시는 어르신들을 보면 안쓰러운 것도 사실"이라고 복잡한 심경을 전했다.

서울시는 시민들의 불편 신고 접수에 따라, 지난 ○○일 무가지를 수거해 파는 노인들을 단속하기로 결정했다.

하지만 ◇◇대 사회복지학과 최○○(61) 교수는 서울시의 이 같은 단속 결정에 대해 "어차피 시 입장에서도 무가지 수거에 대한 양성화가 필요하다"면서 "국가에서 정식 채용을 통해 직업 교육을 적극적으로 행한다면 많은 문제가 해결될 것"이라고 반대 의견을 피력했다.

최 교수는 또 "지하철은 국민의 세금으로 운영되는 공적 재산인 만큼, 이를 노인 복지의 측면에서 활용하는 것은 자연스러운 현상"이라며, 노인층의 적극적인 직업 활동이 더욱 독려되어야 한다고 지적했다.

사례 9
(2007년)

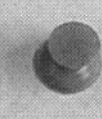

글로벌 꿈꾸는 대학들 … 외국인 버디 제도의 허와 실

① "노조가 뭐에요?"

② 10일 오전 9시 '현대기업경영' 수업이 한창인 △△대학교 강의실. 키르키즈스탄에서 온 유학생 ㅇㅇ(22 · △대 경영 1)씨가 취재를 위해 옆자리에 앉은 기자에게 속삭인다. 교수는 집단의사결정에 대해 설명하면서 노조를 예로 들고 있었다. ㅇㅇ씨는 수업 내내 전자사전을 놓지 못했다. 한국말 강의를 좇아가는 데 급급해 교수의 질문도 놓치기 일쑤였다.

③ "너무 어려워요. 작년에 한국어 강의 두 과목 에프학점 받았어요." 입학 전 1년 반 동안 △△대 국제어학당을 다니며 한국어 강좌 최고단계인 6단계까지 마친 ㅇㅇ씨. 그에게도 여전히 대학 강의는 높은 벽이다. "얼굴 아는 사람은 많아도, 도움을 줄 한국 친구는 없어요. 엠티도 못 가봤어요. 비슷한 지역 유학생들끼리 주로 어울려요." 생활과 학업에서 적응을 도와 줄 한국친구가 있었으면 하는 게 솔직한 심정이다.

④ ◇ 외국인 유학생 = 대학 버디제도의 사각지대?

⑤ 교육인적자원부의 '2006년도 외국인 유학생 통계조사'에 따르면, 지난해 정규학위과정으로 국내대학에 유학 온 외국인은 22,624명. 5년 새 무려 5배 이상 증가했다. 외국인 교환학생과 유학생이 크게 늘면서 외국인과 재학생을 1:1로 연결해주는 '버디(Buddy)제도'를 운영하는 대학도 많아졌다. 하지만 이 제도는 대개 '교환학생'에게만 제공돼, 정규과정을 듣는 외국인 유학생들은 별다른 도움을 받지 못하는 실정이다.

⑥ 대표적인 외국인도우미제도인 △△대 '△UBA'(△△ University Buddy Assistant)와 ▽▽여대 '피스버디'(PEACE BUDDY) 모두 교환학생을 대상으로 한다. ◆◆대 역시 사정은 비슷하다. 100여명 교환학생들에게는 1:1 도우미가

연결되지만, 4~500명의 유학생들을 위한 제도는 없다.

⑦ 2007년 1학기 기준으로 이들 학교에 재학 중인 외국인 유학생은 학부에만 △△대 167명, ▽▽여대 200여명에 이른다. ◆◆대에도 학부와 대학원에 4~500명의 유학생이 있다. 학부로 바로 입학한 외국인 유학생은 교환학생과 달리 '알아서' 적응해야 한다. ◆◆대 국제△△부 이○○경(29)씨는 "유학생들은 웬만큼 한국어도 하고, 어차피 장기간 적응을 해야 하며 수도 너무 많기 때문에 별도의 프로그램은 운영하지 않는다"고 말했다.

⑧ ◇ 외국인 유학생 국내적응 도와줄 통로 넓혀야

⑨ 지난해 8월 ▽▽여대에 교환학생으로 온 ■■(22 · ▲▲사범대학교)씨는 힘든 적응기를 버디 이○○(24 · ▽▽ 영문 4)씨 덕에 이겨냈다. 그녀는 "함께 수업 듣는 유학생 친구들이 교환학생의 버디 친구를 많이 부러워한다. 버디 수를 늘려 유학생에게도 도움을 주면 좋겠다."고 말했다.

⑩ △△대 국제협력팀 전○○(40) 사무는 "외국인 유학생을 위한 서비스가 취약한 것이 사실"이라며, "교환학생과 유학생 통합관리부서를 만들어 모든 외국인 학생의 적응을 도울 수 있도록 해야 할 것이다"고 밝혔다.

평가 및 첨삭

[총론]

- 긴장과 이완이 적절하다. 하지만 되도록 기자가 기사에서 독립할 수 있도록 더 신경을 쓰라. 기자가 정보에 너무 밀착해, 자칫 객관성을 떨어뜨릴 수 있다.
- 몇몇 표현에서 정확성이 떨어지는 부분이 보인다. 각론에서 지적한다.

- 외국인 이름 표기는 언론사별로 차이가 있다. 시험을 보는 언론사의 스타일을 익히는 것이 좋다. 예를 들어 2007년 현재 ≪조선일보≫에서는 외국인의 영문 이름을 쓸 때 전체 이름을 한글로 먼저 쓰고, 괄호 안에 성(姓)만 적어 넣는다. 이 신문은 그동안 쓰던 영문 표기법을 최근에 바꿨다. 또 신문마다 표기법이 다르다는 점도 명심하는 것이 좋다.
- 버디 프로그램이 '대개' 교환학생에게만 적용된다는 표현이 있다. 그렇다면 안 그런 학교도 있다는 얘기로 들리는데, 일반 유학생들에게도 유사한 프로그램을 적용하는 학교에 대한 소개가 있었으면, 기사의 구성은 더 탄탄해질 수 있다. 이제 각론으로 간다.

[각론]

① 원문의 내용은 리드에 들어간 티저로서 괜찮다. 살린다.

② 첫 문장에 시간, 장소 등 육하원칙 내용이 아주 나쁘지는 않다. '서울 ㅁㅁ구 △△대'라고 들어가는 것이 원칙이다. △△대학교가 아니고 △△대다. 유학생 ㅇㅇ의 전체 이름이 무엇인지? 일단 성인지 이름인지 모르겠다. 처음에 전체 이름을 쓰고, 그다음부터는 성으로 대상을 지칭하기로 하자. 가상으로 이 학생의 이름을 우선 '압둘'이라고 가정한다. 기사에서 한국 사람에게, 이△△(41)씨라고 처음 소개한 뒤 나중에 '이씨'라고 지칭하는 것과 같은 규칙이다. 또 △△대에서 들으니 특별한 표현 없으면 △△대 학생일 거라고 생각한다. 괄호 안에 '△대'는 뺀다. 더불어 '기자에게 속삭인다'라는 표현은 기자가 기사에 많이 개입됐다는 느낌을 준다. 바꿔보자.

[10일 오전 9시 '현대기업경영' 수업이 한창인 서울 ㅁㅁ구 △△대 강의실. 키르기스스탄에서 온 유학생 압둘 ㅇㅇ(영문 ㅇㅇ · 22 · 경영 1)씨가 혼자 중얼거린다.

교수는 집단의사결정에 대해 설명하면서 노조를 예로 들고 있었다. ㅇㅇ씨는 수업 내내 전자사전을 놓지 못했다. 한국말 강의를 쫓아가는 데 급급해 교수의 질문도 놓치기 일쑤였다.]

③ 자칫 잘못하면 '한국에 와서 유학하는데, 한국말 못하는 건 네 책임이다. 네가 노력 안 한 것 아니냐'라는 비판을 들을 수 있는 내용이다. 그런데 원문에서 1년 반 동안 어학당에 다니며 최고 단계의 강좌까지 이수했다는 정보를 주면서 이런 비난을 비켜갈 수 있게 됐다. 괜찮다.

조금 기니(A4 용지 5행 분량), 우선 단락을 나눠본다. 제언 두 번째 단락의 인용문에 3개의 문장이 들어갔다. 원래 긴 문장을 사용할 경우는 2개 정도가 좋다. 그래도 여기서는 중문 1개, 단문 2개이니 봐줄 만은 하다. 그냥 넘어간다.

["너무 어려워요. 작년에 한국어 강의 두 과목 에프학점 받았어요." 입학 전 1년 반 동안 △△대 국제어학당을 다니며 한국어 강좌 최고단계인 6단계까지 마친 ㅇㅇ씨. 그에게도 여전히 대학 강의는 높은 벽이다.

"얼굴 아는 사람은 많아도, 도움을 줄 한국 친구는 없어요. 엠티도 못 가봤어요. 비슷한 지역 유학생들끼리 주로 어울려요." 생활과 학업에서 적응을 도와줄 한국친구가 있었으면 하는 게 솔직한 심정이다.]

④ 제목이니, 그냥 간다. (사실 없어도 될 것 같다. 원문 ③과 원문 ⑤가 그냥도 이어지니.)

⑤ 전체 단락으로 보면, 인용의 적시(attribution fitness)가 필요할 때 잘 나왔다. 그리고 정보도 비교적 괜찮다. 최초 세 단락 이내에서 야마가 서는 게

좋다는 공식도 잘 지켜졌다. 하지만 원문처럼 뭉뚱그린 야마보다 선언적인 야마가 나오면 기사의 각이 더 선명해진다. 또 그런 야마도 아예 단락 처음에 나오는 게 더 좋다. 앞의 배경 설명이 길었기 때문이다. 배경 설명을 한 앞의 단락이 A4 용지로 따졌을 때, 총 4행(2개 단락, 단락당 2행)에서 6행(2개 단락, 단락당 3행) 정도였다면, 원문에서처럼 야마 문장을 뒤쪽에 배치해도 참아줄 만하다. 하지만 전체 8매 분량의 기사(원문은 7.4매, 33행이다)에서 배경 설명이 처음 10행에 걸쳐 있으니, 시원한 야마를 기다리는 독자들은 조금 갈증이 날 수도 있다. 약간 긴 게 문제고, 수치를 보여줄 때 정보가 조금 부족한 것도 아쉽다(아래 참조). 그리고 원문 첫 번째 문장에서는 유학생만 거론했는데 두 번째와 세 번째 문장에서 교환학생이 튀어나온다. 게다가 교환학생은 기사의 핵심 내용이 되는 버디 프로그램을 설명하는 주요 인자다. 기사 흐름에 맞춰 여기에 대한 정보도 필요하다. 지적을 배경으로 원문을 조정한다.

[외국 유학생들이 한국 적응에 어려움을 겪고 있다. 늘어나는 외국 학생들에 대한 정책적인 배려가 시급하다는 지적이 나온다.

교육인적자원부의 '2006년도 외국인 유학생 통계조사'에 따르면, 지난해 정규학위과정으로 국내대학에 유학 온 외국인은 22,624명. 2002년 ㅇㅇ명에서 5년 새 무려 5배 이상 증가했다. 교환학생 수는 같은 기간 ㅇㅇ명에서 ㅇㅇ명으로 ㅇㅇ%가 늘었다.

외국인 교환학생과 유학생이 크게 늘면서 외국인과 재학생을 1:1로 연결해주는 '버디(Buddy)제도'를 운영하는 대학도 많아졌다. 하지만 이 제도는 대개 '교환학생'에게만 제공돼, 정규과정을 듣는 외국인 유학생들은 별다른 도움을 받지 못하는 실정이다.]

⑥ 왜 △UBA와 PEACE BUDDY가 '대표적'인지? 너무 작위적이지 않은가? 그냥 '국내 최대 ○○명의 외국 유학생을 가진' △△대로 표현하든가, '○○년부터 국내 최초로 외국인 도우미 제도를 운영 중인 ▽▽여대'라는 정보를 주든가, 조금 더 구체적일 필요가 있어야 하지 않을까? 여기 지적한 내용이 사실인지는 몰라도, 그런 정보가 있어야 더 좋았다는 얘기다. 아니면 그냥, '△△대의 경우', 또는 '▽▽여대의 경우' 하고 가면 된다. 여기서는 직접 취재해 확인된 사실이 없으니 그냥 상상으로 뭉뚱그려 간다. 기자는 제언을 바탕으로 다음 기사에 유의하라. (4~500명이라는 표현은 4명에서 500명이라는 뜻이 된다. 400~500명이 맞는 표현이다.)

[△△대나 ▽▽여대에는 외국인도우미제도인 '△UBA'(△ University Buddy Assistant)와 '피스버디'(PEACE BUDDY)를 각각 운영한다. 하지만 모두 교환학생 대상이다. 지난 5년간 외국 유학생이 ○○배로 늘어난 ◆◆대 역시 사정은 비슷하다. 100여 명 교환학생들에게는 1:1 도우미가 연결되지만, 400~500명의 유학생들을 위한 제도는 없다.]

⑦ 첫 문장의 표현이 둔탁하다.

또 왜 △△대는 167명으로 정확하고, ▽▽여대는 200여 명인가? 한 문장에서 그러니 이상하다. 둘 다 정확한 것이 좋지만, 마감까지 취재가 덜 됐다면 그냥 △△대 약 170명, ▽▽여대 약 200명 정도로 표현의 정확도를 일치시킨다. ◆◆대는 별도 문장으로 떨어졌으니, 그냥 숫자를 유지하자.

이○○의 멘트도 집중도가 떨어진다. 앞에서 교환학생 수도 적으라고 했다. 그게 설명됐으면, 이○○이 한 '유학생들이 너무 많다'는 얘기가 더 탄력을 받을 수 있지 않은가? 조정한다.

[2007년 1학기 기준으로 △△대와 ▽▽여대는 학부에 각각 약 170명, 200명의

외국인 유학생이 재학 중이다. ◆◆대에도 학부와 대학원에 400~500명의 유학생이 있다.

학부로 바로 입학한 외국인 유학생은 교환학생과 달리 '알아서' 적응해야 한다. ◆◆대 국제△△부 이○○(29)씨는 "유학생들은 교환학생에 비해 한국어 실력이 좋아 적응 지원 프로그램을 운영하지 않는다"며 "어차피 유학생들은 장기간 적응을 해야 하고, 수도 너무 많아 그들을 위한 별도 프로그램 운영 자체가 어렵다"고 말했다.]

⑧ 제목이니 그냥 간다. 만약 제목이 없다면 전환 문장으로 이어주면 좋다. 사실, 전환 문장으로 부드럽게 이어주는 게 좋을 때도 있다(반드시 그렇다는 것은 아니지만). 가능한 전환 문장을 예로 들면, [하지만 유학생들을 위한 적응 지원 전략이 마련되어야 한다는 지적이 나온다. 버디 프로그램으로 도움을 받은 교환학생들은 유학생들을 위한 프로그램 마련을 적극적으로 지지한다.] 정도가 되겠다.

⑨ 역시 외국사람 이름을 먼저 한글로 표현하고 괄호 안에 원문을 적어준다. 중국이나 일본 또는 한자로 표현할 수 있는 지역의 사람들은 한자로, 그 이외는 영문이나 현지어로 간다. 게다가 학교 이름(▲▲)을 보니 중국 사람인데, 그 내용을 정확히 써줘야 할 것 아닌가? ▽▽여대 버디이니 이○○을 설명하는 괄호 안에서 '▽▽대'는 뺀다.

[지난해 8월 ▽▽여대에 교환학생으로 온 ■■(■■〈한자 표현〉22 · 중국▲▲사범대)씨는 힘든 적응기를 버디 이○○(24 · 영문 4)씨 덕에 이겨냈다. 그녀는 "함께 수업 듣는 유학생 친구들이 교환학생의 버디 친구를 많이 부러워한다"며 "버디 수를 늘려 유학생에게도 도움을 주면 좋겠다"고 말했다.]

⑩ '사무'가 공식 직함인가? 처음 들어보는데. 글쓴이는 사무가 어느 정도 직급인지 알고 있는가? 40살이면 계장이나 과장 정도 되지 않나? 과장이나 계장 사이인가? 주변 사람들에게 물어봐도 일반적인 직급 이름은 아닌 것 같다. 다시 한 번 확인하자. 만약 그냥 일반 직원이라면, '△△대 국제협력팀 직원 전ㅇㅇ(40)씨'라고 하든가, 아니면 나이가 들어갔으니 그냥 △△대 '국제협력팀 전ㅇㅇ(40)씨'라고 해도 되겠다.

[△△대 국제협력팀 전ㅇㅇ(40)씨는 "외국인 유학생을 위한 서비스가 취약한 것이 사실"이라며, "교환학생과 유학생 통합관리부서를 만들어 모든 외국인 학생의 적응을 도울 수 있도록 해야 할 것이다"고 밝혔다.]

수정 기사 9

※ 제언을 모두 반영하면 원고지 8.4매이고, 더 줄여서 8.0매로 마무리했다.

"노조가 뭐예요?"

10일 오전 9시 서울 ㅁㅁ구 △△대 '현대기업경영' 강의실. 키르기스스탄에서 온 유학생 압둘 ㅇㅇ(영문 표현 ㅇㅇ · 22 · 경영 1)씨가 혼자 중얼거린다. 교수는 집단의사결정에 대해 설명하면서 노조를 예로 들고 있었다. ㅇㅇ씨는 수업 내내 전자사전을 놓지 못했다. 한국말 강의를 좇다 보면 교수의 질문을 놓치기 일쑤였다.

"너무 어려워요. 작년에 한국어 강의 두 과목 에프학점 받았어요." 입학 전 1년 반 동안 △△대 국제어학당을 다니며 한국어 강좌 최고단계인 6단계까지 마친 ㅇㅇ씨. 그에게도 여전히 대학 강의는 높은 벽이다.

"얼굴 아는 사람은 많아도, 도움을 줄 한국 친구는 없어요. 엠티도 못 가봤어요. 비슷한 지역 유학생들끼리 주로 어울려요."

외국 유학생들이 한국 적응에 어려움을 겪고 있다. 늘어나는 외국 학생들에 대해 생활과 학업에서 적응을 도와줄 정책적인 배려가 시급하다는 지적이 나온다.

교육인적자원부의 '2006년도 외국인 유학생 통계조사'에 따르면, 지난해 정규학위과정으로 국내대학에 유학 온 외국인은 22,624명. 2002년 ○○명에서 5년 새 무려 5배 이상 증가했다. 교환학생 수는 같은 기간 ○○명에서 ○○명으로 00%가 늘었다.

외국인 교환학생과 유학생이 크게 늘면서 외국인과 재학생을 1:1로 연결해 주는 '버디(Buddy)제도'를 운영하는 대학도 많아졌다. 하지만 이 제도는 대개 '교환학생'에게만 제공돼, 정규과정을 듣는 외국인 유학생들은 별다른 도움을 받지 못하는 실정이다.

△△대나 ▽▽여대는 외국인도우미제도인 '△UBA'(△ University Buddy Assistant)와 '피스버디'(PEACE BUDDY)를 각각 운영한다. 하지만 모두 교환학생 대상이다. 지난 5년간 외국 유학생이 ○○배로 늘어난 ◆◆대 역시 사정은 비슷하다. 100여 명 교환학생들에게는 1:1 도우미가 연결되지만, 400~500명의 유학생들을 위한 제도는 없다.

2007년 1학기 기준으로 △△대와 ▽▽여대에는 학부에 각각 약 170명, 200명의 외국인 유학생이 재학 중이다. ◆◆대에도 학부와 대학원에 400~500명의 유학생이 있다.

학부로 바로 입학한 외국인 유학생은 교환학생과 달리 '알아서' 적응해야 한다. ◆◆대 국제△△부 이○○(29)씨는 "유학생들은 교환학생에 비해 한국어 실력이 좋아 적응 지원 프로그램을 운영하지 않는다"며 "어차피 유학생들은 장기간 적응을 해야 하고, 수도 너무 많아 그들을 위한 별도 프로그램 운영

자체가 어렵다"고 말했다.

하지만 버디 프로그램으로 도움을 받은 교환학생들은 유학생들을 위한 프로그램 마련이 필요하다고 지적한다.

지난해 8월 ▽▽여대에 교환학생으로 온 ■■(■■〈한자 표현〉· 22 · 중국 ▲▲사범대)씨는 힘든 적응기를 버디 이○○(24 · 영문 4)씨 덕에 이겨냈다. 그녀는 "함께 수업 듣는 유학생 친구들이 교환학생의 버디 친구를 많이 부러워한다"며 "버디 수를 늘려 유학생에게도 도움을 주면 좋겠다"고 말했다.

△△대 국제협력팀 전○○(40)씨는 "외국인 유학생을 위한 서비스가 취약한 것이 사실"이라며, "교환학생과 유학생 통합관리부서를 만들어 모든 외국인 학생의 적응을 도울 수 있도록 해야 할 것이다"고 밝혔다.

사례 10
(2007년)

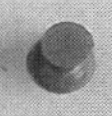

"촌지(寸志), 나중에 큰 뜻(大志)으로 받고 싶습니다"

① 최초의 '촌지'는 '학교'로부터 시작됐다. 기원전 2세기 고대 수메르에 한 학생이 "아버지가 선생님에게 식사와 술을 대접한 뒤, 선생님이 자기에게 학생들의 지도자가 될 것이라 칭찬했다"고 점토판에 새겨놓았다. 인류 최초의 촌지 기록인 셈이다. 그로부터 4천년이란 세월이 흐른 지금까지도 촌지는 여전히 남아있다. 하지만 최근 촌지를 뿌리 뽑기 위한 노력이 학교와 학부모 사이에서 활발히 이루어지고 있다.

② "학교와 교사, 개별 촌지에 대해 따가운 견제"

③ 서울 ㅁㅁ구에 위치한 ◆◆고등학교는 지난해 교무실 한편을 내어 교사와 학부모의 상담공간을 마련했다. 그리고 학교와 학부모회가 의견을 모아 교사와 상담을 원하는 학부모는 상담신청서를 제출한 뒤 이곳에서만 만나기로 정했다. ◆◆고등학교에 다니는 고3 아들을 둔 안○○(48)씨는 "예전에는 학교 바깥에서 만나는 경우가 많다 보니 자연스럽게 선생님께 식사를 대접하고 선물도 건넸다"며 "지금은 학교에 보는 눈들이 많아 케익을 사가는 것조차 매우 조심스럽다"고 말했다.

④ 서울 △△구 △△고등학교에서 경제를 가르치고 있는 조○○(44) 교사는 "요즘에는 교장선생님이나 동료교사의 견제가 대단해서 학부모나 학생들이 개인적으로 찾아와 선물을 주는 경우는 드물다"고 말했다. 또 익명을 요구한 같은 학교의 한 교사는 "지난해 받은 선물은 한 학생이 직접 만든 꽃받침이 전부"라며 "교사에게 선물이나 돈 봉투를 건네는 학부모는 오히려 창피를 당한다는 분위기가 있다"고 말했다.

⑤ "공동 촌지, 불법 찬조금도 없앨 터"

⑥ 학교 현장에서 학부모와 교사 사이에 직접적으로 오고가던 '검은 손'은 '보

이지 않는 손'인 불법찬조금 형태로 변했다. 불법 찬조금은 학부모회 등이 학급마다 금액을 할당하는 식으로 돈을 모아 비공식적으로 학교에 건네는 돈을 말한다. 교육부가 집계한 불법 찬조금은 2004년 19억 원(148건), 2005년 42억 원(280건)으로 2배 이상 늘었다.

⑦ '참교육을 위한 전국학부모회'는 지난 3월 15일 전국교직원노동조합과 함께 기자회견을 열어 불법찬조금 없애기 자정운동에 나설 것이라고 밝혔다. 또한 각 학교 어머니회를 통해 학부모들에게 편지를 보내 불법찬조금 근절에 동참해 줄 것을 요구하고 있다. 참◇◇학부모회 ◇◇자치위원장 전○○(45)씨는 "2005년에는 324건 지난해엔 78건의 불법찬조금이 신고됐다"며 "교육부의 철저한 감시를 촉구하고 교사와 함께 하는 지속적인 운동으로 오랜 촌지 문화를 바꾸어 나갈 것"이라고 말했다.

⑧ 교사도 직접 촌지와 불법 찬조금 없애기에 나섰다. 개신교 신자인 교사 3000여명으로 구성된 '좋은▽▽운동'은 3월 2일부터 21일까지 '학부모에게 편지보내기 캠페인'을 벌였다. 교사가 학기 초 학부모에게 촌지와 불법 찬조금을 받지 않겠다는 편지를 보내는 운동이다. 좋은▽▽운동의 김○○ 간사는 "지난 2004년부터 시작한 운동은 지난해까지만 해도 전체 참여인원이 1000명을 넘지 못하다가, 올해는 20일의 캠페인 기간 동안에만 4000명의 교사가 참여했다"고 밝혔다.

⑨ 4년 전부터 이 캠페인에 참가해 왔다는 김○○(38) 음악교사는 가르친 학생들이 사회인이 돼서 고맙다는 뜻으로 전해오는 선물은 '작은 뜻'의 '촌지(寸志)'가 아닌 '대지(大志)'라며 "그런 진정한 선물을 받기 위해 지금의 촌지는 거부하고 싶다"고 말했다.

평가 및 첨삭

[총론]

- 한 단락이 길다. A4 용지에 쓸 때는 되도록 4행에서 끊자. 문장은 단문, 혹은 중문으로 구성한다.
- 완벽하지는 않아도, 전체적으로 흐름이 괜찮다. 그런데 뭔가 빠진 듯한, 또는 강렬하지 못한 느낌을 받는다. 어쩌면 촌지 근절 운동이 처음은 아니라는, 즉 구문(舊聞)이라는 생각 때문일 수도 있다. 또 처음 〈편집자 주〉 식으로 시작된 내용이 긴박하게 느껴지지 않기 때문이라는 생각도 든다. 결론적으로 말하면, 더 정곡을 찌르는 취재 내용이 부족하지 않았는가, 그래서 리드나 야마로 뽑힐 만한 내용이 빠진 게 아닌가 하는 느낌이 크다.
- 하지만 역시 구문일 수도 있는 내용은 긴박성의 문제와 연결될 가능성이 크다. 더 고민해보자. (다들 알고 있는, 또는 독자들이 이미 그러리라고 생각하는 내용을 전달할 때 기사는 힘이 빠진다. 혹, 독자들이 짐작하고 있는 부분이라도 새로운 사실, 신선한 정보로 보완한다면 기사에 힘이 더해질 수 있다.)

[각론]

① 첫 문장이 강렬하기는 하다. 그런데 진짜인가? 수메르 점토 기록이 최초라는 건 누가 증명했나? 어떤 권위 있는 자가 그렇게 선언적으로 얘기했느냐는 말이다. '시작했다'는 말이 단정적이라 강렬하기는 하지만, 결국 적절한 인용 적시가 없으면서 그 강렬함은 오히려 역효과를 내고 말았다. 독자는 기자가 혼자 주장하고 있다고 믿는다. 인용의 주체를 대든지 아니면 첫 문장을 날리자. 고민했겠지만, 그리고 써놓고 나서 혼자 "좋~다!"고 생

각했겠지만, 기사로서, 게다가 첫 문장으로서 위험한 선택이다. 이렇게 써 본다.

[기원전 2세기 고대 수메르에서 쓰인 점토 기록이 있다. "아버지가 선생님에게 식사와 술을 대접한 뒤, 선생님은 내가 학생들의 지도자가 될 것이라 칭찬했다"는 내용이다. 한 학생의 아버지가 자식의 스승을 만나 촌지를 건넨 기록이다. 촌지는 적어도 4000년 전부터 있었다는 얘기다.

촌지의 역사는 시공간을 가로질러 한국 땅에서 묘한 문화를 낳았다. 과한 자식 사랑으로 해방 후 60여 년간, 촌지 관련 교사 경질 ㅇㅇ건(교육인적자원부 ㅇㅇ년 국감 자료), 촌지 추정액 ㅇㅇ원(전국교직원노동조합 추산 · ㅇㅇ년 현금가 기준)을 기록했다. 이 부끄러운 문화에 메스가 가해지고 있다. 이제 당사자인 교사와 학부모가 직접 나선다.]

조금 길지 않은가? 원문은 A4 용지 5행(더 정확하게 말하면 4.5행) 분량인데, 수정 내용은 다 붙여 써도 7행이다. 길어진 이유가 뭔지 알겠는가? 수정 내용에서는 촌지가 이만큼 나쁘다는 정보를 더 줬기 때문이다. 원문에서는 촌지가 어떻게 나쁜지 설명이 없었지 않은가? 촌지 나쁜 거 다 안다고? 그래서 안 썼다고? 그러면 촌지 거부 운동 벌이고 있다는 것을 많은 독자가 알고 있는데 왜 기사는 썼나? 뻔히 아는 얘기인데도 써야겠다고 기획을 잡았으면, 거기에 대해 독자들이 새롭다고 느낄 만한 정보를 줘야 기사가 살 수 있다는 얘기다. 기억하는가? 중요성(importance), 연관성 또는 흥미(relevance or interest), 참신성(freshness). 독자들이 새롭다고(참신성) 느껴(연관성과 흥미), 중요하게(중요성) 받아들이게 만들어야 (기획)기사다. 원래 원문이 8.5매다. 8매 제한이었기 때문에 줄여야 하는데, 더 늘어났다고 고민되나? 걱정 마시라. 다 줄일 수 있다. 밑에 쓸데없는 정보들이 있어서.

② 벌써 이 소제목부터 날려도 된다. 앞에 제언한 내용과 원문 ③을 그냥 이어도 부드럽게 연결된다. 그래도 기껏 써놓았으니 일단 여기서는 그냥 그대로 간다.

③ 정보 자체는 괜찮다. 그런데 길다. 이 단락은 A4 용지 6행 분량이다. 어떻게 줄이는지 보자. 이 단락 원문의 순서를 먼저 그대로 살려본다.

[서울 ㅁㅁ구 ◆◆고등학교는 작년 교무실 한편에 교사·학부모 상담공간을 마련했다. 교사와 상담을 원하는 학부모는 상담신청서를 제출한 뒤 이곳에서만 만나기로 했다. 이 학교 3학년 학부모 안ㅇㅇ(48)씨는 "전에는 학교 밖에서 만나면서 자연스레 선생님께 식사와 선물을 대접했다"며 "지금은 보는 눈 때문에 학교에 케이크 사가기도 조심스럽다"고 말했다.]

1.5행 이상 줄었다. 조사 등을 자르고, 늘어진 중언부언, 없어도 되는 말 등만 정리했는데도 그렇다. 이런 식으로 가면 맨 앞의 제언에서 늘어난 2.5행은 순식간에 보상된다. 원문과 비교해보라. 혼자서도 줄여보고 비교해보자. 재미있다.

④ 학부모 견해에서 교사의 견해로 넘어가는 게 자연스럽다. 하지만 역시 줄일 수 있는 표현들이 달랑거리며 붙어 있어 거북하다. 또 줄인다.

[서울 △△구 △△고등학교 경제교사 조ㅇㅇ(44)씨는 "이제 교장선생님이나 동료교사의 견제 때문에 학부모나 학생들이 개인 선물을 주는 경우는 드물다"고 했다. 익명을 요구한 동료 교사는 "지난해 받은 선물은 한 학생이 직접 만든 꽃받침이 전부"라며 "교사에게 촌지를 건네는 학부모는 오히려 창피를 당한다"고 말했다.]

⑤ 역시 없애도 되지만, 제목이니 그냥 간다.

⑥ 아무리 원문 ⑤의 제목을 그대로 둔다 하더라도, 여기에 전환 문장은 필요하다. 두 번째 문장에서 불법 찬조금의 규모와 그 개념을 설명했으니, 첫 문장에 '검은 손', '보이지 않는 손' 등으로 굳이 멋을 부릴 필요가 없다. (공을 들인 표현에 자꾸 초를 쳐서 미안하지만, 흐름이 더 중요하기 때문이다.) 결과적으로 첫 문장을 바꾼다.

[교사와 학부모들은 개인적인 선물 공세뿐 아니라 조직적인 불법 찬조금 수술도 시작했다. 학부모회 등이 학급마다 금액을 할당, 비공식적으로 학교에 건네는 불법 찬조금은 지난 ○○년 국감에서 처음 문제가 대두됐다. 이후 교육부가 집계한 결과, 불법 찬조금은 2004년 19억 원(148건), 2005년 42억 원(280건)으로 2배가량 는 것으로 나타났다.]

원문에서 불법 찬조금에 대한 설명은 좋다. 그런데 기사 형식이라기보다는 약간 논문식이다. 제언처럼 바꿨다. 새로운 정보도 필요하겠다. 데스크는 기자에게 이런 식으로 보완 취재를 시킬 거다. ○○ 등을 채우라고. 기자는 기사를 미리 보내놓고, 데스크의 보완 취재 지시를 기다리는 경우가 많다. 그래서 기사는 마감보다 일찍 보내놓는 게 좋다.

⑦ 연결이 괜찮다. 학부모회와 전교조가 함께하는 것도 당사자인 학부모와 교사가 함께한다는 야마와도 연결이 된다. 그런데 왜 학부모회에는 작은 따옴표를 쓰고 전교조에는 안 썼나? 일관성 있게 하자. 그리고 역시 길다. "참교육을 위한 …… 요구하고 있다"까지 한 단락으로 하고, "참◇◇학부모회 ◇◇자치위원장 전○○(45)씨는 …… 말했다"를 다음 단락으로 하자.

전씨의 인용문은 적절해 보인다. 그래도 줄여보자.

[참교육을 위한 전국학부모회는 지난 3월 15일 전국교직원노동조합과 함께 기자회견을 열어 불법찬조금 없애기 자정운동에 나서겠다고 밝혔다. 또 개별 학부모들에

게 편지를 보내 불법찬조금 근절 동참을 요구하고 있다.

참◇◇교육학부모회 전○○(45) ◇◇자치위원장은 "2005년 324건, 지난해 78건의 불법찬조금이 신고됐다"며 "교육부의 철저한 감시를 촉구하고 있다"고 말했다.]

⑧ 이미지 연결이 좋다. 앞에서 학부모 쪽을 얘기한 다음, 교사 쪽을 대비한 게 부드럽다. 하지만 첫 번째 문장이 조금 어색하다. 교사도 그런 거 다 한다고 야마에서부터 얘기했는데, 여기에서 다시 '나섰다'고 새삼스럽게 얘기하는 게 이상하다는 거다. 표현을 조금 바꿔보자.

그런데 고치다 봤더니 조금 헷갈리는 정보가 눈에 띈다. 좋은▽▽운동은 개신교 교사 3,000명이 주축인데, 올해 20일간 4,000여 명 이 참여했다는 내용이 그렇다. 물론 회원은 3,000명, 캠페인 참여가 4,000명 이상일 수 있겠지만, 조금 정보 전달에 오해가 생길 수도 있다는 생각이다. '좋은▽▽운동'의 '운동'에 '참여'했다는 표현이 사용됐기 때문이다. 그 부분도 수정해본다.

[교사 측 움직임도 발 빠르다. 개신교 교사 3000여 명으로 구성된 '좋은▽▽운동'은 3월 2일부터 21일까지 '촌지를 받지 않겠다'는 내용을 전하는 '학부모에게 편지 보내기 캠페인'을 벌였다. 좋은▽▽운동의 김○○ 간사는 "2004년부터 시작한 캠페인은 3년 동안 전체 동참인원이 1000명을 넘지 못했다"며 "올해는 20일 만에 교사 4000명이 참가했다"고 말했다.]

⑨ 4년 전이면 2003년이다. 바로 앞에서는 2004년부터 시작했다고 하지 않났나? 계산 똑바로 하자. 마무리 이미지가 좋았는데, 김이 팍 새지 않는가 말이다.

[캠페인 초기부터 참가해 왔다는 김○○(38) 음악교사는 "가르친 학생들이 사회인이 돼서 고맙다는 뜻으로 전해오는 선물은 '작은 뜻'의 '촌지(寸志)'가 아닌 '대지

(大志)' "라며 "그런 진정한 선물을 받기 위해 지금의 촌지는 거부하고 싶다"고 말했다.]

수정 기사 10

※ 첨삭으로 수정한 내용을 더 줄여 7.4매로 마무리했다.

기원전 2세기 고대 수메르에서 쓰인 촌지 관련 점토 기록이 있다. "아버지가 선생님에게 식사와 술을 대접한 뒤, 선생님은 내가 학생들의 지도자가 될 것이라 칭찬했다"는 내용이다. 촌지는 적어도 4000년 전부터 있었다는 얘기다.

촌지의 역사는 시공간을 가로질러 한국 땅에서 묘한 문화를 낳았다. 특히 과한 자식 사랑으로 해방 후 60여 년간, 촌지 관련 교사 경질 ㅇㅇ건(교육인적자원부 ㅇㅇ년 국감 자료), 촌지 추정액 ㅇㅇ원(전국교직원노동조합 추산 · ㅇㅇ년 현금가 기준)을 기록했다. 이 부끄러운 문화에 메스가 가해지고 있다. 이제 당사자인 교사와 학부모가 직접 나선다.

서울 ㅁㅁ구 ◆◆고등학교는 작년 교무실 한편에 교사 · 학부모 상담공간을 마련했다. 교사와 상담을 원하는 학부모는 상담신청서를 제출한 뒤 이곳에서만 만나기로 했다. 이 학교 3학년 학부모 안ㅇㅇ(48)씨는 "전에는 학교 밖에서 만나면서 자연스레 선생님께 식사와 선물을 대접했다"며 "지금은 보는 눈 때문에 학교에 케이크 사가기도 조심스럽다"고 말했다.

서울 △△구 △△고등학교 경제교사 조ㅇㅇ(44)씨는 "이제 교장선생님이나 동료교사의 견제 때문에 학부모나 학생들이 개인 선물을 주는 경우는 드물다"고 했다. 익명을 요구한 동료 교사는 "지난해 받은 선물은 한 학생이 직접 만든 꽃받침이 전부"라며 "교사에게 촌지를 건네는 학부모는 오히려 창피를

당한다"고 말했다.

교사와 학부모들은 개인적인 선물 공세뿐 아니라 조직적인 불법 찬조금 수술도 시작했다. 학부모회 등이 학급마다 금액을 할당, 비공식적으로 학교에 건네는 불법 찬조금은 지난 ○○년 국감에서 처음 문제가 대두됐다. 이후 교육부가 집계한 결과, 불법 찬조금은 2004년 19억 원(148건), 2005년 42억 원(280건)으로 2배 이상 는 것으로 나타났다.

참교육을 위한 전국학부모회는 지난 3월 15일 전국교직원노동조합과 함께 기자회견을 열어 불법찬조금 없애기 자정운동에 나서겠다고 밝혔다. 또 개별 학부모들에게 편지를 보내 불법찬조금 근절 동참을 요구하고 있다.

참◇◇학부모회 전○○(45) ◇◇자치위원장은 "2005년 324건, 지난해 78건의 불법찬조금이 신고됐다"며 "교육부의 철저한 감시를 촉구하고 있다"고 말했다.

교사 측 움직임도 발 빠르다. 개신교 교사 3000여 명으로 구성된 '좋은▽▽운동'은 3월 2일부터 21일까지 '촌지를 받지 않겠다'는 내용을 전하는 '학부모에게 편지보내기 캠페인'을 벌였다. 좋은▽▽운동의 김○○ 간사는 "2004년부터 시작한 캠페인은 3년 동안 전체 동참인원이 1000명을 넘지 못했다"며 "올해는 20일 만에 교사 4000명이 참가했다"고 말했다.

캠페인 초기부터 참가해 왔다는 김○○(38) 음악교사는 "가르친 학생들이 사회인이 돼서 고맙다는 뜻으로 전해오는 선물은 '작은 뜻'의 '촌지(寸志)'가 아닌 '대지(大志)'"라며 "그런 진정한 선물을 받기 위해 지금의 촌지는 거부하고 싶다"고 말했다.

사례 11
(2007년)

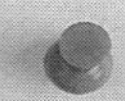

휴가를 '죽이는' 사람들

① 템포사이드(Tempocide). 시간살인이란 말이다. 유토피아의 미래라는 것도 황금시대에 대한 향수라는 것도 현재라는 시간을 살해했을 때 가능한 것이다. 그렇다면 현재를 포기하는 가장 잔인한 시간살인자는 누구일까. 아마 달콤한 휴가철마저 포기하는 사람들일 것이다. 이십대 취업준비생들이다.

② 지난 12일 ▽▽청이 발표한 6월 고용동향에 따르면 이십대 실업률은 7.7%로, 매년 6월만 보면 지난 99년 10.3%를 기록한 이후 7년 만에 최악의 수치다. 이십대 태반이 백수라는 '이태백'도 모자라 이십대 90%가 백수라는 '이구백'의 시대다. 이들에게 휴가철은 젊음을 누리고 낭만을 즐기는 시간이 아니다. 백수가 되지 않기 위해 막판 스퍼트를 낼 시간이다.

③ "시험치고 나서 땅을 치고 후회해도 소용없어요. 하고 싶은 것들 잠깐 참았다가 나중에 다 하세요." 노량진의 ◇◇고시학원. 국사를 담당하는 박○○(43. 여) 강사가 학생들을 위로한다. "지금이 마지막 스테이지에요"라는 충고도 잊지 않는다. 학교운동장 반만한 교실에 600명이 넘는 학생들이 책상을 다닥다닥 붙이고 앉아 있다. 9월부터 시작되는 중앙선거관리위원회, 국가정보원, 서울시 등의 7, 9급 국가공무원 채용시험을 준비하는 학생들이다. "수업이 끝나고 학생들이 한꺼번에 우루루 나올 때 아니면, 좁은 통로 때문에 화장실도 못가요."수강생 이○○(24. 여)씨의 말이다. 교실 끝에 앉으니 단상의 강사 얼굴이 제대로 보이지 않는다. 그래도 학생들은 기둥 마다 설치된 스크린을 보면서 연신 고개를 끄덕이고 있었다. 9시부터 1시, 점심 먹고 오후 2시부터 6시까지. 학원의 정규 수업만으로도 하루의 반 이상이 지난다. 6시 45분부터는 특강도 있다고 한다.

④ 기업 입사를 목표로 하는 이십대들 역시 하반기 공채를 노리느라 바쁘다.

산과 바다가 절로 떠오르는 무더위도 아랑곳 하지 않는다. ㅁㅁ여대 사회과학 대학 건물인 ㅁㅁ△△△관. 방학을 맞아 교직원들도 학생들도 발길이 뜸하지만 세미나 실만은 사정이 다르다. 10명까지 수용이 가능한 이 곳은 취업준비생들이 입사스터디를 하느라 빈 곳 찾기가 어렵다. 경비원 아저씨는"주말에도 교실 문 열어달라는 학생들이 있다"며 "에어컨도 안나올 텐데 덥지도 않은가"라고 중얼거렸다. 세미나 실에서 일주일에 두 번씩 면접 스터디를 한다는 정ㅇㅇ(25. 여)씨는"이번 방학은 여기서 보내려고요. 스터디하기에 딱 좋은 크기에 컴퓨터랑 칠판까지 있잖아요"라며 웃는다. 휴가도 없이 스터디를 계속 하냐고 물었다. "놀고 싶어도 참아야죠. 하반기엔 꼭 입사 할 겁니다." ㅇㅇ씨가 주먹을 꽉 쥔다.

⑤ 십대도 장차 백수를 생각해야 된다는'십장생'이라는 말이 있을 정도니, 신입생들도 취업준비에 예외가 아니다. "4학년 때 뭐가 어떻게 될지 모르는데, 방학 때 해 놓을 수 있는 건 다 해놔야지요."도서관에서 만난 공ㅇㅇ(19. 여)씨의 말이다. 입학하고 처음 맞는 방학, 신나게 놀지 못해 아쉬울 법도 하건만 그녀는 담담하게 다시 토익 책을 편다. 지금이 방학이 맞는가 싶을 정도로 도서관은 학생들로 가득하다.

⑥ 파우스트가 말했다.'순간이여! 오, 너는 얼마나 아름다운가. 기다려라.'하지만 이십대 취업준비생들은 백수가 되지 않기 위해 순간의 아름다움을 죽이는 게 나은 모양이다. 미래의 취업을 위해 지금, 여기의 휴가는 살해당하는 중이다.

평가 및 첨삭

[총론]

- 너무 무겁게 출발했다. 템포사이드(Tempocide)라는 표현 자체가 어렵다. 물론 신조어나 전문용어를 알려줘서 나쁠 건 없다. 그러나 의미 자체가 무겁고, 현학적이라는 느낌이다. 마무리에서도 문학적 표현의 정도가 조금 강하게 느껴진다. 독자에게 현학적 또는 문학적 표현보다는 사실적 현상을 그대로 전달하는 것이 더 의미 있다.
- 학원 하나 대학 하나만 보여주면서 사례를 일반화하기는 어렵다. 추가적인 사례가 더 들어갔어야 한다.
- 한 단락의 길이가 너무 길다. 단락은 주어 · 술어가 들어간 단문형 완결 문장 기준으로 2~3개의 문장으로 구성되는 것이 가장 좋다. 스케치가 들어갈 때는 5~6개까지 늘어날 수도 있지만, A4 용지 기준으로 최대 4행 정도만 한 문단에 넣자.
- 정보의 위치가 어색하게 느껴진다. 특히 ▽▽청의 수치가 스케치 앞에 배치되면서 흥미가 줄어든다. 즉, 무엇에 관한 기사인지를 독자들이 너무 일찍 확연하게 알아차리게 됐다. 일반 스트레이트 기사라면 무난하겠지만, 기획의 의미를 따져볼 때, 또 원문의 기사 작성 방법으로 볼 때, 티저의 강도를 점점 높여가는 구도를 적용해보는 것이 더 낫지 않았을까 싶다. 다시 말해, 스케치 한 꼭지 정도를 먼저 세우고, 그다음에 ▽▽청의 수치를 보여준 뒤, 그다음 스케치로 넘어가는 방식이 더 좋겠다는 뜻이다. 한국의 독자들도 이런 흐름에 익숙해 있다. 원문을 기준으로 했을 때, '현장 스케치(일반적인 현상) → 현상 정리(야마에 해당하는 개념적 정리, 뉴스의 흐름 및 현상의 의미) → ▽▽청의 수치 → 또 다른 현상(문제점을 보여주는 현

장) → 전체 의미(문제의 실체, 대안 유무) → 마무리' 정도의 흐름이 좋겠다.

[각론]

① 무겁다. 선택된 단어 자체가 어렵다. 논작(論作)이라면 어울릴 수도 있으나 일반 기획기사에서는 피하는 것이 좋다. 특히 원문과 같이 피처 형태로 이뤄진 기사 작법에서는 더욱 그렇다. 가볍게, 쉽게 출발하는 것이 좋다. 대안 중 하나로 원문 ③에 있는 내용을 재구성해 리드로 올리는 방법이 있겠다. 하지만 이때도 '운동장 반만 한'이라는 표현을 풀어서 설명하는 것이 옳다. 운동장의 종류는 다양하기 때문이다. 기자가 다닌 학교를 모든 대한민국 국민 또는 독자들도 다녔다고 생각하면 안 된다. 그건 몰상식한 거다. 글쓴이 혼자만의 경험과 편견에 독자들이 모두 동의할 것이라고 공상하지 말라는 얘기다. 예를 든다면 다음과 같이 고칠 수 있다.

[가로 50m, 세로 50m 공간. 장마철 습기로 눅진해진 방에 600여 명의 젊은이들이 오글오글 모여 있다. 가로세로 약 50cm 책상 위에는 한국사 교과서와 노트가 겹쳐 있다. 방 앞쪽에 20인용 에어컨 한 대만 돌아간다. 천장에 붙은 18대의 선풍기가 땀에 젖어 부대끼는 어깨들을 식힌다. 지난 25일 서울 노량진 ◇◇고시학원 풍경이다.]

이렇게 해서 연거푸 현학적 또는 문학적 표현으로 이어졌던 리드를 완전히 날렸다. 시원하다.

② 앞의 제안처럼 리드를 작성했으면 바로 다음에 야마 단락이 오는 게 좋겠다. 이미 A4 용지 4행가량이 다 찼기 때문이다. 사실 미국식 피처를 보면 계속 스케치로 연결된다. 하지만 한국 언론사 시험을 위한 기획기사에서 계속 스케치만 쓰다 보면 너무 오래 독자를 궁금하게 만든다는 평을 받아 불

이익이 돌아올 수 있다.

[다른 사람들에게 한여름은 즐거운 휴가철이지만, 노량진 등 취업 학원 밀집 장소에서 그 달콤함은 사치다. 20~30대 청년들은 미래를 위해 현재의 즐거움을 포기하고 있다. 이태백(20대 태반이 백수), 아니 이구백(20대 90%가 백수)의 현실 타개가 눈앞의 목표이기 때문이다.]

사실 더 정확하게 개념화하려면 "20~30대 청년들이 휴가철도 잊고 취업 준비에 매진 중"이라고 직접 쓰는 것이 좋다. 하지만 글 전체의 흐름을 살려 딱딱한 표현보다는 조금 더 부드럽게 야마를 표현해봤다.

③ 여기에 원문 ②에 사용된 ▽▽청 정보를 사용한다. 그런데 먼저 하나 묻자. 왜 6월의 수치만 썼는가? 단순히 가장 최근의 것이라 썼나? 글쎄, 전체 글의 주제로 보면 굳이 6월이 될 이유가 보이지 않는다. 앞서 사용한 원문 ③의 운동장 크기와 마찬가지로 이 정보는 막연하다. 보통 독자들이 공감할 수 있는 묘사를 사용하고, 왜 이 내용이 여기에 들어가는지를 설명해야 한다. 여기서는 왜 6월을 사용했는지 이유를 설명했어야 했다. 아니면 2005년 통계치를 쓰거나 지난 5년간의 고용동향, 또는 실업률을 보여주든지 했어야 한다.

[지난해 ▽▽청이 발표한 고용동향에 따르면 20대 실업률은 ㅇㅇ%로, 지난 ㅇㅇ년 ㅇㅇ%를 기록한 이후 ㅇ년 만에 최악의 수치를 보였다.]

▽▽청 자료를 사용한 원문의 정보에 따르면 실업률은 7.7%다. 그런데 바로 이어지는 정보(50%, 90%의 실업률을 뜻하는 것으로 여겨지는 이태백과 이구백)는 영 연결이 되지 않는다. 왜 그럴까? 이태백과 이구백이 그냥 농담처럼 하는 말이라서? ▽▽청 정보와 이태백 등의 내용이 서로 떨어져 있으면 대충 속아 넘어가 주겠다. 하지만 너무 연이어 나오니 설명이 되지 않는다.

자조적 의미의 심리적 실업률이라는 설명 등이 부연되는 것이 더 좋겠다.

[실제 취업이 어려워지면서 20대의 심리적 실업률은 '이구백'까지 왔다.]

원문에 등장하는 막판 스퍼트가 이상하다. 그게 왜 마지막인가? 다음 단락에 9월에 몇몇 시험이 있다고는 했지만, 그 시험이 '전체' 이구백들의 목표인가? 다른 시험들은 없나? 또 그 시험들이 이 준비생들의 마지막 목표인가? 도대체 이 수험생들은 누구인가? 앞의 ◇◇고시원 친구들만 말하는 건가? 그렇다면 이들이 이구백을 모두 대표하나? 설명이 없다. 그래서 아예 해당 정보는 날린다.

④ 이제 원문 ③의 내용을 연결한다. 그런데 템포사이드, (막판) 스퍼트, (마지막) 스테이지 등 영어 표현이 지나치게 많다. 물론 이 말들을 일반적인 독자들도 이해할 수는 있다. 하지만 한국말로 충분히 전환 가능한 내용을 왜 영어로 쓰는가? 편하게 고친다. 연관해서 하나 부연하자. 원래 큰따옴표 안에 있는 말은 직접 인용이다. 그 뜻은 '원칙적으로' 해당 내용을 기자가 마음대로 바꾸면 안 된다는 거다. 하지만 취재 및 보도 현장에서는 표현을 살짝 변환해도 해당 정보를 전달하기에 무리가 없다면, 독자를 위해 조금 더 일반적이거나 편한 표현으로 바꿔주고 있다. 이 같은 경우는 취재원이 욕설이나 은어, 속어 등을 을 사용하는 경우에도 적용되고, 문법적으로 옳지 않은 비문(非文)을 썼을 때 많이 나타난다. 즉, 현장에서 그 예민한 의미론적 차이 때문에 기사의 핵심 내용에 변화를 주지 않는다면, 큰따옴표 안의 일부 표현을 살짝 바꿀 수 있다는 뜻이다.

["시험 치고 나서 땅을 치고 후회해도 소용없어요. 하고 싶은 것들 잠깐 참았다가 나중에 다 하세요." ◇◇고시학원 국사 담당 박○○(43 · 여) 강사가 "지금이 마지막 단계"라며 9월부터 시작되는 중앙선거관리위원회, 국가정보원, 서울시 등의 7급 및

9급 국가공무원 채용시험 준비생들을 독려한다.]

사실 하고 싶은 것 참았다가 나중에 하라는 말이 '위로'로 들리지는 않는다. 그래서 원문에 사용된 '위로'라는 표현을 뺐다. 대신 '독려'라는 단어를 썼다. 그리고 여기서는 '9월 시험'을 앞둔 '◇◇고시학원 수강생'들로 정보가 일단 국한됐으니, '마지막 단계'라는 박씨의 말을 사용할 수 있다. 앞의 지적과 연동해서 보면, 이게 무슨 말인지 더 잘 알 수 있을 것이다. 이제 원문의 정보를 더 이어가자. '우루루'가 아니고 '우르르'다.

["수업이 끝나고 학생들이 한꺼번에 우르르 나올 때 아니면, 좁은 통로 때문에 화장실도 못 가요." 수강생 이○○(24·여)씨의 말이다.]

'교실 끝에 앉으니'라는 표현은 기자가 앉아봤다는 뜻으로 들린다. 이런 표현은 현장 기사에서도 어렵지 않게 만난다. 하지만 기자가 기사 안에 너무 깊숙이 들어온 느낌이다. 살짝 표현을 바꿔 기자를 기사 밖으로 들어낸다.

[교실 끝에서는 단상의 강사 얼굴이 제대로 보이지 않는다. 그래도 학생들은 기둥마다 설치된 스크린을 보면서 연방 고개를 끄덕이고 있었다.]

이어진 정보는 괜찮다. 스케치가 비교적 잘 됐다. 수정된 리드에 일부분이 포함됐으니 나머지 부분으로 스케치를 재구성하면 되겠다. 조금 더 붙이자면, 여기에 '왜 이렇게 20대 실업률이 높은지', 또는 주제에 맞게 더욱 구체적으로 '왜 이들이 이렇게 공무원 시험에 몰리는지', '실업률과 이들의 공무원 시험공부와의 관계' 등의 문제의식이 포함되면 더 좋을 수도 있다. 일단 제안만 하고 통과.

[이들의 일과는 9시부터 1시, 점심 먹고 오후 2시부터 6시까지. 학원의 정규 수업만으로도 하루의 반 이상이 지난다. 6시 45분부터는 특강도 있다.]

여기에 이 학원뿐 아니라, 다른 장소의 학원들 또는 관련 학원이 집중된 노량진의 학원들 일반을 묶어주면 기사의 야마에 훨씬 힘이 실릴 수 있다.

[관련 학원이 집중된 노량진 취업 준비생들의 사정은 대부분 비슷하다.]

⑤ 원문 ④를 여기에 넣는다. 장소의 전환이 좋다. 학원만 붐빈다고 적으면 학원 기사로 오해할 수 있기 때문에, 전반적인 20대 실업률 및 연관된 취업 준비 열기를 보여주기 위한 전환으로 나쁘지 않아 보인다. 필요 없을 법한 내용(산과 바다가 절로 떠오르는 무더위도 아랑곳하지 않는다)을 날리고 간단하게 표현을 바꿔 이어본다. 경비원 또 아저씨는 뭔가? 일기 쓰는 것도 아니고.

[기업 입사를 목표로 하는 20대들 역시 하반기 공채를 노리느라 바쁘다. ㅁㅁ여대 사회과학대학 건물인 ㅁㅁ△△△관. 방학이라 발길이 뜸하지만 세미나실만은 사정이 다르다. 각각 10명까지 수용이 가능한 전체 ㅇㅇ개의 세미나실은 취업준비생들이 입사 스터디를 하느라 빈 곳 찾기가 어렵다. 경비원 박ㅇㅇ씨는 "에어컨도 안 나와 무척 더울 텐데 주말에도 교실 문 열어달라는 학생들이 있다"고 말했다.]

스터디 역시 영어 표현이기는 하지만, '모여서 공부하는 의미'로 일단 정착한 외국어로 보고, 그냥 활용해봤다. 그런데 도대체 이 대학 사회과학대학 건물에는 세미나실이 몇 개가 있는지? 그 정보가 있어야 얼마나 많은 학생이 오는지 알 수 있지 않을까? 더 자세하게 하려면 이 대학 전체에 이런 것들이 얼마나 있는지 확인할 수 있다. 이런 내용이 더 들어가야 기사가 알차진다. 전화 한두 번과 강의실 현황 등을 보면 간단하게 확인할 수 있는 내용이다. 계속 이어가자.

[세미나실에서 일주일에 두 번씩 면접 스터디를 한다는 정ㅇㅇ(25·여)씨는 "10명 정도가 들어갈 수 있는 공간인 데다 컴퓨터랑 칠판까지 있어 소수의 학생들이 함께 모여 공부하기에 딱 좋은 장소라 세미나실을 많은 취업 준비생들이 선호한다"며 "놀고 싶어도 참아야 하반기 입사를 할 수 있을 것"이라고 말했다.]

정ㅇㅇ의 인용 내용을 약간 손질했다. 비록 내가 넣은 말이지만, 현장에서 이런 식의 내용이 취재됐어야 한다. 그래야 전체 야마를 살리기에 더 좋다. 또 인용도 반말로 교체했다. 하나의 완결형 문장에 들어가는 액자 방식의 인용은 반말을 사용한다. 원문에 "휴가도 없이 스터디를 계속 하(느)냐고 물었다"라는 표현이 나온다. 기자는 항상 묻는다. 묻지도 않았는데 갑자기 취재원이 기자에게 다가와 인용 내용이 나오는 말을 하지 않는다. 즉, 공연히 '물었다' 또는 '…… 라는 물음에 …… 라고 답했다'는 식의 표현을 쓸 필요가 없다는 얘기다. 게다가 '놀고 싶어도 참는다'는 등의 표현은 이미 앞에서도 많이 활용했다. 글쓴이가 워낙 이 말을 넣고 싶어 하는 것 같아, 앞의 인용문으로 처리해봤다(하지만 아직도 어색하다).

그리고 글쓴이는 정씨라고 성으로 표현해야 하는 내용을 ㅇㅇ씨라고 굳이 이름을 썼다. 혹시 같은 형제 · 자매가 기사에 등장할 경우에는, 제일 먼저 취재원이 등장할 때 성과 함께 이름을 쓴 뒤, 나중에 성을 빼고 ㅇㅇ씨, △△씨 등 이름을 쓰는 경우는 있다. 그러나 그렇지 않다면 성을 쓰는 게 일반적이다. 또 한 기사에 같은 성을 가진 사람이 여럿 등장하고, 그 사람들을 여러 번 지칭해야 할 경우에는 그 사람의 직업 등 특징을 가지고 구분해준다. 즉, '회사원 김씨와 식당종업원 김씨는' 하는 식이 된다. 한 가지 더, 정ㅇㅇ씨가 주먹을 꽉 쥐었는가? 그럴 수도 있겠다. 의지를 전달하는 표현일 수 있다. 만약 다른 표현들이 그렇게 멋을 들인 표현이 아니라면 전체 기사 중 하나는 그냥 넘어갈 수 있다. 하지만 템포사이드니 기사 말미에 나오는 파우스트니 하는 걸 보면, 너무 멋을 부리려고 애쓴 흔적이 나타나 주먹을 꽉 쥐었다는 표현마저 억지스럽다. 즉, 너무 과장하려는 모습이 나타난다는 거다. 그래서 그냥 평범하게 '말했다'라는 술어로 인용 문장을 정리했다.

⑥ 신입생까지 넣은 것은 내용을 일반화하는 데 도움이 된다. 하지만 너

무 한 대학에 치중하니, 보기가 별로 좋지 않다. 다른 대학이었으면 좋겠다. 그래야 많은 독자가 읽기 편한 '주제의 일반화'에 힘이 간다. 너무 작위적으로만 제안할 수는 없으니 일단 원문을 그대로 활용한다.

그런데 도입부가 역시 포장 또는 치장으로 느껴지는 점은 지적해야겠다. 바로 앞에서 설명한 대로 글 전체가 멋 내기 구도로 이어졌기 때문이다. 간단하게 맨 앞 도입부를 인용으로 돌려보자. (취재원을 보면 충분히 그런 말을 할 수 있을 것으로 보인다. 만약 취재원이 그 말을 하지 않았다면 인용으로 절대로 쓸 수 없다. 열심히 취재해서 그 말을 끌어냈을 것이라는 가정 아래 글을 수정한다는 뜻이다.) 만난 것도 글쓴이가 만난 것일 테니, 역시 기자의 개입이 크다. '도서관에서 만난'을 조정한다.

[신입생들도 취업준비에 예외가 아니다. 이 대학 중앙도서관에서 토익 공부를 하고 있는 공○○(19 · 여)씨는 "10대도 장차 백수를 생각해야 된다는 '십장생'이라는 말이 돈다"며 "4학년 때 뭐가 어떻게 될지 모르는데, 방학 때 해놓을 수 있는 건 다 해야 한다"고 말했다.]

일반적으로 취재원이 20세 미만이면 군이나 양을 쓰는 것이 일반적이다. 하지만 여기서는 젊은이의 취업난을 얘기한다는 야마에 맞춰, 19세의 공○○(19 · 여)에 '씨'를 넣었다. (사실, 더 극적인 구도를 위해 아예 '양'을 쓸 수도 있다. 결국은 선택의 문제다. 그러나 일반론은 늘 기억해두는 것이 좋다.) 사용된 정보에 의미를 부여하려면, 구체적인 내용이 더 필요하다. 즉, 도서관 정원이 몇 명이며, 그중 몇 %가 찼고, 또 이 중에서 1학년은 몇 명인지가 들어가야 한다.

[방학 한가운데인 ○일 이 대학 중앙도서관 전체 ○○개 좌석 중 ○○%인 ○○개가 찼고, 이 중 1학년생들도 4분의 1이나 됐다.]

나머지 치장들은 뺀다.

⑦ 너무 멋들어지게 쓰려고 고생이다. 그럴 필요 없다. 독자의 스펙트럼은 넓다. 이걸 보고 '잘 썼다'고 할 사람도 있고(아마도 문학 청소년 정도 되겠다), 또는 '뭐냐 도대체' 할 사람도 있다(대학생 이상의 지식인층일 것이다). 이 사람들 모두를 일반적인 방법으로 끌어들여 만족하게 할 수 있는 기사 작성법을 생각해보자.

또 마지막 단락인 원문 ⑥에서 '…… 모양이다' 등의 가치 판단형 서술은 피하는 것이 좋다. 굳이 그런 말을 넣고 싶어 하는 글쓴이를 위해 제안하자면, 아예 앞의 전체 내용을 종합하는 한두 문장을 마련하는 것이 좋겠다는 말을 하고 싶다.

[현재의 즐거움을 포기한 20대의 휴가철, 전국의 취업 강의실과 준비실은 그들의 열기로 더운 여름이 더욱 뜨거워지고 있다.] 원문은 다 날렸다.

수정 기사 11

※ 원고지 8.2매 분량.

가로 50m, 세로 50m 공간. 장마철 습기로 눅진해진 방에 600여 명의 젊은이들이 오글오글 모여 있다. 가로세로 약 50cm 책상 위에는 한국사 교과서와 노트가 겹쳐 있다. 방 앞쪽에 20인용 에어컨 한 대만 돌아간다. 천장에 붙은 18대의 선풍기가 땀에 젖어 부대끼는 어깨들을 식힌다. 지난 25일 서울 노량진 ◇◇고시학원 풍경이다.

다른 사람들에게 한여름은 즐거운 휴가철이지만, 노량진 등 취업 학원 밀집 장소에서 그 달콤함은 사치다. 20~30대 청년들은 미래를 위해 현재의 즐거움을 포기하고 있다. 이태백(20대 태반이 백수), 아니 이구백(20대 90%가 백수)

의 현실 타개가 눈앞의 목표이기 때문이다.

지난해 ▽▽청이 발표한 고용동향에 따르면 20대 실업률은 ○○%로, 지난 ○○년 ○○%를 기록한 이후 ○년 만에 최악의 수치를 보였다. 실제 취업이 어려워지면서 20대의 심리적 실업률은 '이구백'까지 왔다.

"시험 치고 나서 땅을 치고 후회해도 소용없어요. 하고 싶은 것들 잠깐 참았다가 나중에 다 하세요." ◇◇고시학원 국사 담당 박○○(43·여) 강사가 "지금이 마지막 단계"라며 9월부터 시작되는 중앙선거관리위원회, 국가정보원, 서울시 등의 7급 및 9급 국가공무원 채용시험 준비생들을 독려한다.

"수업이 끝나고 학생들이 한꺼번에 우르르 나올 때 아니면, 좁은 통로 때문에 화장실도 못 가요." 수강생 이○○(24·여)씨의 말이다. 교실 끝에서는 단상의 강사 얼굴이 제대로 보이지 않는다. 그래도 학생들은 기둥마다 설치된 스크린을 보면서 연방 고개를 끄덕이고 있었다.

이들의 일과는 9시부터 1시, 점심 먹고 오후 2시부터 6시까지. 학원의 정규 수업만으로도 하루의 반 이상이 지난다. 6시 45분부터는 특강도 있다. 관련 학원이 집중된 노량진 취업 준비생들의 사정은 대부분 비슷하다.

기업 입사를 목표로 하는 20대들 역시 하반기 공채를 노리느라 바쁘다. □□여대 사회과학대학 건물인 □□△△△관. 방학이라 발길이 뜸하지만 세미나실만은 사정이 다르다. 각각 10명까지 수용이 가능한 전체 ○○개의 세미나실은 취업준비생들이 입사 스터디를 하느라 빈 곳 찾기가 어렵다. 경비원 박○○씨는 "에어컨도 안 나와 무척 더울 텐데 주말에도 교실 문 열어달라는 학생들이 있다"고 말했다.

세미나실에서 일주일에 두 번씩 면접 스터디를 한다는 정○○(25·여)씨는 "10명 정도가 들어갈 수 있는 공간인 데다 컴퓨터랑 칠판까지 있어 소수의 학생들이 함께 모여 공부하기에 딱 좋은 장소라 세미나실을 많은 취업 준비생들이 선호한다"며 "놀고 싶어도 참아야 하반기 입사를 할 수 있을 것"이라고 말했다.

신입생들도 취업준비에 예외가 아니다. 이 대학 중앙도서관에서 토익 공부를 하고 있는 공○○(19·여)씨는 "10대도 장차 백수를 생각해야 된다는'십장생'이라는 말이 돈다"며 "4학년 때 뭐가 어떻게 될지 모르는데, 방학 때 해놓을 수 있는 건 다 해야 한다"고 말했다.

방학 한가운데인 ○일 이 대학 중앙도서관 전체 ○○개 좌석 중 ○○%인 ○○개가 찼고, 이 중 1학년생들도 4분의 1이나 됐다.

현재의 즐거움을 포기한 20대의 휴가철. 전국의 취업 강의실과 준비실은 그들의 열기로 더운 여름이 더욱 뜨거워지고 있다.

❝ 젊음의 패기와 진취성 등은
다른 직장에서도 필요한 덕목이다.
그러나 언론인이 되려면 그 이상이 필요하다.

건전한 상식에 기초한 통찰력,
평균보다 더 멀리 미래를 내다보는 안목,
주변 이슈들을 점검해
일반 수용자들이
필요하다고 느끼는 정보를 선별하고,
이를 효과적으로 전달하는 능력 등이 요구된다.

언론사는 그 또래 평균적인 수준의 사람을 뽑는 것이 아니라
언론인이 될 자질을 가진 프로를 선택하려 한다.
진정한 프로는 현장에서 여러 경험을 거쳐
발전한 모습으로 거듭나겠지만,
애초에 그런 자질이 있는가를 판단하는 것이
언론사 전형이다. ❞

여기서는 앞서 정리한 첨삭 및 지적 내용 등을 중심으로, 기획기사 작성에서 고려해야 할 요소들을 소개한다. 제4부의 내용은 기본적으로 기획기사 작성에 필요한 것들이지만, 일반적 기사나 다른 종류의 글쓰기에 대한 근본적 고민을 할 때 유용한 사안도 담고 있다. 어떻게 해야 내가 쓴 글을 읽는 사람들에게 신뢰도 있는 내용을 효과적으로 전달할지에 대한 고찰은 어떤 글을 쓸 때에나 필요할 것이다.

제4부_ 기획기사 작성 시 주의할 요소

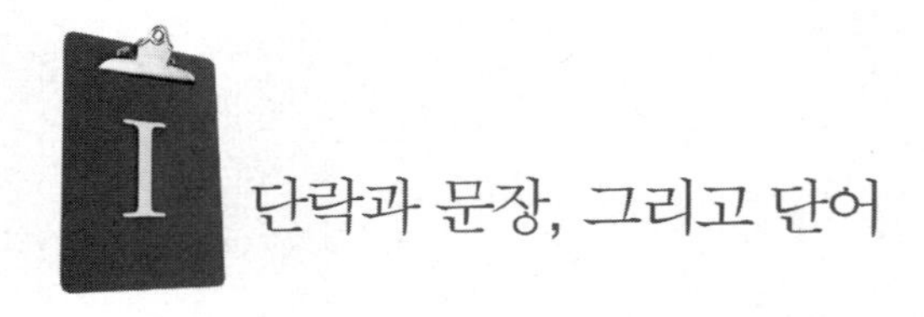

I 단락과 문장, 그리고 단어

1. 단락의 길이

A4 용지 기준으로 기사의 한 단락 최대 길이는 4행 정도다. 이 기준은 흔글, MS워드 등 워드프로세서에서 '바탕' 글꼴에 글자 크기 10포인트, 좌우 여백이 각각 30mm인 경우에 해당한다. 글자를 모두 붙여 썼을 때 1행이 약 40자 내외이니 4행이면 160자가량이다. 띄어쓰기를 고려한다면 200자 원고지로 환산했을 때 약 1매에 해당하는 분량이다.

한 단락은 최대 4~5개의 단문 정도로 구성한다. 일부 중문이나 혼합문이 포함되었을 경우, 한 단락에 사용되는 적당한 문장의 수는 2~3개다. 인용 정보를 넣은 혼합문 형태(○○○는 "……"라며 "……"라고 말했다)로 문장이 구성될 때는 한 단락이 한 문장으로만 이뤄질 수도 있다.

2. 문장

문장은 단문(短文) 우선이다. 하나의 주어와 하나의 술어를 기본으로 한다. 짧은 문장이 가장 아름답다. 특히 긴박한 내용을 전할 때는 호흡을 길게 끌어가면 좋지 않다. 숨 가쁘게 전달할 내용이 아닌, 미담 형태의 기획기사라도 기사 문장으로서는 단문이 훌륭하다. 하지만 하나의 주어와 하나의 술어를 중심으로 여러 문장을 만들면서 동일한 주어가 지나치게 반복될 때, 해당 주어와 2~3개의 술어로 하나의 문장을 작성할 수 있다. 더불어 '그리고', '그러나' 등의 접속어나 이를 대신하는 한 글자 조사[~(하)고, ~(하)며, ~(하)면서, ~(하)나]를 넣어 2개의 주어와 이에 각각 연동하는 술어를 활용하는 중문(重文) 정도는 편하게 단문을 대신해서 사용할 수 있다. 하지만 이때도 단문을 사이사이에 넣는 것이 좋다. 전체 정보의 흐름 때문에 단문 또는 중문으로만 이어가지 못할 때도 있다. 하지만 복문(複文)을 써야 할 경우 복문 형태만을 연이어 쓰는 것을 피하는 것이 좋다. 즉, '복문 - 복문'으로 이어지는 구조는 되도록 지양해야 한다. '단문 또는 중문 - 복문 - 다시 단문 또는 중문' 등의 순서로 리듬을 타면 된다.

3. 동어 반복은 피한다

똑같은 단어를 자주 사용하는 것은 좋지 않다. 특히 한 문장이나 한 단락에 똑같은 단어가 연달아 등장하면 지루하게 느껴진다. '교과목'이라는 단어가 나온 문장 안에 다시 '교과목'이라는 표현이 나오면 좋은 글쓰기가 아니다. 둘 중 하나는 다른 단어로 바꿔주는 것이 옳다. 즉, 비슷한 뜻의 단어를 활용하거나 아예 문장을 바꿔 다른 표현을 사용하는 편이 좋다는 것이다.

미국의 데스크나 편집기자들은 'Thesaurus'라고 불리는 유의어 사전을 자신의 책상에 비치해둔다. 발전한다는 의미의 'develop'을 취재기자가 가까운 위치에서 연달아 사용하면 이를 'enhance', 'advance', 'cultivate' 등의 유의어로 바꿔준다. 물론 단어마다 표방하는 의미가 약간씩 차이가 있지만, 전체적인 기사 핵심에 위배되지 않다면 독자들의 지루함을 덜기 위해 다른 단어들을 활용하는 것이다. 국내에 이런 유의어 사전이 일반화되지 않은 것이 아쉽지만, 글을 쓰는 사람이라면 이와 같은 단어 활용을 명심해야 한다.

4. 적절한 술어의 활용

기사는 고발성 내용을 담는 경우가 많다. 이럴 때 종종 사용되는 술어가 '드러났다' 또는 '밝혀졌다' 등이다. 현장에서는 이 술어들을 특별히 구분하지 않고 쓰기도 한다. 하지만 상황에 따라 구분할 수도 있다.

우선 '드러났다'는 숨겨진 내용이 외부로 튀어나왔을 때 주로 사용하는 표현으로, 특히 누군가의 조사 없이도 그 내용이 문제가 되어 저절로 분출되는 경우에 사용할 수 있는 말이다. 이에 비해 '밝혀졌다'는 감춰진 내용이 누군가의 조사에 의해 폭로되는 경우를 뜻한다. 즉, '드러났다'는 일부러 내부인들 사이에 밖으로 알려지지 않았으면 하는 어떤 정황이 저절로 나타나는 것을 말하고, '밝혀졌다'는 누군가가 일부러 적극적으로 감추려는 내용이 다른 사람의 조사에 의해 공개되는 것을 뜻한다. 이와 같이 비록 두 술어를 사용하는 배경에 차이가 있기는 하지만, 보도 내용에 따라 그 차별성이 뚜렷하지 않을 때도 있고, 또 정황에 따라 '드러났다'와 '밝혀졌다'를 호환해서 사용할 수도 있기 때문에 둘이 자주 혼용되는 것이 현실이기는 하다. 하지만 이들을 구분해 사용하는 것이 필요한 특정 경우가 생기기도 한다.

이 두 술어보다 더 일반적인 표현으로 '나타났다'가 있다. 이는 어떤 상황의 흐름 속에서 그 결과물로 무엇인가가 특정 현상으로 발현된 경우를 뜻하는 표현이다. 즉, 누군가가 비밀로 하고 싶어 하거나 적극적으로 감추려는 상황이 저절로 또는 조사에 의해 폭로되는 것이 아니라, 그냥 하나의 경향성으로 특정 상황이 출현한 것을 뜻한다는 것이다. 하지만 이 세 가지 표현이 하나의 기사에서 같은 단어의 반복을 피하기 위한 기법으로 자주 혼재되어 사용되기도 한다. 하지만 '밝혀졌다' '드러났다'에 비해 '나타났다'는 표현이 일정 정도 불편부당한 것으로 인정받는다.

추가로 '밝혔다'라는 표현도 짚어보면, 이는 취재원이 적극적으로 나서서 특정 사실을 전달할 때 사용하는 것으로 이해할 수 있다. '밝혀졌다'라는 피동형 표현은 적극적으로 해당 정보를 파헤친 사람이 그 결과를 폭로하는 때에 사용하고, 특정 내용의 폭로는 아니더라도 자신이 하고 있는 일의 정당성을 강조하는 표현으로 취재원이 정보를 전달하는 것을 묘사할 때 사용하기도 한다. 하지만 '밝혔다'는 기자가 현장에서 해당 취재원이 전달하는 말을 강조하기 위해 사용하는 것으로, 일부에서는 기자의 주관성이 들어가 있는 술어라고 비판하기도 한다. 세부적인 배경을 여기서 모두 거론하기는 어렵지만, '설명했다', '분석했다', '강조했다' 등의 술어도 이와 같은 기자의 주관적 표현의 일환으로 정리되기도 한다. 이런 표현들을 모두 아우르는 불편부당한 표현은 '말했다'이다. 취재원이 그 정보를 전달했다는 뜻에 그치는 표현이다. 그래서 객관적으로 정보를 전달하려는 일반 보도에서는 '말했다'라는 표현이 가장 많이 등장한다. 하지만 '말했다'라는 표현이 너무 많이 사용되면 기사 읽기가 지루해진다는 비판도 있어, '밝혔다', '덧붙였다', '설명했다' 등의 표현을 넣는 경우가 있는 것이다.

서구 언론에서도 기사의 객관성 확보를 위해 그냥 '말했다'라는 의미의 'said'만 사용하라는 주장과 'added', 'explained', 'analyzed' 등의 표현을 활용할 수 있다는 주장이 경쟁한다. 가장 안전하게 기사를 쓰려면, 지루하게 느껴지더라도 '말했다'를 중심으로 술어를 사용하고, 너무 지루할 것 같으면 인용 정보 사이에 간격을 둬, 그 간격에 '말했다' 식의 술어가 필요 없는 다른 정보를 사용하면서 가는 것이 좋다. 그래도 안 되면, '덧붙였다' 등을 사용하면 된다. 사실 짧으면 200자 원고지 1매, 길어야 8매 정도 되는 한국 기사에서 이와 같은 전략을 사용하면 '말했다'만을 중심으로 술어를 풀어나가기가 어렵지는 않다.

5. 신문 용어 파악

신문에서 일반적으로 사용하는 표현법들을 익히는 것이 좋다. '고대', '연대', '이대'처럼 구어체에서 사용하는 표현들을 신문 기사는 지양한다. '고려대', '연세대', '이화여대'가 일반적 표현이다. 참고로 현재는 많은 신문사가 4년제 대학은 '○○대'로 처리하고, 2년제 대학은 '○○대학'으로 표기한다. 과거에는 2년제 대학을 '○○전문대'로 썼다.

사실 이와 같은 내용을 개괄적으로 전달하려면 『AP 스타일북』과 같은 매뉴얼이 필요하다. 즉, 기본적으로 사용되는 언론 용어를 정리한 책이 언론사에서 사용하는 일반적 표현을 익히기에 좋은 교과서가 될 수 있다는 것이다. 아쉽게도 한국에는 이와 같은 책이 나와 있지 않다. 일부 매체가 개별적으로 자체 매뉴얼을 개발해 사내 교육에 활용하고 있을 뿐이다. 물론, 모든 매체가 통일된 표현을 쓸 이유는 없다. 스스로 발전시킨 문장 기법 및 정보 전달 방법이 있고, 각 매체의 독자가 이미 자신이 보는 매체의 표현에 익숙해 있기 때문이다. 그러나 그중에서도 많은 매체가 일반적으로 함께 사용하는 표현들이 있다. 앞에서 거론한 '○○대', '○○대학' 등이 그와 같은 내용이다. 이런 부분들을 정리한다면 적확한 의미를 전달하는 매체의 용어 이해는 물론, 스스로 매체의 글쓰기를 학습하는 데에도 큰 도움이 될 것이다. 이 책의 목적이 이와 같은 내용을 정리하는 것은 아니기 때문에, 여기서는 앞에서 거론한 내용 정도를 전달하는 데 의미를 두겠다.

표현과 설명

1. 숫자는 강하다

기사에 등장하는 수치는 강력한 사실 전달의 도구가 된다. '많다 · 적다', '크다 · 작다' 또는 '상당하다' 등의 표현으로만 되어 있으면 그게 얼마 정도인지 가늠이 안 된다. 하지만 여기에 구체적인 수치를 적으면, 독자들이 쉽게 이해할 수 있다. 그렇게 적어야만 독자들이 얼마나 크고, 작고, 많고, 적고, 상당한지 등을 스스로 느낄 수 있기 때문이다. "상당한 숫자가 모였다"라는 표현이 수치 없이 등장하면, 독자들은 그게 왜, 또 얼마나 상당한지 납득하기 어렵다. 이 표현 뒤에 "전체 1,200석에 관람객이 모두 들어찼다"라고 해야 독자들은 더 사실적인 느낌을 확인할 수 있다. 아예 "상당한 숫자가 모였다"라는 표현 없이 그냥 "전체 1,200석에 관람객이 모두 들어찼다"라고 적어도 무방할 수 있다.

하지만 어설픈 수치 기록은 오히려 역효과를 부른다. 예를 들어, '6개 남짓'이라는 표현을 보자. (이와 같은 표현은 예비 언론인들이 작성한 기사에 종종 등장했다.) 취재한 사람이 얼마 되지도 않는 수를 세면서 정확하지도 않은 수치를 제공한 경우다. '남짓'이라는 표현은 기자의 성실성을 의심하게 한다. '약', '가량', '남짓' 등의 표현은 수가 아주 많을 때 사용한다. 수를 세는 대상, 그리고 보도에 요구되는 정확성에 따라 약간씩 차이가 있겠지만, 100명 정도의 사람은 이와 같은 표현이 가능할 수도 있다. 즉, '약 100명'이라는 표현은 용납된다는 뜻이다. 하지만 '6개 남짓'은 안 된다.

더불어 설명할 수 있는 것이 숫자에 대한 인간의 상식적 편견이다. 사람은 1, 3, 5, 10, 12, 15, 20, 30, 50, 100, 200, 300, 500, 1,000 등에 중요한 의미를 부여한다. 31차 회의보다 30차 회의가 뉴스로서 더 주목을 받는 이유이기도 하다. 앞의 '약', '가량', '남짓' 등을 대입해보면, 6보다 적은데도 5에는 해당 표현을 붙이기가 더 편하게 느껴진다. 즉, '약 5개'는 큰 무리 없이 수용할 수 있는 표기가 될 수도 있다는 얘기다. 하지만 이때도 5개를 직접 세지 않고, '약' 등의 단어를 붙이는 이유가 해당 표현의 앞뒤에 설명이 나오는 것이 더 좋다. 수가 너무 적기 때문이다.

숫자의 강력한 힘이 오히려 역효과를 부르는 경우는 또 있다. 잘못된 정보, 그리고 오산(誤算) 등에 기인한다. 간단한 사칙연산에서 실수하면 독자는 해당 기자는 물론, 그 기사를 게재한 언론사 자체를 무시하게 된다. 대통령 선거가 석 달 열흘 남은 시점에 기사를 쓰면서, "선거가 70일 앞으로 다가왔다"라고 쓰는 상황을 생각해보면 쉽게 이해가 갈 것이다. 실제로 예비 언론인 강의 과정에서 이와 같은 사례가 적지 않게 쏟아졌다. 춘지 문화 근절을 야마로 잡은 제3부의 〈사례 10〉에서도, '2004년 춘지 근절 캠페인을 시작했다'라는 내용을 적은 뒤 곧장 다음에 '4년 전부터 이 캠페인에 참가해……'라는 식으로 정보를 전달하는 실수가 나왔다. 4년 전이라면 2003년이 되는데 2004년으로 기사를 쓴 것이다. 이런 정보가 매체에 등장해 독자들에게 전달되었다면 어땠을는지 생각해보라. 앞의 사례는 달[月]수나 해[年]를 착각한 계산이지만 간단한 실수라며 웃어넘길 일이 아니다. 명확한 오보(誤報)이기 때문이다. 우측통행을 야마로 잡은 제3부의 〈사례 5〉에서, '○○배'로 적어야 할 것을 '○○%'로 잘못 기록한 것도 숫자를 잘못 표현한 것으로, 기사 신뢰도를 결정적으로 깎아내리는 구실이 된다.

2. 지명 사용 방법

독자를 생각하는 글쓰기를 해야 한다. 만약 전국지에 나가는 기사라면 서울, 부산, 전남도 등 광역단체의 지명은 반드시 써야 한다. 아니면 그곳이 어느 지역에 속하는지 정확히 알지 못할 수 있다. 동명의 지명이 있을 수 있고, 또 기사 정보와 연관된 지역에 익숙하지 않은 독자라면 광역단체가 없이는 해당 정보가 있는 지역을 알기 어렵기 때문이다. 한국 전역을 대상으로 하는 신문이라면 부산의 독자를 위해 전남도 함평군이라고 써야지 그냥 함평군이라고 쓰면 안 된다. 만일 특정 광역자치단체의 독자만 겨냥한 지방지라면 광역단체 명칭을 쓰지 않아도 된다. 경북도민만을 위한 경북도의 신문이라면 '경북도 포항시'라고 쓰지 않고, 그냥 '포항시'라고 쓰면 된다. 이는 한국 국민 전체를 겨냥하는 중앙지에서 '대한민국 서울 강남구 신사동'이라고 쓰지 않고 '서울 강남구 신사동'이라고 쓰는 이치와 같다. 즉, 독자들을 모두 감싸 안는 지역은 굳이 쓸 필요가 없다는 것이다. 한발 더 나아가 설명한다면, 한국 중앙지의 외국 관련 기사에는 '프랑스 파리'라고 도시명에 나라 이름을 얹어 쓰는 것이 옳다. 해당 지역민을 위한 기사가 아니라 한국 국민을 위한 기사이며, 프랑스 파리는 한국 독자들을 모두 감싸는 지역이 아니기 때문이다.

하지만 특정 지역 독자를 겨냥한 신문이라도, 해당 지역을 정확히 구분할 필요가 있다면 더 자세한 지명을 명기해야 한다. 예를 들어, 서울만 해도 신사동은 강남구와 은평구에 있다. 그런데도 그냥 신사동이라고 쓰면 어느 신사동인지 알 수가 없다. 이 경우 광역단체 지명뿐 아니라 하위 기초 지방자치단체 명칭도 반드시 넣어야 한다. 최근 방송에서는 기초단체의 지명을 병기하지 않는 경우가 많은데, 가끔 그 관행 때문에 '신사동'이 속한 구의 이름을 보도하지 않는 실수가 나타나기도 한다.

3. 지금, 오늘, 내일, 모레, 날짜, 요일

신문 기사에서 피해야 하는 표현 중 하나가 '지금'에 해당하거나 이를 중심으로 활용되는 용어다. 구체적으로 본다면, '오늘'이라는 표현은 기사에 사용하지 않는 것이 옳다. 나중에 독자가 해당 기사를 읽을 경우, 그 '오늘'이 언제인지 추가로 확인해야 하기 때문이다. 이와 관련해, '내일', '어제' 등의 표현도 피한다. '오늘'과 같은 이유다. 다만 제목(헤드라인, headline)에서는 이를 일부러 사용하는 때도 있다. 당일 기사를 읽는 독자의 이목을 끌기 위해서다. 하지만 기사 원문에서는 쓰지 않는 것이 관례다.

대신 한국 기사에서는 'ㅇㅇ일' 등으로 날짜를 쓴다. 특별한 사정이 없는 한, 신문에서 같은 해, 같은 달에 벌어진 내용은 그 해나 달을 적지 않는다. 기사가 작성된 시점이 2009년 5월 20일이고 사안이 발생한 시점이 기사 작성 시점과 같은 날이며, 그 기사가 2009년 5월 21일 자 신문용이라면, 그냥 '20일'이라고 적는다. 이때 같은 달이라도 사안이 20일 이전에 발생했으면 '지난'이라는 표현을 사용한다. '지난 19일'이라고 적는다는 얘기다. 같은 해이지만 5월 이전에 발생했으면, '지난 3월'이라고 쓴다. 1일에 발간되는 신문이라면 바로 전날 발생한 일과 관련한 것이라도 '지난달 30일' 또는 '지난달 31일'이라고 표현한다.

추가로 설명하자면, 서구 신문에서는 날짜 대신 요일(day of the week)을 사용한다. 금요일에 발간하는 신문에 같은 주에 발생한 사안을 보도할 경우, 월요일(Monday), 화요일(Tuesday) 등으로 기록하고, 그 전주에 발생했으면 지난주 월요일(last Monday), 그다음 주에 예정된 내용은 다음 주 금요일

(next Friday) 등으로 표현하는 것을 일반적 원칙으로 한다. 『AP 스타일북』이 소개하는 내용이다. 하지만 ≪뉴욕 타임스≫처럼 오늘(today), 어제(yesterday), 내일(tomorrow) 등을 사용하는 신문사들도 있다. 즉, 일반화된 원칙은 있으나 매체별로 자신들의 원칙을 만들어 이를 고수하는 곳도 있다는 것이다.

4. 영문 표현

국내 신문에서 기사에 영문 스펠링을 그대로 쓰는 경우는 거의 없다. 영문 약자의 경우, 아주 익숙한 용어는 그대로 쓰지만 그 외는 그 말을 한글로 쓰거나 영문과 한글을 병기한다. 한국 신문에서 특별한 일부를 제외하고 영문으로만 쓰는 경우는 없다. 예를 들어, ≪조선일보≫는 KBS, MBC 등 아주 익숙한 축약어는 그대로 쓴다. 또 ≪뉴욕 타임스≫와 같이 일반화된 고유명사는 그냥 한글로 적는다. ≪한겨레신문≫은 아예 KBS나 MBC를 한국방송, 문화방송으로 표기하거나 케이비에스, 엠비시 등으로 쓸 때도 있다. 통일된 스타일이 없어 매체마다 자체적인 표기 방법을 고수하기에, 해당 언론사에 지원할 때 이와 같은 내용을 숙지하는 것이 도움이 되기도 한다.

아직 특정 언론사에 소속되지 않은 사람에게 더욱 중요한 것은 하나의 글 안에서 표현의 일관성을 유지하는 것이다. 영문 표기는 처음에는 영문을 먼저 쓰고 괄호 안에 한글로 표현하거나 그 반대의 경우를 사용하기도 한다. 이는 외국인의 이름 표기에 많이 사용되는 형태다. 그 이후는 한글을 이용한다. 이 일반론을 중심으로 자신의 글쓰기에 일관성을 부여하는 것이 좋다.

5. 표현의 일관성

축약어(acronym)는 말을 줄임으로써 전체적인 기사의 길이를 짧게 하고, 독자가 편하게 기사를 읽을 수 있게 하는 기능을 한다. 그러나 축약어를 쓰더라도 이에 대한 일관성이 필요하다. 그렇지 않으면 오히려 독자들이 불편하게 느낀다. 하지만 한국의 매체들은 축약어를 어떻게 표현할지에 대한 일관성이 없는 경우가 많다. 예를 들어보자. 하나의 기사에서 방송통신위원회라는 명칭을 여러 번 사용하는 경우, 가장 먼저 등장한 시점에 '방송통신위원회(이하 방통위)'라고 적고 나중에 '방통위'라고 표기하며 기사를 작성하기도 한다. 독자들이 계속해서 명칭을 길게 읽는 수고를 덜어주기 위해서다. 하지만 간혹, 같은 기사 안에서 앞에 '이하 방통위'라고 적어놓고 나중에 다시 '방송통신위원회'라는 명칭을 그대로 적는 경우가 발견되기도 한다. 또 같은 신문의 다른 기사는 첫 번째 등장하는 이 표현을 괄호 안에 '이하'라는 말을 빼고 그냥 '방송통신위원회(방통위)'라고 적기도 한다. 한 신문에서도 기사마다 축약어를 활용하는 방법이 다를 뿐 아니라, 같은 기사 안에서도 명칭 사용 방법이 일치하지 않는다는 것이다. 이렇게 되면 개별 기사는 물론이고 매체 전체에 대한 신뢰성이 떨어질 수 있다.

서구에서는 이와 같은 축약어 활용의 일관성을 대단히 강조한다. 2000년대 이후의 『AP 스타일북』은 기사에 긴 이름이 등장할 경우, 일반적으로 최초 사용할 때는 축약어를 특별히 괄호 안에 소개하지 않은 채 전체 명칭을 다 쓰고, 이후부터는 별도의 설명 없이 축약어를 사용하는 것을 권장한다. 독자들이 이미 그와 같은 기사 작성법에 익숙하다고 판단하기 때문이다. 하지만 일부 신문은 ① 한국과 같이 명칭이 최초로 등장할 때 괄호를 사용해 축약어를 소개하거나, ② 처음 등장할 때는 오히려 축약어만 쓰고 두 번째로 명칭을 언급할 때에 전체 이름을 소개하는 예도 있다. ①은 앞으로 괄호 안의 축약어가 출현하면 괄호 앞에 있는 전체 이름을 지칭하는 것으로 알아달라는 암묵적 표시로, 괄호를 사용하는 한국의 축약어 사용 방법과 같다. ②는 기사 도입부가 긴 명칭 때문에 너무 늘어져서 전달하려는 핵심 정보의 긴장감이 떨어지는 것을 피하기 위한 방법이다. 즉, 『AP 스타일북』의 권고 사항이 있기는 하지만, 매체별로 자신들의 스타일을 유지한다는 것이다. 이 신문들은 해당 매체 안에서 자기 스타일의 일관성을 지키는 것을 매우 중요하게 여긴다.

예비 언론인은 자신이 지원하는 매체가 어떤 스타일을 주로 사용하는지를 익혀 시험장에서 글을 쓸 필요가 있다. 비록 개별 한국 언론사의 축약어 사용이 일관적이지 않더라도, 대체로 사용하는 방법은 있다. 되도록 그 사용법을 눈여겨보라는 뜻이다. 하지만 더욱 중요한 것은 자신이 작성하는 답안 기사에서 일관성을 유지하는 것이다. 즉, 한 번 사용한 전체 이름을 나중에 여러 번 쓰면서 전체 이름을 그대로 유지할지, 아니면 두 번째부터는 모두 축약어로 쓸지 등을 결정해 자신만의 룰을 지키는 것이 좋다는 것이다.

축약어와는 다른 경우지만, 숫자를 사용할 때도 일관성을 유지하는 것이 옳다. 예를 들어, 같은 기사에서 어떤 때는 '23789'라고 중간에 반점(,) 없이 쓰고, 다른 때는 '27,863'이라고 반점을 넣었다고 해보자. 현장 매체의 기사에서 이와 같은 것이 발견되면, 눈썰미 좋은 독자는 금방 일관성 없는 기사 작성법이라고 알아채고, 매체의 신뢰도에 의문을 품는다. 저널리즘 학자들은 기사의 오탈자, 일관되지 못한 스타일 등이 독자를 잃게 하는 요인이라고 지적한다. 같은 기사 안에서 '2천 367'이라고 썼다가, 나중에는 '3,981'이라고 쓰는 것도 신뢰를 잃을 수 있는 또 다른 사례다.

6. 의문형 표현을 되도록 삼가라

"어떻게 됐을까?", "왜 이런 결과가 나타났을까?" 등의 의문문은 기사에서 되도록 사용하지 않는 것이 좋다. 물론 현장 기자들이 이와 같은 표현을 사용하기는 하지만, 사족(蛇足)이다. 기자가 기사 정보에 지나치게 깊게 개입한 인상을 준다. 즉, 의문형 표현은 기사 정보의 객관성 혹은 보편성을 사라지게 하는 기제가 된다는 뜻이다. 기자가 괜히 기사 안에서 뭔가를 물어본다는 느낌을 줄 필요가 없다. 그냥 정보로 이어가면 된다. 더불어 보자면, "……라는 질문에 ……라고 답했다"라는 표현도 좋은 것은 아니다. 이 역시 실제 기사에 종종 등장하는 표현이다. 하지만 이런 표현도 기사 정보에 대한 기자의 개입을 드러내는 요소다. '기자가 기사에서 떨어져 있는 것으로 느껴지도록 쓰는 것(reporter's detachment)'이 기사의 공신력을 위해 필요한 문장 작법이다.

7. 취재한 사람만 아는 내용을 독자들이 알고 있으리라 생각하지 말라

일반적으로 익숙하지 않은 내용을 설명도 없이 적는 경우가 있다. 취재하는 과정에서 기자가 해당 사실을 여러 번 접하면서 스스로 익숙해지기 때문에 발생하는 오류다. 여러 번 설명을 들으면서 기자는 독자도 이 사실을 이미 알고 있으리라는 착각에 빠진다. 초년생 기자일수록 이런 착각이 심하다. 제3부 〈사례 2〉의 아랍 관련 기사에서, '헤나' 등을 적어놓고, 이들이 무엇인지를 설명하지 않고 넘어가는 경우가 이에 해당한다. 즉, 궁금증만 유발하고 도망가지 말라는 것이다. 기사를 쓴 다음에는 해당 내용이 과연 일반적으로 잘 알려진 것인지를 다시 점검해야 한다. 제3부 〈사례 3〉에서 소개한 포털사이트의 '임시조치' 관련 기사에서도 '블라인드' 등이 뭔지 설명하지 않은 것도 같은 지적을 받았다.

8. 풀어서 설명하라

기자는 세상일을 다 알지 못한다. 기자가 다 알면 자기가 알아서 쓰면 된다. 하지만 그렇지 못하다. 아는 게 없어 전문가들의 말을 빌려 정보를 전달한다. 그래서 인용이 중요하고, 누가 그런 말을 했는지 밝히는 게 필요하다. 덧붙이자면, 들은 말이 멋있게 느껴진다고 마치 자기가 한 얘기인 양 떠벌리면 절대 안 된다. 게다가 일부 식자층의 의사소통에 사용되는 말들을 설명도 없이 쓰면 불친절하다. 반드시 그 말을 풀어서 써야 한다. 그리고 설명도 붙여야 한다. 더불어 전문용어를 막 갖다 쓰지도 말아야 한다. 제3부 〈사례 5〉에서 나온 '대면통행' 등이 이 지적에 연결된다. 기자가 취재하는 과정에서 알았거나, 혹시 전부터 알고 있던 내용이라도, 일반 독자들은 해당 내용을 편하게 이해하기 어렵다. 전문용어라면 반드시 설명하고 넘어가야 한다.

9. 필요한 정보만 사용하라

기사의 모든 정보는 야마를 지향해야 한다. 그래야 글의 긴장감이 유지된다. 그냥 기자가 현장에서 봤다고, 또는 머릿속에서 생각났다고 아무 내용이나 가져다 적으면 안 된다. 사용해도 될 듯 말 듯하다고 느껴지면, 일반적으로 그 정보는 사용하지 않는 것이 좋다. 억지로 활용하지 말라는 뜻이다. 일단 애매하면 기사에서 들어내는 것이 옳다. 만약 해당 정보가 나중에 취재하는 다른 정보와 얽히면서 기사의 기본적인 야마를 보여주는 징검다리로 쓰일 가능성이 있다면, 그때 가서 다시 끄집어내 쓰면 된다. 하지만 그렇지 않다면 포기하는 것이 좋다. 제3부 〈사례 1〉로 소개한 실생활에 파고드는 인문학 교육 관련 내용을 생각해보자. 도입부의 내용은 노숙자들에 대한 인문학 교육이 중심이었다. 그 대목에 "커피로 목을 축인다" 또는 "안녕하세요" 등의 정보는 인문학 교육 과정이라는 야마와는 무관한 내용이었다. 이럴 때, 해당 정보는 쓸데없는 내용이다.

또 기사의 핵심을 보조하는 내용으로 합당하지 않은 정보는 아무리 재미있어 보여도 사용하지 말아야 한다. 이런 정보는 전체적인 글의 흐름에 방해가 된다. 사실 취재를 하다 보면, 전체적으로 지향하는 야마와 어울리지는 않지만 그 자체로 흥미로운 정보를 만나는 때가 있다. 그 내용을 버리기 아깝다는 생각이 든다. 결국 이리저리 머리를 굴리다가 그 정보를 기사에 우겨 넣는다. 이렇게 되면 기사를 망친다. 용감해야 한다. 아무리 흥미로워 보여도 다른 정보 대부분이 지향하는 기사의 야마에 맞지 않으면 그 내용은 과감하게 버려야 한다. 버리기가 정 아까우면, 나중에 다른 야마로 별도의 기사를 쓰면 된다. 만약 해당 기획이 메인 기사와 보조 기사로 이뤄진다면, 그 흥미로운 정보를 따로 분리하고 추가 취재를 통해 보조 기사를 작성하는 데 활용할 수 있다. 즉, 흥미로운 내용이라도 메인 기사의 야마에 맞지 않으면 해당 정보를 버리고, 메인 기사는 그 기사 자체의 야마를 최대한 살려야 한다는 것이다. 만일 메인 기사의 야마로 예상한 내용이 현장 취재 결과 사실이 아닌 것으로 확인되고 그 이외의 흥미로운 정보를 접했다면, 아예 메인 기사의 야마를 그쪽으로 바꾸면 된다.

10. 정보를 사용해 비교를 구체화하라

글에서 '늘었다' 또는 '줄었다' 등의 표현을 사용하면서, '얼마나'에 대한 정보가 빠지는 것은 독자에 대한 기만이다. 해당 술어들은 비교의 의미를 지닌다. 그렇다면 언제 얼마나 되었던 것이 다른 시점에는 얼마로 변했다는 것을 정확하게 적어줘야 한다. 예를 들어, '늘었다' 또는 '줄었다'라고 했으면, '△△년 ○○건에서 ◇◇년 ▽▽건으로 총 ○○%가 증가(또는 감소)했다'는 정보를 확실하게 줘야 한다는 얘기다. 이런 사실 없이 기자가 혼자 늘었다 또는 줄었다 등의 술어를 연발하면, 기사의 정확성은 물론 신뢰도가 떨어진다. 또 '빈번하다' 등의 표현도 정확한 사실과 함께 등장해야 한다. 기자가 느끼기에 빈번한 게 독자들이 보기에는 오히려 부족한 것으로 느껴질 수도 있다. 즉, 사실을 보여줘서 독자들이 느끼게 해야 한다는 것이다. 만약 이런 구체적 정보들이 기사에서 빠지면, 기자가 기사 아닌 소설을 썼다는 비난을 면하기 어렵다. 심지어 사설도 사실을 바탕으로 하기에, 글 안에 확실하고 구체적인 정보가 들어가는 것이 좋다. 칼럼도 마찬가지다. 사실적 정보가 있어야 글에 힘이 실린다.

11. 정보의 일반화

정보의 흐름을 추적해 사회의 현상을 파악하고 문제의 실체에 접근해가는 기획기사의 특성상 구체적인 사례 위주로 작성되는 기사가 많다. 하지만 그렇다고 사례만 적시한 채 이 내용이 전체적인 사회현상이라고 주장하기는 어렵다. 성급한 일반화의 오류 또는 침소봉대라는 비난을 받을 수 있기 때문이다.

제3부에서 인문학 강좌의 확산을 야마로 잡은 〈사례 1〉의 기사는 구세군, 서울 관악구 신림동, 강남구, 동대문구의 사례를 들었다. 그런데 이 기사가 전국 국민을 대상으로 하는 것이라면, 서울시 이외의 독자들로부터 그 기사는 결국 서울에만 해당하는 이야기가 아니냐는 지적을 받기 쉽다. 이 비난을 피하기 위해서는 이런 사례들이 결국 전국적인 흐름의 일부라는 것을 적시하는 정리가 필요하다. 이를 위해서는 특정 정부 부처나 공신력 있는 기구 또는 기관의 전국적 통계 등을 사용하는 것이 좋은 방법이다.

12. 기자 개인의 가치관을 적지 말라

기사는 사실의 전달이다. 사실을 전달하는 인간이 자신의 가치관을 완벽하게 배제할 수 있는가 하는 문제는 철학적 난제(難題)다. 이 부분은 언론학자들도 늘 고민해왔다. 고민의 결론은 이를 어떻게 인식하고 활용하느냐 하는 시각차에 따라 달리 나타난다. 하지만 일반적으로 최대한 기자 자신의 관점을 기사에 반영하지 않도록 노력하는 것이 옳은 자세로 여겨진다. 단어 하나를 사용하더라도, 거기에 기자의 주관이 반영될 여지가 있다면 다른 용어를 선택하는 고민을 해야 한다. 예를 들어 "앎의 수준에서 그치지 않고 '삶'에 다가서려 노력하는 학문, 근본에 대해 치열하게 고민하는 학문, 대학생들이 찾던 인문학의 모습이었다"와 같은 문장은 특별한 인용도 없이, 글쓴이의 주관이 그대로 드러나 있다. 이런 문장은 아예 해체해 다른 표현을 활용해야 한다. 아니면 이런 말을 할 자격이 있는 취재원을 통해 해당 정보를 전달해야 한다.

실제로 언론 현장에서 기자가 지닌 생각을 전달하기 위해, 일부러 자신의 말을 대신해줄 전문가를 찾는 경우도 왕왕 있다. 하지만 이는 잘못된 접근 방법이다. 기자 자신의 말을 다른 이의 입을 빌려 전하는 과정에서, 그와 다른 생각이 반영되지 못하기 쉽기 때문이다. 특히 갈등 구조에서 기자가 해당 사안에 대해 선입관을 가지고 있다면, 한쪽의 의견만을 전달하는 식으로 기사를 몰아갈 수 있다. 만약 자신의 생각과 일치하는, 또는 비슷한 취재원을 활용하게 된다면, 반드시 반대편 또는 다른 각도에서 해당 사안을 바라보는 사람들도 있다는 것을 염두에 두고 최대한 다양한 시각을 반영하는 것이 옳다.

취재원과 인용

1. 정보를 준 취재원이 그 정도 자질을 지닌 사람인지를 설명하라

밑도 끝도 없이 특정 단체의 이름만 대고는 거기서 일하는 사람의 말을 인용하는 사례가 가끔 있다. 해당 기관이나 단체가 상식적인 차원에서 일반화된 경우라면, 기관이나 단체에 대한 설명이 필요하지 않을 수 있다. 예를 들어 특별한 이유가 없는 한 청와대를 '대통령이 기거하고 집무하는 청와대'로 구구절절 설명할 필요가 없다는 거다. 또 환경운동연합이나 경제정의실천연합 등 역사가 있고 기존의 보도를 통해 영향력이 일반화된 시민사회단체도 설명 없이 취재원으로 활용할 수 있다. 하지만 '철학아카데미' 등 보통 독자가 들어서 동네 학원인지 정부 산하 기관인지 알 수 없는 기관이나 단체는 반드시 설명을 해야 한다. 특히 해당 설명도 기사의 야마와 연동해 이뤄져야 한다. 즉, 기사의 핵심과 관련해 해당 취재원을 통해 기사에 나온 정보가 공신력 있는 내용으로 인정받을 수 있는지를 설명해야 한다는 것이다. 부연하자면, 대학의 입시 제도나 시험 문제 난이도를 설명하는 기사에 등장하는 학원의 경우, 입시 전문으로 알려진 대성학원이나 종로학원 등도 그 명칭이 여러 군데 사용될 수 있기 때문에 '입시 전문학원인 대성학원' 등으로 한 번 정도는 기사 안에서 설명해주는 것이 일반적이다. 아니면 그게 요리학원인지 운전학원인지 모를 수 있기 때문이다.

2. 취재원의 성별

국내 신문에서는 취재원이 여성일 경우 괄호 안에 '여' 자를 넣지만, 남성일 경우 특별히 '남'이라는 정보를 적지 않는다. 예를 들면, 김○○(31·여)로 적으면 취재원은 여성이지만, 박○○(31)이라고 적으면 박씨는 남성으로 인식된다. 특히 한 기사에서 여러 취재원이 등장할 때 괄호 안에 '여'라는 표현이 들어가면 해당 취재원은 여성으로 분류되고, '여'자가 들어가지 않는 다른 취재원은 모두 남성이 된다. 이런 표현법이 등장한 이유는 남성 위주의 사회 편견 때문이라는 지적이 설득력이 있다. 서구의 신문들은 대명사[그(he) 또는 그녀(she) 등]로 해당 취재원의 성별을 구별하기 때문에, 취재원이 처음 등장할 때 별도로 남녀를 구분하지 않는다. 하지만 한국에서는 이와 같은 표현을 특별히 사용하지 않는다. 여성 취재원도 이후 등장할 때는 '그녀'가 아니라 '그'로 표현되는 경우가 많다. 이런 현상은 결국, 기사 작성에도 성적 편견이 반영된다는 국내 학계의 비판으로 이어진다. 이와 같은 비판 때문에 최근 한국 신문들은 기사의 핵심을 보여주는 데 특별히 필요한 것이라고 판단되지 않으면, 아예 취재원의 성별을 명기하지 않는 사례가 늘고 있다.

3. 취재원의 나이

신문에 등장하는 취재원의 나이 계산법은 간단하다. '현재의 연도 빼기 취재원의 생년'이다. 일반적으로 만 나이를 쓴다고 알고 있지만 그렇지 않다. 즉, 2009년 10월 19일에 작성하는 기사라면 1966년 3월 7일생인 취재원이나 1966년 12월 6일생인 취재원이나 모두 43세가 된다. 즉, '2009 − 1966

= 43'인 것이다. 공연히 만 나이를 계산하여 3월 7일생은 43세, 12월 6일생은 42세로 기록할 필요가 없다. 일반적인 기사에서 취재 시에 취재원의 생월과 생일을 일부러 확인하지는 않는다. 다만 그 내용이 뉴스가 될 때, 예를 들어 세계 기록이나 한국 기록 등을 달성한 사람의 생년 · 생월 · 생일이 모두 기록되어야 할 때만 구체적인 취재를 시도한다. 즉, "이번 ㅇㅇm 달리기 기록 보유자 ㅇㅇ는 만 ㅇㅇ년 ㅇㅇ월 ㅇㅇ일에 이 기록을 달성했다", 또는 "이 대회 우승자의 최연소 기록이 깨졌다. 이전까지는 △△의 △△년 △△월 △△일이었으나, ㅁㅁ가 우승함으로써 기록은 ㅁㅁ년 ㅁㅁ월 ㅁㅁ일로 단축됐다"라는 식의 정보가 필요할 때만 생년과 생월, 생일까지 필요하다는 것이다. 그렇지 않은 때는 대부분 '올해 빼기 생년'이 신문 나이 사용의 공식이다.

4. 20세를 기준으로 갈리는 취재원 호칭

신문 나이 20세를 기준으로 그 미만인 취재원은 남성은 '군', 여성은 '양'으로, 그 이상은 남성과 여성 모두 '씨'로 칭한다. 즉, '김ㅇㅇ(19)군', '박ㅇㅇ(17)양', '정ㅇㅇ(20 · 여)씨', '최ㅇㅇ(48)씨' 등이 일반적 표현이다. 하지만 전반적인 기사의 야마가 '씨'라는 호칭보다는 '군' 또는 '양'이 어울릴 때, 예를 들어 20대 초반 대학생의 독거노인 자원 봉사 기사 등에서는 간혹 취재원이 20세를 넘었더라도 '군'이나 '양'을 쓰기도 한다. 역으로 20세 이하의 취재원이라도, 전체 기사의 야마를 위해 '씨'라는 호칭이 어울리면 그렇게 할 수도 있다. 제3부의 〈사례 11〉에서 한 대학의 1학년생 취재원을 '공ㅇㅇ(19)씨'라고 풀어준 것이 한 예다. 하지만 20세 이상의 취재원에 대한 일반적인 호칭은 '씨'다. 참고로 괄호 안에 나이를 쓸 때, 대부분의 신문은 '세'라는 표현을 쓰지 않는다. 즉, 김○○(19세)군, 정○○(20세 · 여)씨가 아니라, 김○○(19)군, 정○○(20 · 여)씨가 일반적 표현이라는 뜻이다.

5. 여러 번 등장하는 취재원의 2차 지칭 구분

취재원이 처음 등장하고 그 사람의 실명을 거론할 경우, 해당 취재원의 성과 이름을 함께 쓴다. 그 뒤에 등장하는 동일인을 지칭할 때는 그 사람의 성만 거론한다. 예를 들어, 처음 등장하는 사람은 '정○○씨'라고 전체 이름을 다 쓰고 그다음부터 거론할 때는 '정씨'라고만 쓰면 된다. '○○씨'라고 이름 뒤에 '씨'를 쓰는 것은 일반적이지 않다. 혹시 같은 성을 가진 형제 · 자매나 친척 등이 한 기사에 등장한다면, 제일 먼저 취재원이 등장할 때 성과 함께 이름을 쓴 뒤, 나중에 성을 빼고 ○○씨, △△씨 등 이름을 쓰기도 한다. 하지만 특수한 경우를 제외하고는 2차 지칭부터 성만 쓰는 것이 일반적이다. 또 한 기사에 같은 성씨를 가진 사람이 여럿 등장하고, 그 사람들을 구분해 여러 번 지칭해야 할 경우에는 각각의 직업 등 특징으로 구분한다. 즉, '법무사 박씨와 회계사 박씨는 ……' 하는 식이 된다.

6. 인용 적시 Attribution Fitness 의 철칙

기사에 등장하는 정보는 모두 그 출처를 밝히는 것이 원칙이다. 아니면 독자들은 기자가 소설을 썼다고 판단한다. 또는 기자가 대놓고 주장을 하고 있다고 생각하게 된다. 해당 정보가 어디에서 나왔는지를 밝히고, 그 정보를 중심으로 독자들이 판단하게 하면 된다. 만약 기사 안에서 하나라도 정보의 출처가 빠지면, 나머지 정보도 신뢰성을 잃는다. 즉, ○○○는 "……"

라고 말했다, 또는 "ㅇㅇㅇ에 따르면, ……다" 등으로 정보의 발원지를 반드시 알리라는 것이다.

7. 인용 사용법을 익혀라

일반적인 인용 사용 방법을 알아두면 일관성을 유지하기 편하다. 기본적으로 '이어지는 문장(run-on sentence) 안에서의 인용'과 '독립문장(independent sentence)으로서의 인용' 등 크게 두 가지로 구분할 수 있다.

1) 이어지는 문장 안에서의 인용

'이어지는 문장 안에서의 인용'은 [ㅇㅇㅇ가 "……"라며 "……"라고 말했다]의 형식을 말한다. 즉, 이 형식에서는 하나의 문장 속에 인용 내용이 액자 형태로 들어가 있다. 구체적으로는 다음과 같은 일반 사례를 들 수 있다.

> ㉠ A는 "…… 하는 점"이라며 "…… 하는 것"이라고 말했다.
> ㉡ B는 "……이다"(라)며 "……이다"(라)고 말했다.

㉠은 인용 내용이 완결된 문장이 아닌 구(句)로 되어 있다. 이때 대부분 따옴표 안의 내용이 '……하는 점' 또는 '……하는 것'이라고 정리되거나, 명사나 명사형 등으로 인용 내용이 종결된다. ㉡은 인용 내용이 완결된 문장('……이다')으로 끝나는 경우다. 이때 인용 문장 다음에 사용되는 따옴표 밖의 표현으로는 '라며' 또는 '라고'보다는 그냥 '며' 또는 '고'가 현재는 많이 사용된다. 즉, 일반적으로 ['……이다'라며] 또는 ['……이다'라고] 식의 표현이 더 익숙하지만, 신문 표기에서는 ['……이다'며], ['……이다'고]로 이어

지는 경우가 많다는 것이다. 뒤의 신문 표현이 어색하게 들릴 수도 있으나, 관용적으로 많이 활용되어왔다. 일부 신문에서는 [‘……이다’라며]라는 식의 표현을 사용하기도 한다.

더 눈여겨봐야 할 것은 이어지는 문장 안에서의 인용 내용이 완결된 문장으로 끝날 경우, 해당 인용 내용이 반말체로 구성된다는 것이다. 즉, [“……하는 점”이라며 “…… 할 것이다”고 말했다]라는 이어지는 문장의 인용 내용 안에는 존댓말을 집어넣지 않는 것이 일반적 관례라는 얘기다. [C는 “……입니다”(라)며 “……예요”라고 말했다]라는 표현은 거의 하지 않는 것이 관습이다.

‘이어지는 문장 안에서의 인용’과 관련해 한 가지 더 부연하자면, 따옴표 안의 인용 내용이 완결 문장으로 이뤄지더라도 해당 인용 문장에 마침표를 찍지 않는 것이 일반적이다. [D는 “……이다.”(라)며 “……이다.”(라)고 말했다]처럼 따옴표 안의 완결 인용 문장에 마침표를 찍는 예는 많지 않다. 인용을 활용하며 이어지는 전체 문장 자체가 하나의 완결 문장이기 때문에, 종결을 뜻하는 마침표를 따옴표 안에 찍으면, 전체 완결 구조(전체 문장) 안에 또 다른 완결 구조(문장으로 이뤄진 인용문)가 등장해 총괄적 의미의 흐름에 단절이 생길 수 있다는 우려 때문이다. 한국 신문들의 이러한 표기법은 서구 신문의 영향을 받은 것이다. 서구 신문에서 인용문은 [“We recognized that the brutal behaviors were conducted by the federal government,” said ○○○ ○○○ ○.] 등의 식으로 표현된다. 즉, 완전한 하나의 문장은 인용 문장을 안은 전체 문장으로, 마침표는 완전히 종결되는 전체 문장에서 찍게 되어 있는 것이다. 일부 국내 신문은 따옴표 안의 내용이 완결 문장일 경우 마침표를 찍기도 한다. 하지만 대부분 신문은 그렇지 않다. 언론사 입사 시험을 치를 때는 지원하는 매체의 표기법을 익혀두는 것도 좋은 접근법이다.

2) 독립문장으로서의 인용

'독립문장으로서의 인용'은 인용 내용 자체가 하나의 문장으로 성립하는 경우다. 이때는 누가 그 얘기를 했는지가 문장에서 드러나지 않는다. 여기서의 인용 문장은 "마음은 아팠지만, 미래를 생각하기로 했습니다" 하는 식으로 그냥 끝난다. 이런 인용이 기사 중간에 나올 때는 바로 앞선 문장 또는 이어지는 문장에서 그 인용 내용의 주체가 누구인지를 파악할 수 있다. 예를 들면, ["마음은 아팠지만, 미래를 생각하기로 했습니다." C과장의 말이다.] 식으로 정리하면서, 누가 그 얘기를 했는지를 적시하는 것이다.

이와 같은 인용 내용의 주체가 바로 앞의 사례에서처럼 문장 앞뒤에 적시되지 않는 때도 있다. 이런 경우라도 바로 앞 문장이나 다음 문장에 등장하는 취재원이 해당 인용 내용의 주체라는 것을 가정하게 된다.

> C과장은 깨진 유리창을 혼자서 일일이 수거했다. 떠난 조합원들을 야속해할 수도 없었다. 남아 있는 사원들에게 희망을 주는 것이 우선이었다.
>
> "마음은 아팠지만, 미래를 생각하기로 했습니다."

이 사례에서는 누가 해당 인용 내용을 말했는지 적시하지 않았지만, 인용 바로 앞의 묘사 때문에 C과장이 그 말을 했다는 것을 알 수 있다. 묘사와 인용 내용의 순서를 바꾸더라도 같은 식으로 이해할 수 있다. 이와 같은 독립문장으로서의 인용은 기사 정보의 효과적 전달을 위해 기사의 리드나 마지막 문장에 사용되기도 한다. 이런 경우에 누가 해당 내용을 전달했는가는 바로 앞뒤의 문장에서 확인될 수 있지만, 기사 전체의 구도에 따라 구분되기도 한다.

독립문장으로서의 인용에서는, 따옴표 안의 내용을 존댓말로 전달할 수 있다. 사실 대부분 존댓말의 표현을 쓴다. 하지만 같은 내용이라도 '이어지는 문장 안에서의 인용'은 대부분 반말이 된다. 비교를 위해 앞의 C과장의 발언을 '이어지는 문장 안에서의 인용'으로 처리하면, [C과장은 "마음은 아팠다"며 "미래를 생각하기로 했다"고 말했다]와 같은 식으로 인용문 안의 내용이 반말이 된다.

한국 신문 기사에서 독립문장으로서의 인용을 대부분 존댓말로 처리하는 이유는 다양한 연령층의 독자를 위해 취재원이 전달하고자 하는 내용을 공손하게 표현하기 위해서다. 하지만 독립문장으로서의 인용을 존댓말로 처리하느냐 반말로 처리하느냐는 기사의 성격과 이에 연관된 취재원의 자질에 따라 결정되기도 한다. 특정 기사의 주 독자층을 청소년이라고 가정하고, 90세의 전문가 취재원이 자신의 인생을 회고하는 말을 던질 때라면, 기사 정보의 흐름에 따라 "일단 ○○○ 기술을 현장에 적용하는 것이 급했기 때문에 특허 신청은 생각할 경황도 없었던 거지" 등으로 표현할 수도 있다는 것이다. 하지만, 이때도 해당 내용을 존댓말로 표현해도 무방하다. 즉, 독립문장으로서의 인용은 존댓말 표현이 더 안전하다는 뜻이다.

3) 따옴표 안의 문장 수

'이어지는 문장 안에서의 인용'과 '독립문장으로서의 인용'은 따옴표 안에 일반적으로 몇 개의 완결된 문장을 사용하느냐가 또 다른 차이점이다. 보통 '이어지는 문장 안에서의 인용'은 하나의 따옴표 안에 하나의 문장을 두는 것이 관례다. 즉, 마침표로 끝날 수 있는 완결 문장이 하나의 따옴표 안에 하나만 들어간다는 것이 일반적이라는 것이다. [C과장은 "마음은 아팠다"며 "미래를 생각하기로 했다"고 말했다]라는 사례를 보자. 이 전체 문장 내 2개의 따옴표 안에는 각각 '마음은 아팠다'와 '미래를 생각하기로 했다'라는 완결 문장이 하나씩 들어가 있다. [C과장은 "마음은 아팠다. 그러나 미래를 생각하기로 했다"며 "떠난 조합원들보다 남은 사람들을 보살피기로 했다"고 말했다]라는 문장에서처럼 하나의 따옴표 안에 2개의 완결 문장('마음은 아팠다'와 '그러나 미래를 생각하기로 했다')이 들어가는 표현이 불가능하다는 뜻은 아니다. 다만 하나의 따옴표 안에 하나의 문장을 사용하는 것이 더 일반적이다. 그만큼 독자들이 읽기에 편한 것으로 받아들여지고 있다는 얘기다.

하지만 '독립문장으로서의 인용'은 '이어지는 문장 안에서의 인용'에 비해 하나의 따옴표 안에 2~3개의 문장이 들어가는 것이 더 자연스럽다. 한 따옴표 안에 하나의 문장만 사용할 수도 있으나, 추가로 완결 문장을 더 넣어 의미를 강화하기에 좋고, 그렇게 함으로써 독자들이 해당 정보를 더 자세히 이해할 수 있게 되기 때문이다. 그러나 이때도 한 따옴표 안의 문장 길이가 너무 길면 2~3개의 완결 문장을 사용하기 어색해진다. 정리하자면, '독립문장으로서의 인용'에 들어가는 완결 문장은 2~3개가 등장할 수 있으며, 이때 각 문장은 단문(短文)으로 이뤄지는 것이 좋다는 것이다.

8. 인용 내용의 변환

인용된 내용을 따옴표 안에 넣을 때, 원정보의 표현은 '원칙적으로' 고쳐서는 안 된다. 즉, 기자가 해당 내용을 마음대로 바꾸면 안 된다는 뜻이다. 하지만 표현을 바꿀 수밖에 없는 경우가 종종 발생한다. 예를 든다면, 취재원이 욕설이나 은어, 속어 등을 사용하거나, 문법에 맞지 않는 비문(非文)을 썼을 때가 그런 경우다. 이때 의미론적 차이 때문에 기사의 핵심 내용에 변화를 주지 않는 한에서 해당 표현을 살짝 바꾸는 것이 용인된다. 만약, 욕설을 그냥 살려야 한다고 판단하는 경우라면, 단어 사이에 'X' 자를 넣어 피해가는 방법 등을 사용한다. 즉, 표현을 살짝 변환해도 해당 정보를 전달하기에 무리가 없다면, 독자를 위해 조금 더 일반적이거나 편한 표현으로 바꾸는 것이다. 이것은 작은따옴표(‘ ’)는 물론 큰따옴표(“ ”) 안의 인용에도 적용된다.

하지만 아무리 기자가 해당 표현의 원래 내용을 바꾸지 않는 한에서 변형을 가했다고 하더라도, 보는 이의 시각에 따라 ‘의도적인 왜곡’이라는 비난을 받을 수 있다. 그래서 만약 이와 같은 표현의 변형을 꾀한다면 되도록 큰따옴표 안의 변화는 피하고 작은따옴표 안에서만 그와 같은 표현 전환을 시도하거나, 아니면 더 안전하게 그 내용을 직접 인용이 아닌 간접 인용으로 바꾸고 해당 표현을 작은따옴표 안에 처리하는 것이 좋다. 아주 예민한 부분은 아예 편집자 주 등의 형식을 이용해 일부 표현이 거칠어 매체의 판단에 따라 해당 표현을 변환했다고 적시할 수도 있다.

IV 정보의 흐름

1. 야마의 위치

기사에서 야마 단락 또는 야마 문장은 전체 기사 중 앞쪽 1/5에서 3/10 이내에 등장하는 것이 좋다. 앞쪽 1/5 또는 3/10 정도의 분량은 배경 스케치 등을 정리하는 티저(teaser)로 사용 가능하다는 뜻이다. 한국의 기획기사에서 앞의 티저가 너무 길면 독자들이 지루해하기 때문이다. 1,600자(원고지 8매) 정도로 이뤄지는 기사를 예로 들자면, 초반 320~480자, 세 번째 단락 이내에 야마가 나오는 것이 좋다. 만약 A4 용지를 기본 틀로 잡고 한 단락의 길이를 최대 4행(160자가량)으로 본다면 약 12행까지만 티저로 활용하는 것이 바람직하다. 그런 다음 곧장 티저와 연관된 야마 단락 또는 문장을 소개해야 한다. 만약 티저를 사용하기 어렵다면 아예 첫 문장, 첫 단락에 야마를 쓰고 나가는 것이 옳겠다. 조금 더 후하게 친다면, 기사 시작 후 약 600자 이내에서 야마가 나와도 된다. 이때 이 600자까지의 정보는 단어와 단어, 문장과 문장 사이의 긴장감이 극에 달해서 독자가 눈을 떼지 못하게 만드는 작법을 통해 전달되어야 한다. 독자들이 야마를 만나는 데 이 정도까지 기다리게 하려면, 아주 문장을 잘 써야 한다는 것이다.

정리하자면, ① 야마를 첫 문장이나 첫 단락에 놓거나, ② 티저를 사용할 경우, 일반적으로 320~480자 정도로만 유지하고, 그 직후 야마 문장이나 야마 단락을 소개하며, ③ 아주 글을 잘 쓰고 단어와 문장이 팽팽한 긴장감을 유지해 독자들의 시선을 붙잡아 놓는 경우라면, 최대 600자까지 티저를 사용할 수 있고, 야마를 그다음에 등장시킬 수 있다는 것이다.

사실 서구의 피처 기사에서는 야마가 아예 맨 마지막 문장이나 단락에 있거나 아니면 야마가 특별히 부각되지 않고 행간에 녹아 있는 경우도 있다. 그러나 이는 무척 극단적인 경우다. 미문(美文)의 긴장감을 유지하는 최고 수준의 글쓰기에 해당하기에, 자주 등장한다고 보기 어려운 작법이다. 또 서구의 기사들은 한국의 기사에 비해 그 길이가 약 2.5배 이상이 된다. 부여된 물리적 공간의 차이가 글쓰기 방식의 차이를 불러온다. 그만한 길이의 글에서는 정보를 부연하는 여러 가지 방법이 가능해 이와 같은 극단적 형태의 기사 쓰기를 시도하기 편하다. 하지만 미국 기사에 비해 길이가 짧은 한국 기획기사에서는 활용하기 더 어려운 방법이다. 즉, 한국 기획기사에서는 야마가 반드시 앞에, 그것도 되도록 400자 이내, 최대한 늘였을 때도 600자 이내에 등장하는 것이 안전하다.

2. 육하원칙을 지켜라

기사에서 육하원칙은 대단히 중요한 요소다. 이것이 지금 이 시점에 이 글을 읽는 독자들에게 왜 중요한지를 밝혀주는 기초 인자들이다. 즉, 시의성, 근접성, 중요성, 관련성 등을 보여주는 기본 척도가 된다는 것이다. 그렇기 때문에 언제 어디서 무엇이 어떻게 왜 누구에 의해 발생했는지를 보여주는 것이 중요하다. 거의 모든 정보에 이 기본적인 육하원칙 정보가 필요하다고 생각하면 된다. 다시 말해, 기사 안의 모든 정보는 종합적으로 야마를 통해 전달하고자 하는 내용의 육하원칙 관련 사실을 내재하고 있어야 한다는 것이다.

이와 연관해 육하원칙에 대한 일반적 오해를 부연한다. 많은 사람이 기사의 야마 단락이나 문장에 육하원칙의 여섯 가지 요소가 모두 등장해야 한다고 생각한다. 하지만 그렇지 않다. 어떤 경우는 한 문장에 육하원칙이 모두 등장하는 것이 무척 어색할 수 있다. 결국 야마 단락이나 문장에서는 육하원칙 중 기사가 전달하고자 하는 핵심을 강조하는 내용만이 부각되고, 야마에 나타나지 않는 다른 요소들은 기사 전반에 걸쳐 녹아 있게 된다. 즉, 육하원칙은 기사 전반에 걸쳐 소개되지만, 그중 일부는 야마에서 선명하게 드러나고, 나머지는 기사의 다른 부분에서 정리된다는 것이다. 예를 들어, 육하원칙 중 ① 누가, ② 무엇을, ③ 어디에서, ④ 언제 했는지가 중요하다면 야마에서 이들 네 가지 사실만 정확하게 전달하고, 나머지 요인인 ⑤ 어떻게, ⑥ 왜 등은 기사의 다른 부분에서 설명할 수 있다는 것이다.

3. 정보의 전환

하나의 기사 안에 등장하는 정보들은 각각 개별적인 내용을 담고 있다는 점에서 상호배타적이고, 이들이 모여 하나의 야마를 지향한다는 점에서 상호보완적이다. 배타성을 연결하면서 이 정보들을 하나로 묶어 야마를 지향하는 보완적인 구조로 발현해내는 것이 정보의 전환이다. 즉, 정보의 전환은 배타적 정보로 이어진 개별 단락 사이의 연계성을 부각하고, 이를 위해 단락 사이에 적절한 전환문장이나 전환구 등을 사용하는 방식으로 이뤄지게 된다는 것이다.

인문학 강좌의 확산을 야마로 한 제3부의 〈사례 1〉 기사를 사례로 들어보자. 원문의 정보는 '비영리 단체인 구세군 브릿지센터의 소외 계층 및 노숙자 대상 교육 → 강남구의 주민 대상 교육 → 관악구 신림동 주민 센터의 저소득층 대상 교육 → 동대문구의 일반인 대상 교육'의 순으로 흐른다. 이어지는 정보를 연결해주는 요소들이 상당히 거칠어, 개별 사례 간의 연계성이 떨어졌다. 특별한 전환 구조가 없어 그 투박함이 더했다.

수정 기사에서는 이 사례들의 순서를 바꾸면서 전환 문장을 넣어줬다. 일단 사용된 정보의 근접성과 대비 정도에 따라 정보의 순서를 '① 비영리 단체인 구세군 브릿지센터의 소외 계층 및 노숙자 대상 교육 → ② 관악구 신림동 주민 센터의 저소득층 대상 교육 → ③ 강남구의 주민 대상 교육 → ④ 동대문구의 일반인 대상 교육'으로 정리했다. 우선 ①과 ②의 연계성을 두 사례가 공통으로 포함하는 '저소득층'에 맞추면서, 전환 문장("인문학 강좌는 비영리 단체만 개설하는 것이 아니다")을 활용해 그 대비적 내용(하나는 비영리 단체, 다른 하나는 지방자치단체)을 이어갔다. ②에 나타난 지방자치단체를 다시 ③의 강남구 사례에 잇는 도구로 활용했다. 자치단체라는 공통점으로 묶을 수 있기 때문이다. ②와 ③의 사례 역시 지방자치단체라는 공통 요소가 있지만, 저소득층 대상이냐 아니면 일반 주민 대상이냐 하는 차별성이 있다. 이 차별성을 이어주기 위해 또 다른 전환 문장("지자체의 인문학 강의는 일반인 대상으로 범위를 넓혀간다")을 사용했다. ④의 동대문구 정보는 ③의 사례와 장소만 다르고, 또 다른 추가 사례를 통해 인문학 강좌가 증가한다는 야마를 강조하는 방법으로 쓰였기 때문에 한데 묶어 연이어 활용하면서도 특별한 전환 문장을 사용하지 않았다.

정리하자면, 수정 기사에서 사용된 ①과 ②의 연계점은 '저소득층'이었고 ②와 ③의 공통분모는 '지방자치단체'였다. 그래서 이들을 순차적으로 이었고, 이들 단락 사이의 배타적인 요소들(비영리 단체와 지방자치단체, 저소득층과 일반 주민)을 연결하기 위해, 그 사이에 전환 문장을 두었다는 것이다. ③과 ④는 같은 내용이 장소만 달리해 나오면서 배타적인 요소 없이 야마를 일반화하는 구도로 사용되었기에, 특별한 전환 문장이 필요치 않았다는 얘기다. 이와 같은 방법은 정보의 흐름에 전환 구조가 얼마나 중요한가를 보여준다. 전환 구조는 앞에서 거론한 문장 이외에도, '그와는 달리', '또 다른 측면에서는' 등 전환 구, 또는 '한편', '반대로', '그러나' 등 하나의 전환 단어만으로도 이뤄질 수 있다.

맺는말

이 책은 효과적인 기획기사 글쓰기에 대한 이해를 돕고자 기획되었다. 특히 언론사 입사를 준비하는 예비 언론인들의 효율적인 학습을 돕는 것이 근본 목적이다. 이 목적을 위해 먼저 기획기사에 대한 기초적 정의를 내리고, 그 정의에 부합하는 글쓰기에 도움이 되는 다른 요소들, 즉 탐사보도, 컴퓨터 활용 취재보도, 서구식 피처 기사 등에 대한 소개도 아울렀다. 이 책의 핵심적 특징은 작성된 글에 대한 첨삭이다. 기획기사, 탐사보도, 컴퓨터 활용 취재보도, 피처 등의 개념화 작업에만 머무는 것이 아니라, 실제로 글이 어떻게 구성되어야 효과적으로 정보를 전달할 수 있는지를 직접 보여주고자 한 것이다. 구체적으로는 언론사 입사를 준비하는 사람들이 작성한 글 원문을 소개하고, 그 글이 첨삭되는 과정을 보여준 뒤, 최종적으로 처음의 원문이 어떻게 수정되어 더 나은 결과물로 발현되는지를 차례차례 전달했다. 마지막으로는 첨삭 또는 수정 과정에서 자주 발견된 공통적인 오류들을 정리해, 언론사 입사 준비생들이 자신의 글쓰기에 나타날 수 있는 문제점을 다시 한 번 쉽게 점검할 수 있도록 했다.

하지만 원고를 정리하면서, 몇 가지 한계점 등을 거론하지 않을 수 없다. 먼저, 수정 기사가 원문보다 더 낫다고 하더라도 완벽하지는 않다. 기본적으로 애초 예비 언론인들의 취재가 불완전한 경우가 많았고 이를 토대로 글을 보완했기에, 수정된 글도 완전한 기사로 보기에는 부족한 부분이 없지 않다. 비록 필자가 데스크의 입장이 되어 일부 내용을 직접 취재해 보완하거나, 그럴 수 없는 부분은 가상으로 처리하는 사례도 있었지만, 모든 내용을 완벽하게 소화하기는 어려웠다. 하지만 첨삭 과정을 통해 기사가 수정되고 보완되는 경로를 소개하면서, 더 나은 글을 위해 어떤 취재와 보도가 필요한지를 설명하려고 최대한 고심했다.

더 지적할 수 있는 부분은 여기에 소개한 수정 기사가 대부분 역삼각형 또는 변형된 역삼각형 형태의 글쓰기로 이뤄졌다는 점이다. 즉, 기사 리드에 전달하려는 내용이 개념화되거나, 일부 스케치가 소개된 다음에 바로 핵심 내용이 전달되고 이어서 보완 정보가 따라 나오는 글쓰기로 제언이 구성되었다는 뜻이다. 사실 이 형태는 한국의 기사뿐 아니라, 서구에서도 일반적으로 자주 구현된다. 특히 한국에서는 이 기사 쓰기 형태가 무척 일반화되어 있다. 비교적 긴 기사가 200자 원고지 8매 내외로 정리되는 현실에서, 이와 같은 글쓰기는 기사의 핵심을 전달하는 데 무척 유용한 도구로 인식된다. 게다가 역삼각형이나 변형된 역삼각형 기사 형식이 자주 전달되면서 독자들도 이와 같은 글쓰기에 익숙해져 있다. 하지만 이 역삼각형 또는 변형된 역삼각형이 가장 효과적인 정보 전달 방법인지에 대해서는 이론의 여지가 있다. 전달하려는 주제나 핵심에 따라, 부드러운 형태로 풀어서 쓰는 것이 더 효율적일 수 있기 때문이다.

사실 역삼각형이나 변형된 역삼각형을 초월해 아예 소설 형태의 글쓰기를 시도하는 것이 서구의 피처에 종종 등장한다. 그리고 이런 작법이 독자들의 시선을 더 끈다는 경험적 사례도 있다. 이와 같은 글쓰기는 규격화된 역삼각형 형태의 작법에 비한다면, 무정형 또는 조금 더 거칠게 말하자면 아메바 형태라고 말할 수 있겠다. 이는 그 안에서 전달하려는 내용을 단지 이

성적인 인식 차원에서 정리하는 것이 아니라, 감성을 자극해 사람들의 심금을 울리면서 전달 정보의 인지적 핵심을 부각하는 방법으로 각광받기도 한다. 그러나 이 책에서는 첨삭 과정을 통해, 그리고 수정된 글을 소개하면서 서구 저널리즘에서 시도하는 피처 방식을 약간 가미하기는 했지만, 외국에서 종종 활용되는 그 기법을 자세하게 전달하지는 못했다. 또 앞서 소개한 컴퓨터 활용 취재 및 보도도 수정 과정에서 약간씩 반영되었을 뿐, 그 추적의 과정을 일일이 보여주지 못했다.

하지만 이와 같은 한계점은 이 책의 근본적 목적에 기인한다. 이 책은 피처나 컴퓨터 활용 취재보도에만 한정해 해당 내용을 전달하려는 것이 아니라, 한국 언론사 입사 준비생들을 돕고자 하는 것에 주안점을 두고 있다. 즉, 원고지 약 8매에서 핵심 정보를 전달하기에 적합하고, 독자들뿐 아니라 채점관인 기자들에게 익숙한 기사 작법을 알려주기 위한 것이 근본 목적이다. 다시 말해, 이 책은 국내에서 일반화된 기사 형태 글의 골격을 확인하고자 하는 것이다. 그리고 그 과정에서 피처 등의 기법을 일부 가미해 그 골격에 살을 붙여가는 방법을 소개했다. 무정형 피처 형식 등 역삼각형 형태의 글보다 더 나은 기사 작성법이 있을 수 있지만, 이는 더 분량이 긴 기사에 적합하고, 또 짧은 글이라도 단어와 단어, 문장과 문장, 단락과 단락 사이의 긴장감을 극대화할 수 있는 능력이 마련되었을 때 적용 가능하다. 필자는 독자들이 새로운 글쓰기의 세계에 도전하기 전에 이 책이 소개하는 기본 골격들을 우선 익혀주기를 바란다. 즉, 기초적인 틀을 먼저 확인하라는 뜻에서 역삼각형 종류의 글을 위주로 제언을 했다는 점을 잊지 않기 바란다는 뜻이다. 필자는 앞으로 기회가 된다면, 더 높은 수준의 기사 쓰기를 설명하게 되기를 기대한다.

한 번 더 덧붙이며 강조하고 싶은 얘기는 수정 과정에서 필자가 사용하거나 또는 행간에 숨어 있는 용어 등에 대한 것이다. 필자는 첨삭을 통해 예비 언론인 과정의 언론사 입사 준비생들에게 보편성과 관련된 내용을 거론했다. 예를 들어, 일반 독자들이 과연 글에 나타난 정보를 자신의 일인 것처럼 느끼고 받아들이게 될까, 또는 기사에서 제기한 문제가 공통적으로 인지할 만한 하나의 사회적 이슈로 발현될 수 있을까 하는 것 등을 지적했다. 사실 이와 같은 문제에 현장의 언론인들도 자신 있게 답을 하기는 어렵다. 이 내용들이 객관이나 공정성 등의 성격과 맞닿아 있기 때문이다. 기자도 인간이기에 '객관'이라는 단어 자체가 지닌 철학적 심오함을 기사로 담아내기는 쉽지 않다. 아마 불가능할 것이다. 또 많은 언론인이 지향하는 공정성조차도 어느 수준에서 그 진정성을 기사로 표현할 수 있을지도 의문이다. 혹시 어느 순간에 해당 내용이 정말 객관적이고 공정하다고 할 수 있을지라도, 그 객관성과 공정성이 인간 세계에서 진정 그 자체로 객관적이거나 공정한 것이라고 믿어질 수 있을지 확신할 수 없다.

필자는 이와 같은 현실적 한계에서, 이 글의 독자들을 포함한, 설득력 있게 정보를 전달하고자 하는 모든 사람에게 철학적 객관성을 가져야 한다고 주장하고 싶지는 않다. 그와 같은 주장은 필자의 능력 밖이다. 다만, 현재를 사는 우리가 보편적으로 받아들일 수 있는 문제에 대해 끊임없이 고민하고, 그 내용을 전달하려고 노력하기를 바란다. 즉, 건전한 상식의 바탕 아래 자신의 한계를 인정하고, 사실을 보도할 때도 확인된 그 이상의 사실이 있을 수 있다는 점을 잊지 말기 바란다는 것이다. 이와 같은 겸손함이 좋은 정보를 전달하는 배경이 될 수 있고, 또 주어진 또는 드러난 사실에만 안주하며 정보를 전달하는 나태함을 극복할 도구가 될 수 있다고 믿기 때문이다. 수정 및 첨삭 과정에서 거론하거나 행간에 숨겨놓은 얘기들은 바로 이와 같은 믿음에서 비롯되었다. 아마 많은 독자가 이미 앞선 본문을 읽으면서 이와 관련해 다소 거칠게 주장한 점에 불편함을 느꼈을 수도 있을 것이다. 그 불편함에 대한 사과의 말씀을 이 설명과 함께 드리고자 한다. 마지막으로, 이 책을 읽은 독자도 여기에 쓴 한계점과 그 한계를 안고 전달된 해당 기사 작성 방법을 대하면서, 글을 쓰는 자신의 위치와 글을 읽을 독자에 대한 이해를 키우고 자신의 글쓰기를 발전시켜 나가기를 다시 한 번 기대한다.

지은이 **이건호**

고려대학교 철학과를 나와 미국 미주리 대학교(언론학 석사), 텍사스 대학교(언론학 박사)에서 수학했다. 컬럼비아 미주리언(Columbia-Missourian), 워싱턴 타임스(Washington Times) 등 미국 신문사를 거쳐, 조선일보에서 사회부 및 국제부 기자로 활동했다. 언론 현장을 떠난 후에는 인하대학교 언론정보학과 교수를 지냈으며, 현재는 이화여자대학교에서 언론홍보영상학부 교수로 재직 중이다.

한울아카데미 1263

언론 글쓰기, 이렇게 한다

예비 언론인을 위한 기획기사 작성 방법

지은이 • 이건호
펴낸이 • 김종수
펴낸곳 • 한울엠플러스(주)
편집 • 배은희

초판 1쇄 발행 • 2010년 5월 25일
초판 3쇄 발행 • 2017년 8월 15일

주소 • 10881 경기도 파주시 광인사길 153 한울시소빌딩 3층
전화 • 031-955-0655
팩스 • 031-955-0656
홈페이지 • www.hanulmplus.kr
등록번호 • 제406-2015-000143호

Printed in Korea.
ISBN 978-89-460-6363-1 93070

* 책값은 겉표지에 표시되어 있습니다.